AF367928

4° L5c
138
F

MINISTÈRE DU COMMERCE, DE L'INDUSTRIE
DES POSTES ET DES TÉLÉGRAPHES

DIRECTION DES AFFAIRES COMMERCIALES ET INDUSTRIELLES

RF BIBLIOTHÈQUE NATIONALE

ANNALES
DU COMMERCE EXTÉRIEUR

TABLES GÉNÉRALES DE 1843 À 1915

PUBLIÉES
SOUS L'ADMINISTRATION DE M. E. CLÉMENTEL
MINISTRE DU COMMERCE, DE L'INDUSTRIE
DES POSTES ET DES TÉLÉGRAPHES

LÉGISLATION COMMERCIALE ÉTRANGÈRE
ET CONVENTIONS INTERNATIONALES

PARIS
IMPRIMERIE NATIONALE

MDCCCCXV

M. N°s 2177 à 2180, 2189 à 2191

Lc⁵ 138 F

641

MINISTÈRE DU COMMERCE, DE L'INDUSTRIE
DES POSTES ET DES TÉLÉGRAPHES

DIRECTION DES AFFAIRES COMMERCIALES
ET INDUSTRIELLES

ANNALES
DU COMMERCE EXTÉRIEUR

TABLES GÉNÉRALES DE 1843 À 1915

PUBLIÉES

SOUS L'ADMINISTRATION DE M. E. CLÉMENTEL

MINISTRE DU COMMERCE, DE L'INDUSTRIE
DES POSTES ET DES TÉLÉGRAPHES

LÉGISLATION COMMERCIALE ÉTRANGÈRE
ET CONVENTIONS INTERNATIONALES

4° Lc5 138

1915. 11e et 12e fasc.

MINISTÈRE DU COMMERCE, DE L'INDUSTRIE
DES POSTES ET DES TÉLÉGRAPHES

DIRECTION DES AFFAIRES COMMERCIALES
ET INDUSTRIELLES

ANNALES
DU COMMERCE EXTÉRIEUR

TABLES GÉNÉRALES DE 1843 A 1915

PUBLIÉES

SOUS L'ADMINISTRATION DE M. E. CLÉMENTEL

MINISTRE DU COMMERCE, DE L'INDUSTRIE
DES POSTES ET DES TÉLÉGRAPHES

LÉGISLATION COMMERCIALE ÉTRANGÈRE
ET CONVENTIONS INTERNATIONALES

PAYS ÉTRANGERS.
- *Ire PARTIE.* — LÉGISLATION COMMERCIALE.
- *IIe PARTIE.* — MARINE MARCHANDE.
- *IIIe PARTIE.* — CONVENTIONS INTERNATIONALES.

FRANCE.........
- *IVe PARTIE.* — TRAITÉS AVEC LES PAYS ÉTRANGERS, EN VIGUEUR AU 1er AOÛT 1914.
- *Ve PARTIE.* — LÉGISLATION COMMERCIALE DES COLONIES FRANÇAISES ET DES PAYS DE PROTECTORAT.

A Monsieur E. CLÉMENTEL,

Ministre du Commerce, de l'Industrie, des Postes et des Télégraphes.

MONSIEUR LE MINISTRE,

Depuis 1894, aucune table des matières des *Annales du Commerce extérieur* n'avait été publiée. Il devenait donc malaisé de retrouver, sans de très longues recherches, les divers actes parus au cours des vingt et une dernières années. Il a paru nécessaire de combler cette lacune, à un moment où il importe, tant pour les commerçants et les industriels que pour les services administratifs, d'avoir rapidement sous la main toute la documentation existante.

La tâche à effectuer était considérable. En la limitant, ainsi qu'il a été fait, aux seuls actes relatifs à la législation commerciale étrangère et coloniale et aux traités et conventions de commerce, il a fallu, d'une part, grouper les titres, accompagnés d'un nombre considérable de documents (traités, tarifs douaniers, lois, décrets et règlements); d'autre part, procéder à une refonte générale des tables[1] depuis 1843, année où la publication a commencé de paraître.

Ce travail, aujourd'hui terminé, facilitera grandement la recherche de l'ensemble des documents parus aux *Annales du Commerce extérieur.*

Veuillez agréer, Monsieur le Ministre, l'hommage de mon respectueux dévouement.

Le Directeur des Affaires commerciales et industrielles,
R. FIGHIERA.

[1] La présente table comporte cinq parties : la première partie groupe sous le nom de chaque pays étranger les actes relatifs à la législation commerciale intérieure de ce pays; la deuxième partie concerne spécialement la marine marchande des pays étrangers; la troisième présente, au nom de chaque pays, l'état de ses conventions et traités de commerce; la quatrième vise les traités et conventions de commerce de la France avec les divers pays étrangers, en vigueur au 1er août 1914; enfin, la cinquième réunit les documents relatifs aux colonies françaises et pays de protectorat.

ANNALES DU COMMERCE EXTÉRIEUR.

TABLES GÉNÉRALES DE 1843 À 1915.

SOMMAIRE.

Ire PARTIE.
Législation commerciale, douanière et fiscale des pays étrangers [A].

PAYS ÉTRANGERS EN GÉNÉRAL.

1	Septembre 1861.	Douanes, navigation et monnaies : résumé des principaux changements apportés à la législation de douane et de navigation des diverses puissances étrangères durant l'année 1860.
2	Juin 1862.	Douanes et navigation : résumé des principaux changements apportés à la législation de douane et de navigation des diverses puissances étrangères durant l'année 1861.
3	Juin 1863.	Douanes, navigation et monnaies : résumé des principaux changements apportés à la législatiou de douane et de navigation des diverses puissances étrangères durant l'année 1862.
4	Mai 1864.	Douanes et navigation : résumé des principaux changements apportés à la législation de douane et de navigation des diverses puissances étrangères durant l'année 1863.
5	Septembre 1875.	Tableau alphabétique des ports et lieux d'embarquement français et étrangers.
6	Octobre 1875.	Douanes : tarifs collectifs applicables aux principaux articles de l'exportation française.
7	Décembre 1875.	Douanes : marchandises françaises; fer et acier non ouvrés, papier et ses applications; verres et cristaux. — Régime à l'importation.
8	Mars 1876.	Douanes : marchandises françaises; fils de coton et fils de lin, de chanvre et de jute; voitures et carrosserie. — Régime à l'importation.
9	Mai 1876.	Douanes : marchandises françaises, bougies et chandelles, brosserie, coutellerie, crayons, feutres, horlogerie. — Régime à l'importation.
10	Juillet 1876.	Douanes : marchandises françaises, bêtes de somme et bestiaux, bois communs, coton en laine, fleurs artificielles, fromages, graines à ensemencer, machines et mécaniques, ouvrages de mode, etc. — Régime à l'importation.
11	Septembre 1876.	Douanes : marchandises française, bois (ouvrages en), couleurs, crin ouvré, mèches de lampe, orseille préparée, produits chimiques. — Régime à l'importation.
12	Septembre 1876.	Tarifs collectifs applicables aux principaux articles de l'exportation française; titre et table générale des matières.
13	Juin 1877.	Douanes : marchandises françaises, chapeaux et tresses de paille, huiles et essences de pétrole et de schiste, parfumeries, savons, vinaigres. — Régime à l'importation.
14	Mai 1879.	Douanes : tarifs collectifs applicables aux principaux articles de l'exportation française; modifications apportées au régime existant en Autriche, en Espagne, en Italie, en Norvège et dans les Pays-Bas.
19	Mai 1880.	Douanes : marchandises françaises, régime à l'importation dans les principaux paysd'Europe et dans les États-Unis d'Amérique (1880).
29	4e fasc. 1882.	Autriche-Hongrie, Belgique, Espagne, Italie, Portugal, Suède et Norvège, Suisse : tarifs conventionnels de 1882.

(A) Les numéros qui figurent dans la 1re colonne sont les numéros d'ordre des livraisons, par pays. Une série spéciale de numéros est affectée à certains documents concernant la marine marchande; une autre aux conventions des pays étrangers entre eux; toutefois cette dernière série ne comprend pas les n°s 1 à 14, 19, 29, 114, 115, 167, 275 et 357, qui ont été affectés à des généralités relatives aux tarifs douaniers de divers pays, de 1861 à 1882, ainsi qu'à diverses autres questions intéressant l'exportation française; ces numéros figurent en tête de la première partie.

114	2ᵉ fasc. 1896.	Régime appliqué aux voyageurs de commerce et aux échantillons dans les pays d'Europe.
115	2ᵉ fasc. 1896.	Régime appliqué aux voyageurs de commerce et aux échantillons dans les pays hors d'Europe.
167	8ᵉ fasc. 1900.	Décret du 8 juillet 1900, portant promulgation de la convention internationale, signée à Bruxelles, le 8 juin 1899, pour la revision du régime d'entrée des spiritueux dans certaines régions de l'Afrique.
275	8ᵉ, 9ᵉ et 10ᵉ fasc. 1907.	Décret du 7 novembre 1907, portant promulgation de la convention internationale signée à Bruxelles, le 3 novembre 1906, pour la revision du régime des spiritueux en Afrique.
357	10ᵉ fasc 1910.	Note relative aux règlements concernant les certificats d'origine exigés à l'importation des marchandises autres que le sucre.

AFRIQUE ORIENTALE (TERRITOIRE ALLEMAND DE L').

(Voir POSSESSIONS ET PAYS DE PROTECTORAT DE L'ALLEMAGNE EN AFRIQUE.)

ALLEMAGNE.

(Voir, pour les premiers numéros, ASSOCIATION ALLEMANDE [*Zollverein*].)

48	7ᵉ fasc. 1885.	Tarif général des douanes. — Loi du 22 mai 1885 et ordonnance du 24 mai 1885.
49	1ᵉʳ fasc. 1886.	Table des marchandises dénommées au tarif allemand du 15 juillet 1879 modifié par la loi du 22 mai 1885.
50	9ᵉ fasc. 1887.	Loi du 24 juin 1887 concernant l'impôt sur l'alcool.
51	3ᵉ fasc. 1889.	Tarif général des douanes du 22 mai 1885, mis à jour au 31 janvier 1889. — Arrêté du 30 mai 1888 concernant la législation des tares.
52	8ᵉ fasc. 1892.	Tarif général des douanes du 22 mai 1885, mis à jour le 1ᵉʳ juillet 1892, et tarif conventionnel allemand.
53	6ᵉ fasc. 1896.	Loi d'impôt sur les sucres du 30 mai 1896.
54	8ᵉ fasc. 1901.	Loi du 24 mai 1901 sur le commerce des vins et boissons assimilées aux vins, applicable à partir du 1ᵉʳ octobre 1901. — Règlement du 2 juillet 1901 pour l'application de cette loi.
55	6ᵉ fasc. 1902.	Loi du 9 mai 1902 portant établissement d'une taxe intérieure sur les vins mousseux.
56	12ᵉ fasc. 1902.	Loi du 7 juillet 1902, portant modification des lois du 24 juin 1887 et du 16 juin 1895 relatives à l'impôt de l'alcool.
57	1ᵉʳ fasc. 1903.	Loi douanière et tarif général des douanes du 25 décembre 1902.
58	2ᵉ fasc. 1903.	Loi d'impôt sur le sucre du 6 janvier 1903.
59	4ᵉ fasc. 1905.	I. Loi douanière et tarif général des douanes du 25 décembre 1902. — II. Droits conventionnels tels qu'ils résultent des traités additionnels conclus le 3 décembre 1904 avec l'Italie, le 22 juin 1904 avec la Belgique, le 28/15 juillet 1904 avec la Russie, le 8 octobre-25 septembre 1904 avec la Roumanie, le 12 novembre 1904 avec la Suisse, le 29 septembre-16 novembre 1904 avec la Serbie et le 25 janvier 1905 avec l'Autriche-Hongrie
	1ᵉʳ, 2ᵉ et 3ᵉ fasc. 1909.	Loi du 7 avril 1909 sur les vins.
	11ᵉ et 12ᵉ fasc. 1909.	Loi du 7 avril 1909 sur les vins, suivie de trois ordonnances d'exécution et d'une note du Ministère français de l'agriculture concernant les formalités à remplir pour la délivrance des certificats accompagnant les vins, moûts de raisin et raisins foulés provenant de France, d'Algérie ou de Tunisie et importés en Allemagne.
62	1ᵉ et 12ᵉ fasc. 1909.	Loi du 15 juillet 1909 concernant l'impôt sur l'alcool, suivie d'une ordonnance d'exécution.

63	11ᵉ et 12ᵉ fasc. 1909.	Extraits d'une loi du 15 juillet 1909 concernant l'impôt sur le tabac.
64	11ᵉ et 12ᵉ fasc. 1909.	Loi du 15 juillet 1909 modifiant la loi du 9 mai 1902 sur les vins mousseux, suivie de deux règlements d'exécution.
65	11ᵉ et 12ᵉ fasc. 1909.	Extraits de la loi du 15 juillet 1909 concernant l'impôt sur les allumettes.
66	11ᵉ et 12ᵉ fasc. 1909.	Extraits de la loi du 15 juillet 1909 concernant l'impôt sur les produits qui servent pour l'éclairage.
67	11ᵉ et 12ᵉ fasc. 1909.	Loi du 15 juillet 1909 (extraits) concernant l'impôt sur la bière.
68	11ᵉ et 12ᵉ fasc. 1909.	Loi du 3 août 1909 concernant les fraudes douanières sur l'orge.
69	7ᵉ, 8ᵉ et 9ᵉ fasc. 1910.	Loi du 17 mai 1910 sur les droits consulaires.
70	7ᵉ, 8ᵉ, et 9ᵉ fasc. 1910.	Loi du 25 mai 1910 sur le débit des sels de potasse. — Ordonnance du 29 juin 1910 établissant la quantité totale du débit des sels de potasse pour le temps compris entre le 1ᵉʳ mai et le 31 décembre 1910.
71	4ᵉ, 5ᵉ, 6ᵉ, 7ᵉ, 8ᵉ et 9ᵉ fasc. 1914.	Interdiction d'importer certains produits contenant de l'alcool méthylique, à dater du 1ᵉʳ octobre 1912.
72	1ᵉʳ, 2ᵉ et 3ᵉ fasc. 1915.	Loi du 4 août 1914, autorisant le Conseil fédéral à suspendre provisoirement les droits de douane sur certaines catégories de marchandises. — Ordonnances relatives à la même question.
73	1ᵉʳ, 2ᵉ et 3ᵉ fasc. 1915.	Décisions prohibant l'exportation de certains produits par suite de la guerre.
74	1ᵉʳ, 2ᵉ et 3ᵉ fasc. 1915.	Loi du 4 août 1914, autorisant le Conseil fédéral à proroger les délais légaux fixés pour l'exercice de droits en matière de chèques et de lettres de change. — Ordonnances relatives à la même question.
75	1ᵉʳ, 2ᵉ et 3ᵉ fasc. 1915.	Ordonnance du 10 août 1914, relative à la suspension des traités de commerce.
76	1ᵉʳ, 2ᵉ et 3ᵉ fasc. 1915.	Ordonnances relatives aux relations commerciales avec les pays ennemis.
77	1ᵉʳ, 2ᵉ et 3ᵉ fasc. 1915.	Ordonnance du 31 octobre 1914, réglementant la production et le commerce du sucre pour la campagne 1914-1915.
78	8ᵉ, 9ᵉ et 10ᵉ fasc. 1915.	Ordonnance du 31 mars 1915, relative à la réduction de la production de l'alcool pour la consommation.
79	8ᵉ, 9ᵉ et 10ᵉ fasc. 1915.	Ordonnance du 1ᵉʳ juillet 1915, relative aux droits de la propriété industrielle des sujets d'États ennemis.

(Pour les droits de port à l'étranger, voir Marine marchande.)

AMBRIZ (PROVINCE D'ANGOLA).

(Voir Colonies portugaises d'Afrique.)

AMÉRIQUE CENTRALE.

(GUATÉMALA, NICARAGUA, HONDURAS, SALVADOR, COSTA-RICA.)

1	Mai et juin 1844.	Saint-Jean-de-Nicaragua. = Blocus de ce port par une escadre anglaise.
2	Nov. et déc. 1844.	Saint-Jean-de-Nicaragua. = Levée du blocus de ce port.
3	Août 1845.	État de Honduras. = Douanes : régime général.
4	Juillet et août 1846.	État de Guatémala. = Douanes : produits importés du Mexique soumis au régime général.

5	Sept. et oct. 1846.	ÉTAT DE GUATÉMALA. = Douane d'Izabal réorganisée, et modifications au régime des manifestes et à celui de la poudre étrangère. — ETAT DE SAN-SALVADOR. = Transit; droits et formalités.
6	Septembre 1850.	ÉTAT DE GUATÉMALA. = Douanes : suspension du décret qui avait transféré la douane de Guatémala à Izabal. — Saint-Thomas; déclaré seul grand port de la République.
7	Juillet 1859.	ÉTAT DU SALVADOR. = Douanes : obligations des capitaines de navires marchands dans les ports du Salvador.
8	Août 1859.	ÉTAT DE GUATÉMALA. = Douanes : réduction de droits d'entrée. — Monnaies : titre et poids des nouvelles monnaies d'argent; cours des monnaies étrangères.
9	Octobre 1859.	ÉTAT DE GUATÉMALA. = Douanes : résumé des obligations des capitaines de navires marchands dans les ports de Guatémala.
10	Juillet 1860.	ÉTAT DE NICARAGUA. = Douanes : régime à l'importation et à l'exportation.
11	Août 1860.	ÉTAT DE HONDURAS. = Résumé de la législation. — Douanes : régime à l'entrée des liqueurs fortes; exemption des droits de sortie dans certains cas et taxation de la salsepareille à l'exportation; prohibition de sortie des lingots d'or et d'argent; droit de débarquement; création d'entrepôts. — Navigation : ouverture du port de Pédrégal; exemption de droits de port; traitement de la marine espagnole. — Monnaies : cours des monnaies étrangères; monnaies, poids et mesures du pays.
12	Octobre 1860.	ÉTAT DE COSTA-RICA. = Douanes et navigation : ordonnance et tarif des douanes du 31 août 1854. — Droits sur les colis importés.
13	Juillet 1861.	ÉTAT DE HONDURAS. = Douanes : translation de bureaux de douane; suppression d'entrepôts.
14	Novembre 1861.	ÉTAT DE COSTA-RICA. = Douanes : organisation de la douane de Puntarenas; modifications à la législation douanière. — Navigation : fermeture du port de Moin et de la rivière de Sarapiqui. — Monnaies : cours des monnaies étrangères.
15	Mars 1862.	ÉTAT DE NICARAGUA. = Douanes : Port de Saint-Jean-du-Nord : déclaration de sa franchise et règlement. — Importation : modification au régime des évaluations. — Exportation : encouragement à la culture et à l'exportation du coton. — Transit : régime entre les deux océans. — Entrepôt : règlement pour le port de Corinto. — Monnaies : fixation de leur cours.
16	Avril 1862.	ÉTAT DE NICARAGUA. = Douanes : entrepôt; décret qui modifie le règlement d'entrepôt de la douane de Corinto.
17	10e fasc. 1890.	RÉPUBLIQUE DE SALVADOR. = Tarif des douanes du 24 mars 1888, mis à jour en juin 1890.
18	1er fasc. 1891.	COSTA-RICA. = Tarif des douanes du 7 septembre 1885, mis à jour en septembre 1890.
19	12e fasc. 1892.	GUATÉMALA. = Tarif général du 17 juin 1881, modifié par les décrets des 3 décembre 1881 et 31 mai 1890.
20	4e fasc. 1893.	GUATÉMALA. = Douanes : régime des vins.
21	3e fasc. 1895.	GUATÉMALA. = Tarif des douanes du 4 novembre 1893, et modifications y apportées.
22	4e fasc. 1896.	COSTA-RICA. = Tarif des douanes.
23	7e fasc. 1896.	NICARAGUA. = Tarif des douanes du 25 juillet 1888, mis à jour au 1er avril 1896.
24	1er fasc. 1901.	NICARAGUA. = Tarif général des douanes du 25 novembre 1899, mis en vigueur le 1er mai 1900.

25	8e, 9e et 10e fasc. 1904.	République de Salvador. — Décret du 25 avril 1904 sur l'impôt du timbre.
26	11e et 12e fasc. 1909.	République de Salvador. — Décrets législatifs du 29 mars et du 1er mai 1909 relatifs à l'analyse des vins, liqueurs et conserves importés au Salvador.
27	1er et 2e fasc. 1910.	Guatémala. — Loi du 30 avril 1909 sur l'immigration.
28	6e et 7e fasc. 1912.	Costa-Rica. — Tarif douanier du 5 janvier 1912.

ANGLETERRE.

1	Janvier 1843.	Pilotage : dispense de l'obligation de prendre un pilote.
2	Mars 1843.	Pilotage ; dispense de l'obligation de prendre un pilote.
3	Mai 1843.	Douanes : modification des règlements généraux. — Tarif des droits d'importation et d'exportation.
4	Juin 1843.	Douanes : grains et farines. — Droits d'importation. — Huile de palme, amandes de noix, esprits, bouts de cordages en bourre de coco : décisions de la Trésorerie.
5	Octobre 1843.	Modifications aux lois sur les douanes. — Droits sur le froment et sur la farine de froment du Canada. — Droits sur le sucre.
6	Février 1844.	Pilotage : dispense de l'obligation de prendre un pilote. — Navigation : Tamise : mouillage des bâtiments.
7	Juillet 1844.	Douanes : règlements et tarif général; modifications. — Sucres : nouveaux droits.
8	Nov. et déc. 1844.	Douanes : livres, estampes, etc. ; nouveaux droits.
9		Douanes : acte établissant des droits de douane (1833).
10	Juin et juillet 1845.	Douanes : tarif des droits d'importation et d'exportation ; modifications. — Sucre : nouveaux droits et nouvelles primes.
11	Nov. et déc. 1846.	Douanes : règlements et tarifs ; revision générale (1845) et modifications ultérieures.
12	Nov. et déc. 1846.	Douanes : grains ; régime spécial.
13	Nov. et déc. 1846.	Douanes : sucres ; régime spécial.
14	Nov. et déc. 1846.	Douanes et navigation ; acte pour encourager la marine et la navigation anglaises.
15	Mars et avril 1847.	Douanes et navigation. — Douanes : suspension du payement des droits d'entrée sur le maïs, le sarrasin et la farine qui en dérive, et dispositions relatives au régime de certains bois à construire et d'ébénisterie et à celui du vernis. — Suspension des droits sur les grains et farines en général. — Navigation : admission, pour la consommation intérieure, des grains importés par bâtiments étrangers, et rappel, pour le sucre, des restrictions à l'importation par ces mêmes bâtiments. — Dispositions relatives aux charbons de terre exportés pour la France, à la réexportation des articles exempts de droits, et aux échantillons de vins et d'esprits.
16	Sept. et oct. 1847.	Douanes et navigation : droits de ville. — Douanes : modifications aux droits d'entrée sur les esprits des possessions anglaises. — Maintien de la suspension des droits d'entrée sur le maïs, le sarrasin et la farine qui en dérive. — Régime des estampes communes (bimbeloterie), de certains bois à construire, des embarcations naufragées, du son de froment et de maïs. —

		Maintien de la suspension des droits sur les grains et farines en général, et quelques autres denrées alimentaires. — Déficits sur le sucre livré au raffinage et sur la mélasse : droits. — Navigation : maintien de l'admission, pour la consommation intérieure, des grains importés par bâtiments étrangers. — Règlement général : produits étrangers réexpédiés de l'île de Man dans le Royaume-Uni. — Eau-de-vie réexpédiée d'Angleterre en Écosse. — Entrepôt : coupage des esprits. — Port de Londres : suppression du droit de jaugeage sur le vin.
17	Sept. et oct. 1848.	Douanes : cuivre et plomb; droits nouveaux. — Bois (sapin, pour barils à hareng), cordonnerie (bottes et souliers), écorces et extraits d'écorce, fruits (pêches sèches), muscades sauvages, soie moulinée mélangée de laine : application et exemption des droits. — Grains (denarii d'Égypte) : admission en franchise. — Sucre : nouveaux droits.
18	Janv. et févr. 1849.	Douanes et navigation intérieure. — Douanes : réduction du droit d'entrée sur les esprits des possessions anglaises. — Admission, en franchise, de la laine filée et de l'oxyde de zinc. — Expédition, pour l'Amérique, des articles confectionnés en soie. — Navigation intérieure : avis des commissaires du canal calédonien.
19	Juillet et août 1849.	Commerce et navigation : acte amendant la législation en vigueur pour l'encouragement de la marine et de la navigation anglaises (26 juin 1849) et annexes.
20	Sept. et oct. 1849.	Douanes : règlement général; modifications au régime du tabac, du charbon de terre, etc. — Droits : taux des droits sur les vins non dénommés au tarif, les broderies, le café torréfié, la cordonnerie, les muscades sauvages, le verre commun, non dénommé au tarif. — Ordres généraux sur le régime des eaux-de-vie réexpédiées d'Angleterre, de l'eau de Cologne, du barège, des tresses de paille et de crin, des langues de porc. — Sucres : sucre de Bénarès; droit.
21	Janvier 1850.	Douanes et navigation. — Douanes : bois de quassia; esprits et liqueurs en bouteilles, *manna croup;* droits ou mode de vérification. — Navigation : régime des marchandises en entrepôt avant la mise en vigueur de la loi de navigation de 1849. — Pilotage : bâtiments étrangers dans la circonscription de la *Trinity-House* de Newcastle, dispensés de prendre un pilote. — Règlement général des douanes : poids des colis pour les tabacs des possessions anglaises en Amérique.
22	Septembre 1850.	Douanes et navigation. — Excise. — Douanes et navigation : modifications à l'acte sur le règlement général des douanes, en ce qui concerne les relations du Royaume-Uni avec les îles Guernesey, Jersey, etc., le mode d'importation du tabac de certaines provenances, celui des tissus de soie; à l'acte sur la navigation, pour l'immatriculation des bâtiments étrangers; à l'acte-tarif des droits d'importation pour certains bois à construire, l'iodine, les perles montées. Suppression du droit d'exportation sur la houille. — Excise : droit sur le sucre indigène et sur le sucre employé dans les brasseries.
23	Mars 1852.	Douanes et convention avec la France. — Douanes : acte-tarif; modifications des droits, interprétations, assimilations, etc. — Règlement général : déclaration des bois, transit des armes et des montres, poids des colis de tabac. — Convention avec la France pour la garantie réciproque de la propriété des œuvres de littérature et d'art : exécution.

24.	Octobre 1852.	Douanes, commerce et navigation. — Douanes : droits généraux; albumine, bois scié pour barils, muscades sauvages; régime. — Grains : droits sur la semoule. — Règlement général : mode de déclaration pour quelques articles; restriction à la prohibition des pendules et montres, à l'importation des tabacs de l'Amérique du Sud. — Commerce et navigation : admission des puissances étrangères au bénéfice de la remise des droits différentiels en vertu de traités et sans traités.
25	Avril 1854.	Douanes et navigation. — Douanes : tarif; modifications; acte du parlement et décisions de la Trésorerie. — Navigation : nationalité des bâtiments anglais; suppression des conditions relatives à la composition des équipages; puissances étrangères admises au bénéfice de la remise des droits différentiels.
26	Octobre 1854.	Douanes et navigation. — Douanes : tarif; modifications; actes du parlement (esprits des possessions anglaises, importés en Écosse et en Irlande; sucres et mélasses); décision de la Trésorerie; Royaume-Uni (estampes, etc., admis en vertu des traités littéraires, etc.; gingembre); île de Man (articles non dénommés). — Navigation : cabotage; navires étrangers admis au cabotage. — Puissances admises au bénéfice de la remise des droits différentiels : admission nouvelle.
27	Janvier 1855.	Douanes : tarif et règlements; modifications nouvelles. — Navigation : abrogation de certaines dispositions législatives. — Timbre : lettres de change étrangères; droits.
28	Novembre 1855.	Douanes, excise et navigation. — Douanes : tarif et règlements; modifications. — Excise : spiritueux distillés dans le Royaume-Uni : nouveau régime. — Navigation : navires étrangers admis au cabotage.
29	Mars 1856.	Douanes, droits de ville et traités. — Douanes : acte-tarif de 1855 et annexes. — Droits de ville : port de Londres; droits de docks et d'orphelins. — Traités et conventions : nations étrangères avec lesquelles l'Angleterre a conclu des traités de commerce et de navigation et des conventions artistiques et littéraires.
30	Mars 1856.	Émigration : acte sur les passagers, de 1855.
31	Décembre 1856.	Douanes ; modifications au tarif en 1856. — Navigation : puissances étrangères admises au bénéfice de la remise des droits différentiels.
32	Novembre 1857.	Douanes et excise : droits et drawbacks; modifications. — Traités; conventions littéraires; traités de commerce et de navigation, puissances étrangères admises au bénéfice de la remise des droits différentiels de navigation.
33	Octobre 1858.	Douanes : tarif et règlements de douane; modifications. — Excise : spiritueux anglais; droit additionnel d'excise en Irlande.
34	Janvier 1860.	Douanes : acte modifiant les droits de douane et décisions de la Trésorerie.
35	Février 1860.	Douanes, excise, traités : exposé ministériel.
36	Mars 1861.	Douanes : modifications au tarif; articles exempts de droits et nouveaux droits d'importation; création de nouveaux entrepôts. — Monnaies, poids et mesures.
37	Juin 1861.	Navigation : rapport fait en 1860 par le comité chargé d'examiner la question de la marine marchande.
38	Août 1861.	Douanes, droits de ville et traités. — Douanes : acte du 12 juin 1861 ; nouveau tarif des douanes; décisions de la Trésorerie

		et du conseil des douanes. — Droits de ville (port de Londres, droits de docks et d'orphelins. — Traités : nations étrangères dont les produits artistiques et littéraires sont admis à un régime de faveur en vertu de conventions littéraires; puissances étrangères admises au bénéfice de la remise des droits différentiels de navigation en vertu de traités ou d'ordres en conseil.
39	Avril 1862.	Douanes et navigation. — Douanes : régime de sortie de la houille; droits d'importation sur la chicorée grillée, provenant des îles de la Manche et de l'île de Man; facilités commerciales à Manchester. — Navigation : abolition des droits de passage et autres; droits de feux et de pilotage, port de Newcastle : droits de rivière, abolition des droits différentiels et autres droits de navigation.
40	Août 1862.	Douanes : tableau des articles d'exportation anglaise.
41	Septembre 1862.	Douanes : acte du 3 juin 1862; droits maintenus et nouveaux droits; décisions de la Trésorerie; droits; unités de déclaration; nouveau port ouvert à l'importation des vins en futailles; prohibition à l'exportation.
42	Septembre 1862.	Douanes : taxes et frais à l'importation; nouveau tableau des unités de déclaration passibles de cette taxe.
43	Juillet 1863.	Poids et mesures. — Rapport d'un comité de la Chambre des communes en faveur de l'introduction du système métrique en Angleterre.
44	Juillet 1863.	Douanes et accises. — Douanes : importation; collodion et éther : droits; nouvelles unités de déclarations passibles des droits accessoires. — Exportation : modification au tableau des articles d'exportation anglaise. — Entrepôt : vins; enforcissement à un degré supérieur à 40 p. 100. — Accises : sucre; prorogation des droits.
45	Décembre 1863.	Douanes, droits de port et traités. — Douanes : droits maintenus et nouveaux droits. — Droits de port : nouveaux droits de tonnage dans le port d'Harwich. — Traités : traité de commerce et de navigation avec la République de Salvador.
46	Août 1864.	Douanes, droits de ville, traités : tarif de 1864.
47	Février 1865.	Îles de la Manche. — Douanes : importation; prohibitions levées.
48	Novembre 1865.	Douanes : thé et sucre, nouveaux droits. — Racine de pissenlit : droit applicable. — Navigation : bateaux de pêche français; exemption des droits de navigation.
49	Juillet 1867.	Douanes, droit de ville, traités : tarif de 1867.
50	Octobre 1868.	Douanes, droits de ville, traités, navigation : actes modifiant le régime applicable à l'importation de certaines marchandises dans le Royaume-Uni et dans l'île de Man. — Tarif de 1868 : tableau des modifications apportées au tarif des douanes d'Angleterre depuis 1855. — Abolition de certaines exemptions de droits de navigation locaux. — Tableau des puissances étrangères avec lesquelles l'Angleterre a conclu des traités de commerce et de navigation.
51	Févr. et mars 1869.	Douanes et navigation : droits d'importation sur le thé et législation en matière de sauvetage.
52	Avril 1870.	Douanes, droits de ville, traités, navigation : tarifs de 1870.
53	Août 1871.	Royaume-Uni. — Eau de Cologne, spiritueux parfumés, sucres et thé : nouveau régime. — Île de Man. — Grains et farines : admission en franchise; sucre candi et sucre raffiné : nouveau régime.

54	Novembre 1871.	Douanes : modifications au tarif; thé; droit d'importation maintenu; malt et articles dans la fabrication desquels entrent des spiritueux; nouveau régime à l'importation.
55	Mai 1873.	Douanes : modifications au tarif. — Thé : droit maintenu. Café et chicorée; chloroforme; sucres : nouveaux droits.
56	Janvier 1874.	ROYAUME-UNI et ÎLE DE MAN. = Douanes : sucres et thé; nouveau régime. — Navigation : transport de marchandises dangereuses; restrictions. — Frais de jaugeage. — Navires français exempts de jaugeage.
57	Janvier 1875.	ROYAUME-UNI. = Douanes et navigation : sucres, thé et nitroglycérine; nouveau régime à l'importation. — ÎLE DE MAN. = Tarif de 1874 et droits de ports.
58	Avril 1876.	Douanes : thé; maintien du régime actuel. — Poudre à tirer et autres articles explosifs : prohibition et restrictions à l'importation.
59	Novembre 1876.	Douanes : tarif de 1876.
60	Avril 1880.	Douanes : modifications au tarif de 1876.
61	Mars 1881.	Douanes : modifications au tarif de 1879.
62	12ᵉ fasc. 1882.	Modifications au tarif : tarif des douanes de 1882.
63	12ᵉ fasc. 1884.	Tarif des douanes de l'Angleterre (1883-1884).
64	[1] 12ᵉ fasc. 1884.	Tarif des douanes de l'île de Man (1884).
64	5ᵉ fasc. 1887.	Tarif des douanes de 1884, mis à jour en 1887.
65	2ᵉ fasc. 1889.	Tarif des douanes de 1887-1888.
66	1ᵉʳ fasc. 1890.	ÎLE DE MAN. = Tarif des douanes mis à jour en 1889.
67	3ᵉ fasc. 1890.	Régime douanier des vins mousseux. — Loi du 28 juin 1888.
68	12ᵉ fasc. 1892.	Tarif des douanes mis à jour le 1ᵉʳ octobre 1892.
69	9ᵉ fasc. 1896.	ÎLE DE MAN. = Tarif des douanes mis à jour en 1896.
70	8ᵉ, 9ᵉ et 10ᵉ fasc. 1904.	Tarif des douanes mis à jour en 1904.
71	1ᵉʳ, 2ᵉ et 3ᵉ fasc. 1906.	Loi de 1905 sur l'immigration et règlement.
72	8ᵉ, 9ᵉ et 10ᵉ fasc. 1908.	Loi du 28 août 1907 sur la santé publique (règlements sur les denrées alimentaires).
73	8ᵉ, 9ᵉ et 10ᵉ fasc. 1908.	Règlement du 12 septembre 1908 sur la santé publique (viandes étrangères).
74	3ᵉ fasc. 1912.	ÉTATS DE JERSEY. = Loi du 19 juillet 1910 établissant un impôt additionnel sur les vins et les liqueurs spiritueuses.
75	3ᵉ fasc. 1912.	Règlement du 8 mars 1912 relatif aux vins de base.
76	6ᵉ et 7ᵉ fasc. 1912.	Tarif des douanes mis à jour en 1912.
77	6ᵉ et 7ᵉ fasc. 1912.	Règlements relatifs à la santé publique (lait et crème) édictés le 1ᵉʳ août 1912.
78	1ᵉʳ, 2ᵉ et 3ᵉ fasc. 1915.	Lois et proclamations relatives à la prorogation des échéances et aux moratoriums.
79	1ᵉʳ, 2ᵉ et 3ᵉ fasc. 1915.	Proclamations, etc., prohibant l'exportation de certains produits par suite de la guerre.
80	1ᵉʳ, 2ᵉ et 3ᵉ fasc. 1915.	Lois et proclamations relatives au commerce avec l'ennemi.
81	1ᵉʳ, 2ᵉ et 3ᵉ fasc. 1915.	Ordre en Conseil du 29 octobre 1914, relatif aux règlements concernant les navires neutres et le commerce.

(Pour les droits de port à l'étranger, voir MARINE MARCHANDE.)

[1] Le numéro 64 a été répété.

ANGOLA (PROVINCE D').

(Voir Colonies portugaises d'Afrique.)

ANTILLES.

(Voir Colonies suivant le pays auquel appartiennent les différentes îles de l'archipel des Antilles; Antilles danoises, Indes occidentales espagnoles, Cuba, Haïti, République dominicaine ou Possessions des États-Unis en Amérique.)

ANTILLES DANOISES.

1	Décembre 1862.	Douanes et navigation : lois du 16 avril 1862; modifications au régime de douane et de navigation.

(Voir pour la suite Colonies danoises.)

ARCHIPEL DU CAP VERT.

(Voir Colonies portugaises d'Afrique.)

ARGENTINE (RÉPUBLIQUE).

(Voir République argentine.)

ASSOCIATION ALLEMANDE (ZOLLVEREIN).

1	Juin 1843.	Prusse. = Douanes : Trèves déclaré port franc et port d'entrepôt. — Extension des attributions du bureau de Perl.
2	Fév. et mars 1845.	Bade. = Douanes : Kehl déclaré port franc; houille affranchie du droit d'importation.
3	Mai 1845.	Douanes : tarif des droits d'entrée, de sortie et de transit. — Traité avec la Belgique.
4	Juin et juillet 1845.	Douanes : remise de droits sur les vins étrangers.
5	Janv. et fév. 1846.	Prusse. = Douanes : pommes de terre prohibées à la sortie et affranchies à l'entrée dans certaines provinces. — Hesse électorale et Bavière. = Grains prohibés à la sortie. — Grand-duché de Bade et grand-duché de Luxembourg. = Pommes de terre prohibées à la sortie.
6	Mars et avril 1848.	Douane : tarif des droits d'entrée, de sortie et de transit. — Monnaies.
7	Juillet et août 1848.	Douanes et sucre. — Douanes : fils et tissus de laine, tissus de soie; droits additionnels. — Vins de France expédiés par Anvers; remise de droits. — Faveurs spéciales aux produits de la principauté de Neufchâtel, suspendues.
8	Nov. et déc. 1848.	Douanes (Association en général) et droits locaux. — Douanes : prorogation du tarif en vigueur pendant les trois années 1846-1848; modifications à cet acte et suppression de quelques droits. — Prusse. = Port de Stettin : droits de port et d'écluse.
9	Novembre 1850.	Douanes et sucres. — Douanes : visières en cuir verni, avec coiffe et garniture en cuir; droit d'entrée. — Sucre : régime pour 1850-1853 (Prusse).

10	Octobre 1851.	Douanes et navigation du Rhin. — Douanes : modifications au tarif des droits d'entrée, de sortie et de transit, et aux dispositions générales de ce tarif. — Sucre : réduction du drawback à l'exportation. — Navigation du Rhin : modifications aux tarifs de navigation du Rhin allemand en général, du Rhin prussien, du Rhin badois.
11	Janvier 1852.	Douanes : tarif général; mode d'application de certains droits d'importation et de transit, et de certaines tares. — Vins : remise de droits à l'importation; conditions nouvelles.
12	Août 1852.	Douanes, sucre, vins indigènes. — Douanes : application de l'exemption de droits aux articles réimportés ou réexportés après main-d'œuvre reçue, et application du droit d'entrée sur la volaille découpée et quelques articles de quincaillerie. — Sucre : conditions du drawback à l'exportation du sucre raffiné. — Vins indigènes : régime des échantillons à l'intérieur.
13	Décembre 1853.	Douanes : modifications au tarif général. — Sucres : régime pour 1853-1855.
14	Mars 1854.	Douanes : tarif des droits d'entrée, de sortie et de transit; modifications. — Métaux et ouvrages en métaux pour la construction et le gréement des navires : restitution des droits d'entrée. — Sucre : sucre raffiné; réduction du drawback à l'exportation.
15	Février 1855.	Douanes : chevaux, prohibition à l'exportation par les États autres que le Hanovre; formalités du transit à travers la Prusse des chevaux originaires du Hanovre. — Suif : réduction du droit d'entrée. — Articles divers : modifications, application ou interprétation du tarif général. — Sucre : droits d'entrée sur la mélasse étrangère. — Navigation. — Navigation maritime : facilités accordées dans les provinces de Prusse et de Poméranie; admission des pavillons étrangers au cabotage entre Stettin et Memel. — Navigation fluviale : Rhin allemand, droits de navigation; Rhin prussien; restitution de droits.
16	Juin 1855.	Traités et douanes. — Traités : traité du 4 avril 1853 pour la prorogation et l'extension de l'association douanière allemande, et annexe audit traité. — Traité du 7 septembre 1851 concernant la réunion de Steuerverein au Zollverein. — Traité de commerce du 19 février 1853 entre la Prusse et l'Autriche et annexes audit traité. — Douanes : tarif des douanes et supplément au tarif.
17	Octobre 1855.	Douanes et navigation. — Douanes : régime de l'entrepôt, règlement général; arrêté spécial à l'entrepôt franc de Harbourg. Navigation : admission des pavillons étrangers au cabotage en Prusse; augmentation des droits de port à Memel.
18	Janvier 1857.	Douanes et traités. — Douanes : modifications au tarif des droits d'entrée, de sortie et de transit, résultant d'un arrêté de la conférence d'Eisenach; grains et légumineuses : prorogation de la franchise à l'importation; eaux-de-vie : rétablissement du drawbach à l'exportation. — Traités : Traités entre la Prusse, le Hanovre, la Hesse électorale, tant en leur nom qu'en celui des autres États de l'association allemande et la ville libre de Brême pour faciliter leurs relations de commerce; articles additionnels audit traité. — Convention entre les États ci-dessus pour l'établissement d'un bureau principal de douane du Zollverein et d'un entrepôt des marchandises du Zollverein dans la ville de Brême; articles additionnels à ladite convention.

19	Septembre 1857.	Traité et monnaies. — Traité monétaire austro-allemand du 24 janvier 1857.
20	Décembre 1857.	Sucre et accise. — Sucre : régime pour 1857-1858. — Accise en Prusse : taxe sur la fabrication des eaux-de-vie indigènes; drawback à l'exportation.
21	Avril 1859.	Douanes : vins français; conditions de la remise de droits. — Houille; exemption des droits d'entrée en Prusse, pour les bateaux à vapeur faisant un service régulier. — Sucres : convention du 16 février 1858; régime pour 1858-1859. — Monnaies : convention du 7 août 1858 entre les États de l'Allemagne méridionale.
22	Février 1860.	Douanes : modifications au tarif des droits d'entrée et de sortie résultant d'un arrêté de la conférence de Harzbourg (Brunswick); levée de la prohibition à l'exportation des chevaux; élévation du drawback d'accise, en Prusse, à l'exportation des eaux-de-vie.
23	Octobre 1861.	Douanes : suppression des droits de transit; modification du régime de l'étain; drawback à l'exportation du tabac fabriqué. — Sucres : convention du 25 avril 1861 concernant l'allocation d'un drawback à l'exportation du sucre de betterave, l'impôt sur le sucre de betterave séchée et le régime du sucre et de la mélasse d'origine étrangère; réduction du drawback à l'exportation du sucre étranger raffiné.
24	Juin 1862.	Prusse. = Navigation : Jaugeage des bâtiments de mer.
25	Juillet 1864.	Douanes : modifications au tarif général des douanes de l'association. — Navigation : règlement et tarif des droits de port à Geestmünde. — Réduction des droits de port et tarif des droits à percevoir par les courtiers maritimes à Stettin.
26	Juin 1865.	Douanes : régime spécial à la France; tarif conventionnel du 2 août 1862.
27	Décembre 1865.	Traités et douanes : traité du 16 mai 1865 pour la prorogation de l'association douanière allemande; convention du même jour concernant l'impôt sur le sucre de betterave; nouveau tarif général des douanes.
28	Janvier 1868.	Douanes et contributions indirectes : convention du 8 mai 1867 relative à l'établissement d'un droit sur le sel indigène et sur le sel importé de l'étranger.
29	Février 1868.	Prusse. = Navigation : droit de port, de quayage et d'écluse, à Stettin.
30	Mars 1868.	Traités : traité de commerce du 11 avril 1865, entre la Prusse stipulant au nom du Zollverein et l'Autriche.
31	Juin 1868.	Traités et douanes : extrait de la constitution de la Confédération de l'Allemagne du Nord; traité du 8 juillet 1867, entre la Confédération de l'Allemagne du Nord, la Bavière, le Wurtemberg, Bade et Hesse, pour la prorogation de l'association douanière allemande.
32	Novembre 1868.	Traités et douanes : traité de commerce et de douane du 9 mars 1868, entre la Prusse, stipulant au nom du Zollverein, et l'Autriche; tableaux des nouveaux dégrèvements résultant dudit traité pour les marchandises importées du Zollverein en Autriche et d'Autriche dans le Zollverein.
33	Janvier 1869.	Douanes : tarif général des douanes mis au courant jusqu'au 1er juin 1868.
34	Décembre 1869.	Sucres et industrie. — Sucres : nouveau régime en vigueur à partir du 1er septembre 1869. — Industrie : admission des étrangers à l'exercice des professions ambulantes.

35	Janvier 1870.	Contributions indirectes : eaux-de-vie indigènes; taxe sur la fabrication et drawback à l'exportation.
36	Novembre 1871.	Douanes : tarif du Zollverein, en vigueur à partir du 1er octobre 1870; mesures relatives à l'introduction en Alsace-Lorraine de la législation allemande de douanes et de contributions. — Traités : extrait du traité de paix de Francfort du 10 mai 1871.
37	Juillet 1872.	Douanes : nouvelle loi de douane.
38	Février 1873.	Douanes : règlements sur les entrepôts généraux et limités et sur les entrepôts privés.
39	Avril 1873.	Poids et mesures : introduction du système métrique dans les États de la Confédération de l'Allemagne du Nord. — Maintien du quintal et de la livre pour les déclarations en douane et le payement des droits de douane.
40	Novembre 1873.	Douanes : modifications au tarif des douanes du 1er octobre 1870.
41	Mars 1875.	Douanes : tarif des douanes du Zollverein en vigueur à partir du 1er octobre 1873.
42	Juillet 1875.	Douanes : métaux et ouvrages en métaux pour la construction et le gréement des navires; remise des droits d'octroi.
43	Juin 1878.	Prusse. = Navigation : droits de navigation dans les ports de Dantzig, Kœnigsberg et Memel.
44	Décembre 1879.	Douanes : tarif des douanes de l'Empire allemand, précédé de la loi du 14 juillet 1879, relative à son application.
45	Février 1881.	Douanes : suppression du droit d'entrée sur les lins et les textiles végétaux autres que le coton. — Loi sur la statistique du mouvement commercial entre le territoire douanier allemand et les pays étrangers.
46	Mai 1881.	Propriété industrielle : marques de fabrique : loi du 30 novembre 1874; dessins et modèles industriels : loi du 11 janvier 1876.
47	4e fasc. 1882.	Douanes : modifications au tarif général du 15 juillet 1879. — Navigation : lois et avis relatifs au cabotage.

(Voir la suite à Allemagne.)

AUSTRALIE DU SUD.

(Voir Colonies anglaises en Australasie.)

AUSTRALIE OCCIDENTALE.

(Voir Colonies anglaises en Australasie.)

AUTRICHE-HONGRIE.

1	Octobre 1844.	Douanes : tarif; modification de droits.
2	Mars et avril 1846.	Douanes : droit de navigation.
3	Juillet 1850.	Douanes : ligne entre l'Autriche et la Hongrie, supprimée.
4	Janvier 1855.	Douanes : tarif des droits d'entrée, de sortie et de transit; appendice et supplément au tarif. — Navigation : droit de tonnage, extension à tous les ports de l'Empire; taxe d'*alboraggio* sur le bois de chêne pour construction navale exporté par mer.

5	Novembre 1856.	Douanes : modifications au tarif général des douanes du 5 décembre 1853.
6	Novembre 1857.	DALMATIE. — Douanes : tarif des droits de douane et tarif des droits de consommation du 1er mai 1857.
7	Février 1858.	Douanes et traités. — Douanes : régime de l'importation et du transit; modifications et interprétations. — Traités : rupture de l'union douanière avec Parme et Modène; conclusion d'une nouvelle union douanière avec Modène. — Monnaies : nouveau système monétaire.
8	Avril 1861.	Douanes : modifications au tarif mis au courant avec les nouvelles unités monétaires. — Monnaies : nouvelle organisation monétaire; tableau des monnaies, poids et mesures inscrits au tarif.
9	Septembre 1865.	Douanes : tarif intérimaire du 30 juin 1865.
10	Décembre 1866.	Douanes : modifications au tarif général du 5 décembre 1853 et au tarif intérimaire du 30 juin 1865.
11	Avril 1867.	Douanes : régime spécial à la France; tarif conventionnel du 11 décembre 1866.
12	Septembre 1867.	Douanes : tarif des douanes de l'Empire contenant le régime général et le régime résultant des traités avec la France, le Zollverein, l'Angleterre et l'Italie.
13	Juin 1870.	Douanes : tarif conventionnel avec la France; régime des tissus de coton; modifications, par suite de la convention complémentaire du 30 décembre 1869 entre l'Autriche et l'Angleterre.
14	Mai 1872.	Poids et mesures : loi du 23 juillet 1871.
15	Août 1875.	Contributions indirectes : tabacs étrangers; modification du droit perçu pour la licence.
16	Février 1877.	Douanes : tissus de coton et de laine; retour au régime de 1868.
17	Mars 1879.	Douanes : tarif conventionnel annexé au traité austro-italien du 27 décembre 1878 : régime des marchandises importées d'Italie en Autriche et exportées d'Autriche en Italie.
18	Septembre 1879.	Douanes : tarif général des douanes de l'Empire austro-hongrois, en vigueur à partir du 1er janvier 1879.
19	Décembre 1881.	Navigation : ordonnance du 23 mars 1881 portant un nouveau règlement relatif aux manifestes de chargement des navires.
20	8e fasc. 1882.	Tarif général des douanes en vigueur depuis le 1er juin 1882.
21	6e fasc. 1885.	Ordonnance du 25 mai 1882 pour l'application du tarif général des douanes.
22	6e fasc. 1887.	Tarif général des douanes, modifié par la loi du 21 mai 1887.
23	11e fasc. 1887.	Ordonnance des Ministres des finances et du commerce, en date du 13 mars 1887, concernant l'exemption des droits de douanes pour les modèles de marchandises importés par les voyageurs de commerce faisant le trafic entre l'Autriche-Hongrie et la Grande-Bretagne.
24	5e fasc. 1892.	Tarif général des douanes du 21 mai 1887 et tarif conventionnel tel qu'il résulte des traités conclus par l'Autriche-Hongrie avec l'Allemagne, la Belgique et l'Italie le 6 décembre 1891, et avec la Suisse le 10 décembre 1891.
25	10e fasc. 1893.	Ordonnance du 30 juin 1893 concernant l'exécution du traité de commerce du 9 août 1892 entre l'Autriche et la Serbie.
26	3e fasc. 1902.	Loi du 25 octobre 1901 sur le commerce du beurre, fromage, beurre fondu, saindoux et leurs succédanés.
27	1re, 2e et 3e fasc. 1907.	Loi du 9 janvier 1907 sur l'encouragement de l'industrie nationale.

28	1er et 2e fasc. 1909.	Loi hongroise, sanctionnée le 11 décembre 1908, interdisant la falsification des vins et la mise en circulation des vins falsifiés.
29	1er et 2e fasc. 1911.	I. Loi douanière et tarif général des douanes du 13 février 1906. II. Droits conventionnels tels qu'ils résultent des accords, conventions ou traités conclus par l'Autriche-Hongrie avec la France, avec l'Allemagne, avec l'Italie, avec la Belgique, avec la Russie, avec la Suisse, avec la Roumanie et avec la Serbie.
30	10e, 11e et 12e fasc. 1914.	Extrait de la loi du 23 janvier 1914 et de l'ordonnance du 26 janvier 1914, relatives à l'impôt sur l'alcool. Extrait de la loi du 2 février 1914, fixant la taxe sur les vins mousseux.
31	1er, 2e et 3e fasc. 1915.	Ordonnances du 25 juillet 1914, prohibant l'importation et l'exportation de certains produits.

BAHAMA (ÎLES).

(Voir Colonies anglaises d'Amérique.)

BALÉARES (ÎLES).

(Voir Espagne.)

BARBADE (LA).

(Voir Colonies anglaises d'Amérique.)

BELGIQUE.

1	Janvier 1843.	Droit sur le café. — Importation de l'orge et du seigle.
2	Février 1843.	Droit de patente pour les bateliers belges et français.
3	Mars 1843.	Police maritime.
4	Mai 1843.	Douanes et accises.
5	Juin 1843.	Douanes : bureau de Quiévrain.
6	Juillet 1843.	Douanes : importation et transit.
7	Août 1843.	Douanes : importation; extension aux attributions de quelques bureaux.
8	Septembre 1843.	Douanes : transit; facilités accordées aux transports par les chemins de fer.
9	Octobre 1843.	Régime des transports, par le chemin de fer, à la frontière de Prusse.
10	Nov. et déc. 1843.	Vins de France importés du Limbourg néerlandais.
11	Janvier 1844.	Douane : orge et seigle; péages des canaux. — Accise : eaux-de-vie étrangères et sel.
12	Février 1844.	Douanes : bureau de Leers-Nord; fontes de fer, laine en masse. — Navigation intérieure : réduction des péages sur les canaux et rivières.
13	Mars 1844.	Douanes : bureaux; suppressions et changements dans les attributions. — Transit : cautionnement.
14	Mai et juin 1844.	Douanes : transit; bétail. — Importation : tabac. — Augmentation du droit.
15	Août 1844.	Douanes : importation et exportation; droits différentiels, vins et tissus de soie du Zollwerein, et assimilation du pavillon des États-Unis et de la Prusse au pavillon belge.

16	Septembre 1844.	Douanes et accises : bureaux ouverts et fermés; régimes spéciaux au transit de certaines marchandises, à l'importation du café de Java, à l'exportation des rognures de peaux de lapin et de lièvre.
17	Octobre 1844.	Douanes : tarif général et droits différentiels (Modifications aux). — Traité avec l'association de douanes allemande.
18	Nov. et déc. 1844.	Douanes : bureau de Calloo; droits d'entrée sur le fil de poil de vache; lieux de production pour l'application de certains droits différentiels; admission des fruits à l'entrepôt fictif.
19	Janvier 1845.	Douanes : céréales; chaux, café de Java, transit. — Navigation intérieure : réduction des péages. — Traité avec l'Association de douanes allemande : arrêté d'exécution.
20	Fév. et mars 1845.	Douanes et navigation : droits sur certains bois; extension du régime sur le bétail; réduction du cautionnement pour les expéditions en transit. — Ostende : exemption du droit de pilotage pour certains bâtiments. — Escaut : remorque des bâtiments.
21	Avril 1845.	Douanes : machines et mécaniques, bouts et déchets de fil de laine, cendres gravelées, huile d'olive, bétail; modification ou interprétation du régime d'entrée. — Traité avec l'Association de douanes allemande : instructions sur l'exécution, en Belgique.
22	Mai 1845.	Douanes : sucre. — Navigation intérieure : canal d'Ostende.
23	Juin et juillet 1845.	Douanes et navigation : bureaux de Welkenraedt et Dolhain (attributions modifiées); fils et tissus de chanvre (surtaxe), draps et casimir (droit additionnel, etc.), tissus mélangés (application du tarif); transit par les chemins de fer (régime général et régimes spéciaux). — Navigation : restitution de droits aux bâtiments prussiens.
24	Sept. et oct. 1845.	Douanes. — Importation et exportation : bureau de Signeulx; fils de Westphalie, etc., tissus de soie pour l'impression, café et tabacs, caoutchouc, fils de poil de chèvre, machines, etc., produits chimiques, tourteaux de graines, céréales, écorces à tan, etc. — Transit : cordages. — Entrepôt de Maeseyck supprimé.
25	Nov. et déc. 1845.	Douanes. — Importation et exportation : tissus de coton français (justification de l'origine); céréales affranchies à l'entrée, prohibées à la sortie; café torréfié, caoutchouc, etc. — Chemin de Moulart et d'Eppe-le-Sauvage : bureau de Henri-Chapelle fermé, et bureau de Verviers ouvert à l'importation des fils de lin et de chanvre.
26	Janv. et fév. 1846.	Douanes : café des Indes Orientales néerlandaises; droit réduit, maintenu d'abord, puis rapporté. — Chemins de fer : prix de transport réduit pour les céréales et pommes de terre. — Canaux et rivières : réduction des péages.
27	Mars et avril 1846.	Douanes et navigation. — Importation : droits nouveaux, interprétation et application du tarif. — Exportation : prohibition des grains et farines. — Transit : prorogation de la faculté de modifier le régime existant. — Entrepôts : régime général. — — Navigation : nationalisation des bâtiments étrangers.
28	Mai et juin 1846.	Douanes. — Importation et exportation : céréales, pommes de terre, déchet de garance; entrepôt public de Verviers supprimé.
29	Juillet et août 1846.	Douanes. — Importation, exportation et transit : modifications au régime de certaines marchandises de France et de l'étranger, de la farine de seigle, des cordages. — Accises : modifications

		au régime du sucre; conventions de commerce avec la France et avec les Pays-Bas.
30	Sept. et oct. 1846.	Douanes, — Importation et exportation : modifications au tableau des bureaux, aux droits sur certaines marchandises. — Accises : sel, pour les bestiaux, affranchi de droits; convention et traité de commerce (exécution des) avec la France et avec les Pays-Bas.
31	Janv. et fév. 1847.	Douanes, accises, conventions de commerce. — Douanes : importation et exportation : modifications au tableau des bureaux, aux droits sur certaines marchandises. — Accises : bières, exportation avec drawback; sel, pour les bestiaux et l'agriculture, affranchi de droits. — Convention avec l'association de douanes allemande.
32	Mai et juin 1847.	Commerce et navigation, accises, traités de commerce. — Douanes : modifications au tarif des droits (bétail, denrées alimentaires, sabots de bétail, sucre), mode de déclaration, régime des provisions de bord, certificats d'origine pour les vins de France, lieux de production de certains produits; régime du transit, par les chemins de fer, d'Anvers sur l'Allemagne, de France sur Bruxelles; tubes en cuivre pour chaudière de locomotive, peaux de chèvre et de mouton, en entrepôt. — Navigation : droit de tonnage sur les bâtiments importateurs de denrées alimentaires, restitué; réduction des péages, sur la Sambre canalisée, pour les expéditions à destination de France. — Accises : sel, pour l'amendement des terres, affranchi de droits; sucre de betterave (exercice des fabriques de). — Traité de commerce avec le Zollverein : droit de patente, pour les commis voyageurs, supprimé; transport des produits du Zollverein, par canaux et rivières, sous pavillon du Zollverein, assimilé au transport sous pavillon belge.
33	Sept. et oct. 1847.	Douanes, navigation et accises. — Douanes : attributions nouvelles de certains bureaux; régularisation, au tarif, du taux de certains droits et assimilations de certaines marchandises non dénommées; franchise (prorogation de la) du bétail, des farines et gruaux, à l'entrée, et restrictions à l'entrée de la graine de Riga, pour semence; cautionnement pour le transit par les chemins de fer; navigation maritime et intérieure; nationalisation des bâtiments étrangers; police du port d'Ostende et de l'Escaut. — Accises : droits sur le sucre et les glucoses.
34	Nov. et déc. 1847.	Douanes : entrepôt; règlement général pour l'entrepôt des produits étrangers et règlement spécial à l'admission des produits belges dans certains entrepôts.
35	Nov. et déc. 1848.	Douanes : tarif officiel de 1847, avec supplément jusqu'à décembre 1848.
36	Sept. et oct. 1849.	Douanes et accises. — Douanes : modifications à certaines dispositions réglementaires, au tableau des droits d'entrée et de sortie du tarif général de 1847. — Accises : sucre; nouveau régime.
37	Mai 1850.	Douanes, navigation, traités de commerce et de navigation. — Douanes : modification au régime des droits différentiels, au régime d'entrée et de sortie, pour un certain nombre d'articles, au régime spécial des denrées alimentaires; facilités pour certains articles à l'entrepôt. — Navigation intérieure : maintien, pour le Gouvernement, du droit de réduire les péages, et réduction des péages sur la Sambre pour les houilles à destination de France; des péages, sur toutes voies, pour les minerais

		de cuivre entrant en Belgique. — Traité de navigation et de commerce avec la France : approbation royale et mesures d'exécution.
38	Avril 1851.	Douanes et accises. — Douanes : tarif général, transit, entrepôt; modifications, additions, interprétations. — Accises : sucre; décharge à l'exportation, réduite.
39	Juin 1852.	Douanes, accises et navigation. — Douanes : modifications au régime des droits différentiels, au tableau des droits d'importation, aux attributions de certains bureaux, au régime de l'entrepôt pour l'enlèvement temporaire de certains produits, pour l'emmagasinage du sel. — Accises : sucre; maintien du droit pour le sucre de betterave et réduction du drawback pour le sucre raffiné. — Navigation : prorogation de la faculté, laissée au Gouvernement, d'abaisser les péages perçus au profit de l'État, sur les canaux et les rivières.
40	Septembre 1852.	Douanes, navigation, accises, contributions directes, traités et conventions. — Douanes : modifications au régime des droits différentiels, au régime spécial de certains produits, aux attributions du bureau d'Espain, au transit de certains produits, à celui de l'entrepôt pour l'emmagasinage, puis l'enlèvement temporaire de quelques produits. — Accise : sel raffiné; réduction du déchet; sucre de betterave; maintien du droit; sels et vins de France; retour au régime général. — Contributions directes : patente; assimilation des bateliers français et des bateliers belges, maintenue. — Traités et conventions : France, expiration de la convention de 1845; Sardaigne, Pays-Bas, traité de commerce et de navigation; Angleterre, traité de commerce et de navigation et convention de pêche; Association de douanes allemande, convention additionnelle au traité de 1844.
41	Mars 1853.	Douanes, accises, navigation intérieure, traités et conventions de commerce. — Douanes : régimes spéciaux à certains produits français et néerlandais; bureaux ouverts à l'exportation des écorces à tan; droit nouveau de transit pour les marchandises tarifées au poids; marchandises destinées à recevoir une main-d'œuvre dans le Royaume, pour lesquelles est autorisé l'enlèvement temporaire de l'entrepôt. — Accises : sel brut et vins de France; rétablissement du régime de 1845. — Navigation intérieure : réduction du péage sur la Sambre canalisée. — Traités et conventions : promulgation du traité avec la France; prorogation de la faculté de dénoncer le traité avec l'Association allemande (Zollverein).
42	Avril 1853.	Douanes, traités et conventions de commerce. — Douanes : suspension des droits différentiels, prorogée; facilités pour la libération des bagages des voyageurs arrivant par les chemins de fer ou les bateaux à vapeur; caractères d'imprimerie, vieux, affranchis de droits à l'importation; réexportation des sacs ayant servi à l'importation des grains; fils de lin enlevés d'entrepôt pour recevoir une main-d'œuvre dans le royaume; entrepôt de Louvain ouvert à l'emmagasinage des sels bruts. — Traités et conventions : modifications aux instructions sur l'exécution du traité avec les Pays-Bas; instruction pour l'exécution de l'article additionnel au traité avec l'Angleterre.
43	Juin 1853.	Douanes : droits différentiels; régime provisoire prorogé.
44	Janvier 1854.	Douanes et accises. — Douanes. — Importation et exportation. — Régime général ; droits supprimés et prohibitions levées à l'exportation. — Régime spécial : charbon de terre (impor-

		tation); denrées alimentaires (importation et exportation); machines et métiers (importation); minerai de fer (exportation); entrepôt (enlèvement temporaire de certaines marchandises destinées à recevoir une main-d'œuvre dans le royaume); fils de fer et tissus de coton. — Accises : sucre; maintien du droit; vins : droit nouveau.
45	Septembre 1854.	Douanes, accises, contributions directes, navigation intérieure, traités et conventions de commerce et de navigation, littéraires ou artistiques. — Douanes : tarif des droits d'entrée et de sortie; observations préliminaires; exemptions de droits (dispositions nouvelles); droits; régime général; importation (droits modifiés); exportation (prohibitions maintenues); régimes spéciaux; droits différentiels (lieux de production); droits de faveur résultant de traités ou conventions (produits français; café des colonies néerlandaises; produits du Zollverein); pavillon mexicain assimilé au pavillon belge, — Transit : marchandises venant du Zollverein ou y allant. — Entrepôt : enlèvement temporaire (châles de laine, fils de lin, peaux de chèvre, roues, etc., pour locomotives, tissus de lin). — Accises. — Régime général : sucre de betterave (droit). — Régimes spéciaux : sel et vins de France; vins du Zollverein. — Contributions directes : bateliers et voyageurs du commerce français et du Zollverein (droit de patente). — Navigation intérieure : péages au profit de l'État (réduction de droits). — Traités et conventions de commerce et de navigation, littéraires ou artistiques : France (conventions du 22 août 1852, et traité du 27 février 1854); Autriche (traité du 2 mai 1854); Deux-Siciles (traité du 15 juillet 1847); États Romains (arrangement commercial du 20 juin 1853). Russie (traité du 14 février 1850).
46	Mars 1855.	Douanes : tarif des droits d'entrée et de sortie. — Régime général, etc.; franchises à l'entrée et prohibitions à la sortie (charbon de terre, denrées alimentaires, eaux-de-vie indigènes, sirops et mélasse); admission au droit réduit (fils de Westphalie, de Brunswick et de Russie); régimes spéciaux; droits de faveur résultant de traités ou conventions (produits français; café des colonies néerlandaises). — Entrepôt : entrepôts publics dans lesquels peuvent être pilés et concassés les sucres raffinés destinés à l'exportation; enlèvement temporaire (tissus de coton, percales et velours). — Traités et conventions de commerce et de navigation. — Association allemande : voyageurs de commerce, protocole (2 janvier 1855),
47	Mai 1856.	Douanes : tarif des droits d'entrée et de sortie. — Régime général : franchises à l'entrée et prohibitions à la sortie (charbon de terre, denrées alimentaires, eaux-de-vie indigènes, machines et métiers). — Régime spécial : droits différentiels; prorogation du régime provisoire. — Transit : droits et exemptions résultant des traités de commerce. — Entrepôt : enlèvement temporaire (châles de laine, liquides alcooliques, porcelaines blanches, peaux de chèvre et de mouton). — Accises : sucre de betterave; droit. — Traités et conventions de commerce et de navigation ou littéraires et artistiques : Angleterre (convention littéraire du 12 août 1854); États-Unis (traité du 10 novembre 1845); Grèce (traité du 13-25 septembre 1840); Guatémala (traité du 12 avril 1849); Pérou (traité du 16 mai 1850). — Poids et mesures : maintien du système métrique décimal; tableau des mesures légales.
48	Mai 1856.	Douanes : tarif des droits d'entrée et de sortie. — Régime gé-

		néral : denrées alimentaires, application du régime temporaire. — Régime spécial : droits différentiels, prorogation du régime provisoire ; café des colonies néerlandaises, quantités admissibles en 1856. — Entrepôt : grains et graines admis en entrepôt particulier et en entrepôt fictif ; enlèvement temporaire (zinc brut pour laminage). — Accises : sucres ; modifications à la loi du 18 juin 1849.
49	Juillet 1856.	Douanes : tarif des droits d'entrée et de sortie ; nouveaux droits et nouvelles franchises ; suppression du régime des droits différentiels. — Graines de lin de Riga : conditions et police de l'importation en franchise. — Machines et mécaniques : nouveau régime. — Navigation maritime et intérieure : frais de jeaugeage.
50	Octobre 1856.	Douanes : tarif des droits d'entrée et de sortie. — Importation : suppression des droits différentiels, application des nouveaux droits et des nouvelles franchises ; boissons distillées, droit applicable aux contenants ; fèces ou résidus d'huile, conditions de l'admission en franchise. — Exportation : minerai de fer, exportation autorisée. — Entrepôt : sulfate de soude, enlèvement temporaire.
51	Avril 1857.	Douanes : tarif des droits d'entrée et de sortie. — Denrées alimentaires : régimes provisoire et définitif ; fers et riz : nouveaux droits d'entrée ; machines à retordre le fil : application du tarif ; minerais de fer oligistes : levée de la prohibition à la sortie.
52	Mars 1858.	Douanes. — Importation : nouveaux droits et nouvelles franchises applicables à un certain nombre d'articles ; café, poissons, tabacs, nouveaux droits ; denrées alimentaires, retour au régime général ; graines de lin à semer, conditions nouvelles de l'importation en franchise. — Entrepôt : riz, tissus de laine et de lin, tulle de soie et de coton, enlèvement temporaire. — Traités et conventions de commerce et de navigation : Grèce ; Mecklembourg-Schwerin ; Suède et Norvège.
53	Mai 1858.	Douanes ; tarif officiel de 1858 et appendice. — Traités et conventions de commerce et de navigation : Deux-Siciles ; Pays-Bas.
54	Mai 1860.	Douanes, contributions directes, police maritime, traités. — Douanes : tarif des droits d'entrée et de sortie. — Importation : bonneterie de laine, draps, casimirs et tissus similaires, produits chimiques de provenance française ; nouvelles surtaxes. — Produits néerlandais : retour au régime général ; nouveaux bureaux ouverts à l'importation des fils de lin et de chanvre d'ailleurs que de France, des œuvres d'art et de littérature, des produits chimiques soumis à des restrictions d'entrée. — Exportation : charbons de bois, écorces à tan ; exemption de droits ; chevaux, prohibition temporaire ; pyrites de fer ; exemption de droits. Accise : droits à l'importation ; vins des États Sardes ; retour au régime général. — Transit : tableau des droits. — Entrepôt : bois de construction ; café : admission à l'entrepôt fictif. — Bois de construction, bois de sapin du Nord, fécule verte de pommes de terre, fils de jute, fontes brutes ; enlèvement temporaire. — Contributions directes : bateliers ; réduction du droit de patente ; bateliers néerlandais et du Zollverein ; maintien de l'assimilation aux bateliers belges. — Navigation maritime : police maritime, tarif des droits ; modifications. — Traités et conventions de commerce et de navigation et littéraires. — France : convention du 18 avril

		1859; promulgation. — Chili : traité du 31 août 1858; promulgation. — Espagne : convention du 30 avril 1859; promulgation. — États-Unis : traité du 17 juillet 1858; exécution. — Libéria : traité du 29 mars 1858; promulgation. — Nicaragua : traité du 8 mai 1858; promulgation. — Pays-Bas : convention du 30 août 1858; exécution. — Perse : traité du 31 juillet 1857; promulgation. — Russie : traité du 9 juin 1858; exécution. — Salvador : traité du 15 février 1858; promulgation. — Sardaigne : traité du 18 décembre 1857; exécution; convention du 24 novembre 1859; promulgation.
55	Octobre 1861.	Douanes : tarifs d'entrée, de sortie et de transit. — Régime général : modifications et interprétations de 1860-1861. — Régime spécial à la France : application et exécution des traités et conventions du 1er mai 1861. — Entrepôt : nouveaux enlèvements temporaires autorisés. — Accises : régime général; modifications apportées par la loi abolissant les octrois communaux. — Régime spécial à la France : exécution du traité du 1er mai 1861. — Contributions directes : droits de patente des bateliers et voyageurs de commerce français. — Navigation : ports d'Anvers; nouveaux droits. — Traités et conventions de commerce, de navigation et littéraires : France, Costa-Rica, Guatémala, Honduras, Pérou et Uruguay; promulgation.
56	Août 1863.	Douanes, accises, contributions directes : navigation, traités. — — Douanes : tarifs d'entrée, de sortie et de transit. — Régime général : chevaux et bestiaux; matériaux pour la construction des navires; importation en franchise. — Régimes spéciaux à la France et à l'Angleterre : application et exécution des traités des 1er mai 1861 et 23 juillet 1862. — Entrepôt : modifications au règlement général de 1847; papiers d'impression; enlèvement temporaire. — Warrants : nouveau régime. — Accises : sel brut et raffiné; affranchissement de droits en certains cas; encres et eau-de-vie d'origine anglaise; nouveau régime. — Contributions directes : droits de patente des voyageurs de commerce du Zollverein et du Hanovre. — Navigation : nationalisation des navires étrangers; nouvelle station de pilotage. — Traités de commerce, de navigation et littéraires : Angleterre, Bolivie, Maroc, Mexique, Russie, Turquie; promulgation.
57	Février 1864.	Douanes : tarifs d'entrée, de sortie et de transit. — Régimes spéciaux à la France, à l'Autriche, au Danemark, à l'Espagne, aux Pays-Bas, à la Prusse, à la Suède et à la Norvège, à la Suisse, aux villes anséatiques. — Droits de tonnage : suppression. — Bureaux : Anvers (1er bureau) et Solre-sur-Sambre ouverts à l'importation du sel brut. — Entrepôt : riz admis en entrepôt fictif; bois de peuplier, etc., enlèvement temporaire. — Accise : sucre brut de canne; nouvelle taxe. — Contributions directes : droits de patente des bateliers et voyageurs de commerce danois, prussiens, suisses et des villes anséatiques. — Chemins de fer de l'État; opérations en douane : nouveau tarif. — Conventions internationales : France, Autriche, Danemark, Espagne, Pays-Bas, Prusse, Suède et Norvège, Suisse, villes anséatiques; promulgation.
58	Août 1864.	Douanes : contributions directes; navigation; conventions internationales; actes de 1863-1864.
59	Novembre 1865.	Douanes : tarif d'entrée, de sortie et de transit. — Généralisation des tarifs conventionnels. — Bois pour constructions navales restitution de droits. — Sucres : nouveau régime. — Viandes fraîches, peaux, suif : prohibition à l'entrée et au transit; ré-

		gimes spéciaux applicables aux États-Unis, au Portugal et au Zollverein. — Entrepôt : enlèvement temporaire en franchise de droits : huiles de graines de coton; sucres raffinés; tissus de coton écrus. — Accises : sucres; nouveau régime. — Conventions internationales : conventions et traités avec les États-Unis, le Portugal et le Zollverein.
60	Mars 1866.	Douanes : instructions du Ministre des finances pour régler l'exécution de la loi du 14 août 1865 portant application générale des tarifs conventionnels.
61	Janvier 1867.	Douanes : tarif de 1866.
62	Octobre 1867.	Douanes et accises : sucres; nouveau régime.
63	Décembre 1871.	Douanes : tarif d'entrée, de sortie et de transit; modifications.
64	Juin 1873.	Douanes : tarif d'entrée et de sortie et entrepôts; modifications et dispositions nouvelles. — Contributions directes : droit de patente des bateliers; modifications.
65	Juillet 1873.	Douanes : marchandises envoyées à l'étranger pour y subir une main-d'œuvre; libre réimportation.
66	Août 1874.	Douanes : tarif d'entrée et de sortie et entrepôt; modifications. — Traités de commerce et de navigation et convention littéraire : France; traité du 23 juillet 1873; convention du 7 février 1874.
67	Février 1875.	Douanes : tarif d'entrée, de sortie et de transit. — Modifications; marchandises envoyées à l'étranger pour y subir une main-d'œuvre; libre réimportation. — Vins contenant 18 p. 100 d'alcool : nouveau régime. — Entrepôt : planchettes de sapin pour caisses à verres à vitres; enlèvement temporaire en franchise de droits. — Accise : eaux-de-vie; réduction de la décharge à l'exportation. — Conventions internationales. — État libre d'Orange. — Traité du 1er avril 1874 : promulgation. — Portugal. — Traité du 23 février 1874 : promulgation.
68	Avril 1876.	Douanes : fils de lin, de chanvre et de jute; admission en franchise. — Sucres : maintien du régime actuel. — Entrepôt : admission en franchise temporaire; bois destinés à la confection des caisses pour l'exportation du verre à vitres; peaux découpées sous forme de gants destinées à être cousues dans le pays. — Accises : sucre; prorogation du régime actuel. — Conventions internationales : traité avec les États-Unis d'Amérique.
69	Août 1877.	Douanes : tarif d'entrée et de sortie et entrepôt; modifications et mesures d'application en 1876.
70	Novembre 1879.	Douanes : tarif d'entrée et de sortie et entrepôt; modifications.
71	Décembre 1879.	Tarif officiel des douanes : tableau des droits d'entrée; nouvelle édition.
72	Novembre 1881.	Douanes et convention internationales.
73	7e fasc. 1882.	Douanes et conventions internationales : nouveau tableau des droits d'entrée; traité de commerce avec la France, du 31 octobre 1881; approbation.
74	12e fasc. 1887.	Codification de la législation sur les eaux-de-vie (loi du 18 juillet 1887).
75	8e fasc. 1889.	Codification de la législation des droits sur les sucres.
76	1er fasc. 1891.	Loi du 4 août 1890 (falsification des denrées alimentaires).
77	5e fasc. 1894.	Tarif général du 13 mai 1882 et tarif conventionnel.
78	9e fasc. 1895.	Modifications au tarif des douanes; loi du 12 juillet 1895.
79	7e fasc. 1896.	Législation sur la fabrication et l'importation des alcools. — Loi du 16 avril 1896.

80	2ᵉ fasc. 1898.	Règlement général de jaugeage des navires de mer.
81	7ᵉ fasc. 1898.	Traités de commerce et de navigation entre la Belgique et les Puissances étrangères.
82	2ᵉ fasc. 1900.	Arrêté du 28 novembre 1899 sur le commerce des vins et boissons vineuses.
83	12ᵉ fasc. 1900.	Tarif général des douanes, mis à jour le 10 octobre 1900.
84	2ᵉ fasc. 1901.	Arrêté concernant le marquage des bêtes bovines à l'importation. — Arrêté concernant le transport des explosifs. — Arrêté portant réduction des droits de magasinage à l'entrepôt public de Bruxelles.
85	6ᵉ fasc. 1901.	Règlement du 23 mars 1901 sur l'expertise des viandes de boucherie.
86	7ᵉ fasc. 1901.	Arrêté royal du 9 avril 1901 relatif au régime fiscal des bières et vinaigres.
87	12ᵉ fasc. 1901.	Arrêté royal du 29 août 1901 et arrêtés ministériels des 30 août et 30 novembre 1901 relatifs à l'importation des poules.
88	3ᵉ fasc. 1902.	Loi du 6 janvier 1902, apportant des modifications à la législation sur les sucres.
89	6ᵉ fasc. 1902.	Arrêté royal du 22 mars 1902 relatif au droit d'entrée sur les raisins secs de Corinthe et à la perception de l'accise sur les vins fabriqués au moyen de ces fruits.
90	10ᵉ fasc. 1902.	Loi et arrêté du 19 mai 1902, déterminant le régime douanier applicable dans certains cas spéciaux.
91	10ᵉ fasc. 1902.	Loi et arrêtés royaux du 28 juillet 1902 modifiant la législation relative à la fabrication et à l'importation des alcools.
92	2ᵉ fasc. 1903.	Arrêté du 31 décembre 1902 réglementant la fabrication et le commerce des eaux-de-vie, liqueurs alcooliques et alcools.
93	1ᵉʳ, 2ᵉ et 3ᵉ fasc. 1904.	Loi du 12 août 1903, portant modification à la loi du 4 mai 1900 relative à la répression des fraudes commises au moyen de la margarine.
94	1ᵉʳ, 2ᵉ et 3ᵉ fasc. 1904.	Loi du 21 août 1903 et arrêtés royaux relatifs à la fabrication et à l'importation des sucres.
95	1ᵉʳ, 2ᵉ et 3ᵉ fasc. 1904.	Arrêtés des 2 et 15 février 1904 relatifs à l'importation en Belgique du bétail français.
96	8ᵉ, 9ᵉ et 10ᵉ fasc. 1904.	Arrêtés du 21 avril 1904 sur l'importation des génisses et avis relatif à l'importation des bêtes de boucherie.
97	1ᵉʳ, 2ᵉ et 3ᵉ fasc. 1905.	Arrêté du 19 janvier 1905 sur le contrôle des vaches, génisses et taureaux à l'importation au point de vue de la tuberculine.
98	1ᵉʳ, 2ᵉ et 3ᵉ fasc. 1906.	Règlement du 11 décembre 1905 sur le transport des émigrants.
99	1ᵉʳ, 2ᵉ et 3ᵉ fasc. 1906.	Tarif des douanes applicable à partir du 1ᵉʳ mars 1906.
100	8ᵉ, 9ᵉ et 10ᵉ fasc. 1906.	Loi du 25 septembre 1906 relative aux liqueurs dites absinthes.
101	1ᵉʳ, 2ᵉ et 3ᵉ fasc. 1907.	Arrêtés des 17 et 19 novembre 1906 relatifs à l'admission des poutrelles en fer ou en acier au régime de l'entrepôt fictif.
102	8ᵉ, 9ᵉ et 10ᵉ fasc. 1907.	Loi du 16 juin 1905 approuvant le traité additionnel au traité de commerce du 6 décembre 1891 conclu le 22 juin 1904, entre la Belgique et l'Allemagne.
103	11ᵉ et 12ᵉ fasc. 1909.	Loi du 20 août 1909 relative à l'emploi de la céruse dans les travaux de peinture.
104	7ᵉ, 8ᵉ et 9ᵉ fasc. 1910.	Arrêté royal et arrêté ministériel du 4 août 1910 relatifs à l'importation des solipèdes de boucherie.
105	7ᵉ, 8ᵉ et 9ᵉ fasc. 1910.	Loi du 20 juin 1910 revisant le tarif des droits à percevoir par les consuls belges à l'étranger.

106	4ᵉ et 5ᵉ fasc. 1911.	Décret du 16 janvier 1911 établissant des mesures répressives contre les abus résultant de l'adultération du caoutchouc.
107	4ᵉ et 5ᵉ fasc. 1911.	Règlement spécial pour l'entrepôt public de Bruxelles.
108	1ᵉʳ, 2ᵉ et 3ᵉ fasc. 1913.	Loi du 12 décembre 1912 sur le régime de eaux-de-vie indigènes et étrangères.
109	10ᵉ, 11ᵉ et 12ᵉ fasc. 1914.	Arrêté royal du 18 avril 1914 et règlement du 22 avril de la même année, relatifs à l'importation de voitures automobiles.
110	1ᵉʳ, 2ᵉ et 3ᵉ fasc. 1915.	Loi du 4 août 1914, concernant les mesures urgentes nécessitées par les éventualités de guerre. — Arrêté royal du 2 août 1914 relatif à la prorogation des délais en matière de protêts.
111	1ᵉʳ, 2ᵉ et 3ᵉ fasc. 1915.	Arrêtés royaux des 30 juillet, 2, 3 et 4 août 1914 portant prohibition provisoire de l'exportation de divers produits.
112	8ᵉ, 9ᵉ, et 10ᵉ fasc. 1915.	Décisions fixant la liste des articles considérés comme contrebande de guerre.

(Pour les Droits de port à l'étranger, voir Marine marchande.)

BENGUELA.

(Voir Colonies portugaises d'Afrique.)

BERMUDES (ÎLES).

(Voir Colonies anglaises d'Amérique.)

BIRMANIE.

1	Janvier 1864.	Douanes et traités : tarif des droits d'importation et d'exportation ; traité avec les Indes-Orientales anglaises.
2	1ᵉʳ fasc. 1889.	Tarif des douanes de 1888.

(Voir Indes Orientales anglaises.)

BISMARCK (ARCHIPEL).

(Voir Possessions allemandes d'Océanie.)

BOLIVIE.

1	Mai 1843.	Douanes : tissus de coton, dits *Tocuyos*.
2	Nov. et déc. 1843.	Numéraire exporté par mer.
3	Janvier 1844.	Douanes : droit de *consulado*.
4	Juillet 1844.	Commerce : rétablissement des relations avec le Pérou.
5	Fév. et mars 1845.	Douanes et consommation : droits ; mode d'acquittement.
6	4ᵉ fasc. 1889.	Tarif des douanes du 15 juin 1882 mis à jour en décembre 1888.
7	5ᵉ fasc. 1889.	Douanes : surtaxe à l'importation des produits étrangers.
8	12ᵉ fasc. 1889.	Établissement d'un nouveau régime douanier (loi du 8 décembre 1888).
9	2ᵉ fasc. 1891.	Tarif des douanes du 4 octobre 1889, mis à jour jusqu'au 1ᵉʳ décembre 1890.
10	1ᵉʳ, 2ᵉ et 3ᵉ fasc. 1905.	Loi du 2 décembre 1904 relative au payement des droits de douane.
11	8ᵉ, 9ᵉ et 10ᵉ fasc. 1905.	Impôts départementaux sur le cuir et le sel (loi du 22 décembre 1904).

12	8e, 9e et 10e fasc. 1905.	Loi du 24 décembre 1904 créant un impôt du timbre sur les vins, liqueurs, bières et boissons alcooliques.
13	1er, 2e et 3e fasc. 1906.	Tarif des douanes du 23 décembre 1905, entré en vigueur le 1er janvier 1906.
14	1er, 2e et 3e fasc. 1906.	Loi du 27 décembre 1905 établissant un impôt sur la coca.
15	8e, 9e et 10e fasc. 1908.	Loi du 12 août 1908 relative aux droits d'exportation du cuivre et du bismuth.
16	10e, 11e et 12e fasc. 1914.	Loi du 26 décembre 1913, établissant le monopole des tabacs, et loi du 7 janvier 1914 sur la régie des spiritueux.

BONNE-ESPÉRANCE (CAP DE).

(Voir Colonies anglaises d'Afrique et, pour les Droits de port à l'étranger, voir Marine marchande.)

BOSPHORE.

(Voir Turquie.)

BRÊME.

(Voir Villes hanséatiques et Association allemande.)

BRÉSIL.

1	Février 1843.	Règlement du port de Bahia.
2	Septembre 1843.	Douanes : vins ; modification à la table des évaluations officielles.
3	Avril 1844.	Douanes : droits d'ancrage, évaluations officielles, etc. — Patentes et timbre : droits. — Naturalisation : délai de résidence.
4	Septembre 1844.	Douanes et navigation : réduction du droit d'ancrage ; peines contre la contrebande des bois de teinture.
5	Mai et juin 1846.	Importation, exportation et navigation ; règlements et tarifs.
6	Janv. et févr. 1847.	Douanes, industrie intérieure et police commerciale, etc. — Douanes : modifications aux tarifs et règlements d'importation, aux règlements de navigation, au tarif de sortie et mesures relatives à certaines perceptions intérieures. — Industrie : encouragements à la fabrication des tissus de coton, à la construction des bâtiments de mer. — Police commerciale : mode de vente et d'achat des bâtiments étrangers. — Monnaies : valeur pour laquelle les monnaies brésiliennes et étrangères sont admises dans les caisses publiques.
7	Mai et juin 1847.	Douanes et consulados. — Douanes : magasinage des marchandises réexportées. — Consulados : droit sur les diamants exportés, sur les commis étrangers dans les maisons de commerce ; monnaies brésiliennes et étrangères admises dans les caisses publiques.
8	Nov. et déc. 1847.	Douanes et consulados. — Douanes : droit différentiel de pavillon à l'importation et mode de liquidation du droit d'expédition. — Consulados : droit différentiel de navigation pour les bâtiments étrangers.
9	Janv. et fév. 1848.	Douanes, consulados et monnaies. — Douanes : Avitaillement des baleiniers. — Consulados, etc. : droit d'exportation sur les diamants, maintenu ; droit sur les commis étrangers, supprimé. — Monnaies : fabrication d'une monnaie d'or et d'argent.
10	Mai et juin 1848.	Douanes et consulados, etc. — Douanes : modification au régime des avaries et des ventes aux enchères. — Consulados, etc. : droits sur les diamants exportés de Bahia ; propagation de la mise en vigueur des droits différentiels.

11	Janv. et févr. 1849.	Douanes et consulados : monnaies. — Douanes : modifications au tarif des droits d'entrée (effets d'habillement, cordonnerie, menuiserie et ébénisterie). — Consulados : prorogation de l'application des droits différentiels sur les bâtiments étrangers; confirmation, pour les bâtiments français, de l'assimilation au pavillon national; réduction du droit de sortie sur les cuirs de San Pedro et l'or en barres; individus admis au crédit en douane; suppression du droit intérieur sur l'or en poudre. — Monnaies : fixation de la valeur légale de quelques monnaies nationales; droits de monnayage.
12	Août 1852.	Douanes et consulados, etc. — Douanes : tarif et instruction réglementaire, dispositions nouvelles pour le régime des transbordements et réexpéditions, de la cordonnerie, des orgues; règlement général; dispositions spéciales aux avaries de la cargaison des bâtiments en relâche, aux excédents et déficits, aux passagers, aux ventes à l'enchère, aux justifications pour les réexportations à l'étranger, à l'appel des saisies pour contrebande, à la faculté du cabotage pour les embarcations étrangères. — Consulados : droit d'ancrage (réduction du), droit différentiel (suppression du), expéditions (droit sur les) dans les bâtiments du service intérieur. — Timbre : droit de timbre et de vente pour les lettres de change, billets à ordre, etc.
13	Juin 1853.	Douanes. — Exportation : droit réduit.
14	Janvier 1860.	Immigration : contrat entre le Gouvernement et la Société centrale de colonisation, et règlement sur la colonisation.
15	Octobre 1863.	Douanes et navigation : règlement et décret d'exécution; tarif et décret d'exécution. — Poids et mesures : adoption du système métrique français.
16	8e fasc. 1888.	Tarif des douanes du 22 avril 1887.
17	4e fasc. 1891.	Tarif des douanes du 11 octobre 1890.
18	4e fasc. 1897.	Tarif des douanes du 20 avril 1896, mis à jour au 1er janvier 1897. Tarif consulaire.
19	9e fasc. 1898.	Tarif des douanes du 17 décembre 1897, modifié par la loi du 22 novembre 1899.
20	1er fasc. 1900.	
21	1er, 2e et 3e fasc. 1905.	Décret réglementaire du 23 décembre 1904 sur la suppression des impôts frappant les marchandises à leur passage d'un État à l'autre de la Confédération brésilienne.
22	1er, 2e et 3e fasc. 1906.	Loi du 28 novembre 1905 relative aux importations de marchandises portant de fausses indications de provenance.
23	8e, 9e et 10e fasc. 1906.	Règlement pour la perception et le contrôle des impôts de consommation.
24	1er, 2e et 3e fasc. 1907.	Circulaire du 10 avril 1906 relative à l'admission des bagages des passagers dans les ports du Brésil.
25	1er et 2e fasc. 1910.	Décret du 4 novembre 1909 instituant des primes pour l'exportation des fruits nationaux.
26	8e, 9e et 10e fasc. 1915.	Décision relative à l'usage des préservants et colorants dans les produits alimentaires importés.

(Pour les Droits de port à l'étranger, voir Marine marchande.)

BUENOS-AYRES.

(Voir République Argentine.)

BULGARIE.

1	4e fasc. 1896.	Droits d'octroi.
2	8e, 9e et 10e fasc. 1905.	Loi sur l'encouragement de l'industrie et du commerce indigènes.
3	8e, 9e et 10e fasc. 1905.	Loi du 31 janvier 1905 sur les accises.
4	1er et 2e fasc. 1909.	Loi du 7 mars 1909 sur l'encouragement de l'industrie locale.
5	1er et 2e fasc. 1910.	Tarif général des douanes du 17/30 décembre 1904 et droits conventionnels résultant des traités conclus par la Bulgarie avec l'Allemagne, avec l'Angleterre, avec la France et avec l'Italie.

CAÏQUES (ÎLES).

(Voir Colonies anglaises d'Amérique.)

CALCUTTA (PORT DE).

(Voir Indes Orientales anglaises.)

CALIFORNIE.

(Voir États-Unis d'Amérique du Nord.)

CAMEROUN.

(Voir Possessions et pays de Protectorat de l'Allemagne en Afrique.)

CANADA.

(Voir Colonies anglaises d'Amérique et, pour les Droits de port, voir Marine marchande.)

CANARIES (ÎLES).

(Voir Îles Canaries.)

CAROLINE DU SUD.

(Voir États-Unis de l'Amérique du Nord.)

CAP DE BONNE-ESPÉRANCE.

(Voir Colonies anglaises d'Afrique et, pour les Droits de port à l'étranger, voir Marine marchande.)

CAP DELGADO.

(Voir Colonies portugaises d'Afrique.)

CAP VERT (ARCHIPEL DU).

(Voir Colonies portugaises d'Afrique.)

CEYLAN.

(Voir Indes Orientales anglaises.)

CHILI.

1	Août 1843.	Douanes. — Navigation : exemption du droit de tonnage. — Importation : sirops et sorbets.
2	Nov. et déc. 1843.	Douanes : répression de la fraude.
3	Mai et juin 1844.	Douanes. — Évaluations officielles : annonce d'un nouveau tarif. — Entrepôt : demandes d'extraction pour la consommation intérieure; droit de magasinage pour les vins.
4	Nov. et déc. 1844.	Navigation et douanes tarifs et règlements.
5	Mai 1845.	Douanes. — Exportation : ports ouverts.
6	Sept. et oct. 1845.	Douanes. — Tarif : évaluations officielles et droits; entrepôt des tuiles. — Commerce avec la Bolivie : douane de Saint-André.
7	Sept. et oct. 1846.	Douanes, importation et exportation : charbon de terre admis en franchise par certains ports, et nouveau tarif d'évaluations officielles; modifications au régime de sortie du charbon de terre, du cuivre et régime du guano. — Copiapo déclaré grand port. — Obligations (Résumé des) imposées aux capitaines étrangers. — Police commerciale. — Corps des journaliers et chaloupiers dans les ports chiliens en général et à Valparaiso.
8	Sept. et oct. 1848.	Navigation, douanes, police commerciale, poids et mesures. — Navigation : extension, pour les bâtiments baleiniers, de la franchise des droits. — Douanes : modifications à la législation en vigueur et projet de remaniement général de cette législation. — Police commerciale : règlements et tarifs du Corps des journaliers à Valparaiso (modifications), à Coquimbo et Talcahuano. — Poids et mesures : système métrique substitué au système chilien.
9	Janv. et févr. 1849.	Navigation et douanes. — Navigation : loi de 1836 sur la nationalité des bâtiments, et loi de 1848 qui suspend une des dispositions de la loi de 1836. — Douanes : modifications au tarif des droits (chapeaux de paille et bois pour les mines); habilitation d'un port de cabotage et d'un petit port; modifications au régime du commerce d'importation et de transit.
10	Nov. et déc. 1849.	Douanes et navigation. — Navigation : étrangers autorisés à devenir propriétaires de bâtiments chiliens. — Douanes : évaluations officielles; tarif pour 1849; sable pour fondeur admis à l'entrepôt dans les magasins particuliers.
11	Août 1850.	Douanes. — Bâtiments en relâche : manifestes non exigés.
12	Septembre 1850.	Navigation : droit de tonnage sur les transbordements, dans les ports de la République; droit de phare à Valparaiso.

13	Décembre 1850.	Douanes et navigation. — Droits différentiels : suppression sous certaines réserves, et rétablissement en cas de non-réciprocité. — Entrepôt : sucres admis à l'entrepôt en transit.
14	Janvier 1860.	Douanes : résumé de la législation à l'importation.
15	Septembre 1866.	Douanes, navigation, traités, monnaies, poids et mesures. — Douanes : ordonnance des douanes du 31 octobre 1863, et dispositions antérieures à partir de l'année 1859. — Navigation : ports habilités; visite des bâtiments de cabotage; composition des équipages; patentes de navigation : règlements spéciaux; police des ports. — Traités : traités et conventions avec la Grande-Bretagne, l'Équateur, la Sardaigne, le Pérou, la Belgique, la Prusse et le Zollverein. — Monnaies, poids et mesures : émission et retrait de monnaies; prix de l'or; application aux opérations de douane du système métrique décimal des poids et mesures.
16	Janvier 1878.	Douanes : ordonnance des douanes du 26 décembre 1872; droits d'importation; dixième additionnel provisoire.
17	Décembre 1878.	Douanes : tarif du 6 juillet 1878.
18	Décembre 1879.	Douanes et navigation. — Sucres : nouveau régime à l'importation. — Navigation : loi du 24 juin 1878.
19	9ᵉ et 10ᵉ fasc. 1884.	Tarif des douanes du 10 juillet 1884.
20	12ᵉ fasc. 1902.	Loi du 18 janvier 1902, et décrets sur la production et la vente de l'alcool et sur la réglementation de la vente des vins.
21	8ᵉ, 9ᵉ et 10ᵉ fasc. 1908.	Tarif en vigueur au 1ᵉʳ janvier 1908.
22	1ᵉʳ et 2ᵉ fasc. 1909.	Loi du 19 février 1909 interdisant la fabrication et la vente des vins artificiels.
23	11ᵉ et 12ᵉ fasc. 1909.	Extrait de la loi du 7 septembre 1909 sur l'impôt du timbre.
24	11ᵉ et 12ᵉ fasc. 1909.	Loi du 21 septembre 1909 établissant le tarif à appliquer pour les actes consulaires.
25	10ᵉ fasc. 1911.	Règlement du 21 mars 1911 concernant les vins, moûts et marcs.
26	6ᵉ et 7ᵉ fasc. 1912.	Extrait de la loi du 12 février 1912 établissant et augmentant certains droits de douane.
27	1ᵉʳ, 2ᵉ et 3ᵉ fasc. 1913.	Règlement du 21 mars 1911 (rectifié) concernant les vins, moûts et marcs.
28	4ᵉ, 5ᵉ, 6ᵉ, 7ᵉ, 8ᵉ et 9ᵉ fasc. 1914.	Extrait de la loi du 28 janvier 1913, sur l'impôt des tabacs.

(Pour les DROITS DE PORT À L'ÉTRANGER, voir MARINE MARCHANDE.)

CHINE.

1	Avril 1843.	Douanes et navigation.
2	Octobre 1843.	Règlements et droit de navigation : tarif des droits d'exportation et d'importation.
3	Nov. et déc. 1843.	Douanes : pilotes, droits de navigation. — Classification nouvelle des articles repris au tarif. — Opium.
4	Février 1844.	Douanes : admission de toutes les nations dans les ports ouverts au commerce étranger. — Rivière de Canton : déclaration des bâtiments. — Ginseng et peaux de loutre : droit modifié. — Navigation à la côte Est : renseignements.
5	Avril 1844.	Douanes : règlements généraux pour le commerce étranger. — Police commerciale : magasins à Canton.

6	Mai et juin 1844.	Douane et police intérieure : Ning-Po, règlements et mesures de police pour le commerce anglais.
7	Juin 1856.	Douanes : modification de certains droits d'importation et d'exportation. — Règlement de commerce pour le port de Shang-Haï.
8	Avril 1857.	Douanes : modification de certains droits d'importation et d'exportation dans le port de Shang-Haï
9	Janvier 1858.	Chine et Indo-Chine, Siam. — Change des monnaies.
10	Mai 1859.	Douanes : règlement de commerce pour le port de Canton.
11	Mars 1860.	Douanes : règlements applicables au port de Canton et aux navires à vapeur des rivières, — Répression de la contrebande. — Réduction du droit de tonnage.
12	Mai 1860.	Douanes et navigation : régime de pilotage à Shang-Haï. — Établissement de bureaux de douane à Double-Island et Swatow. — Opium : droit d'importation.
13	Novembre 1861.	Traités : traités conclus par la Chine avec les puissances étrangères depuis 1842. — Traité additionnel entre la Chine et la Russie du 2/14 novembre 1860.
14	Mai 1862.	Douanes et navigation : règlements pour le commerce anglais sur la rivière de Yang-Tsze-Kiang.
15	Mars 1863.	Douanes et navigation : nouveau règlement pour le commerce anglais sur la rivière de Yang-Tsze-Kiang.
16	12e fasc. 1887.	Tarif des douanes.

(Pour les Droits de port à l'étranger, voir Marine marchande.)

CHYPRE.

(Voir Turquie et Possessions anglaises de la Méditerranée, et pour les droits de port, voir Marine marchande.)

COLOMBIE (RÉPUBLIQUE DE).

(Voir États-Unis de Colombie.)

COLOMBIE ANGLAISE.

(Voir Colonies anglaises d'Amérique.)

COLONIES ALLEMANDES.

(Voir Possessions et Pays de Protectorat de l'Allemagne en Afrique, en Asie, en Océanie.)

COLONIES ANGLAISES D'AFRIQUE.

1	Septembre 1844.	Île Maurice. — Navigation et police sanitaire : nouveau règlement.
2	Janvier 1845.	Île Maurice. — Douanes : nouveaux droits coloniaux à l'importation et droits de navigation. — Police des ports : règlement pour Port-Louis.
3	Mai 1853.	Île Maurice. — Douanes : régime de l'importation et de l'exportation. — Navigation : Port-Louis, droits et règlement de port.
4	Avril 1855.	Île Maurice. — Douanes : règlement général et tarif des droits d'importation. — Exportation, augmentation du droit sur le sucre. — Navigation : règlements de port. — Minimum de l'amende pour contraventions.
5	Octobre 1856.	Île Maurice. — Navigation : établissement d'un droit de phare. — Nouveaux règlements de port. — Police sanitaire : établissement d'un lazaret.

6	Janvier 1858.	Île Maurice. = Douanes et police sanitaire : tarif de 1854, modifications. — Nouveaux règlements de quarantaine.
7	Octobre 1858.	Gambie. = Douanes : régime à l'importation et à l'exportation. — Navigation, cabotage : navires français assimilés aux navires anglais.
8	Mars 1860.	Île Maurice. = Navigation et police sanitaire : abolition des droits de port et règlements de pilotage dans les îles Seychelles. — Nouveaux règlements de quarantaine.
9	Septembre 1861.	Île Maurice. = Navigation police et règlement de port. — Les Seychelles. = Règlements de pilotage, application.
10	Février 1865.	Île Maurice. = Douanes : tarif de 1864-1865.
11	Janvier 1866.	Île Maurice. = Douanes : tarif des droits d'importation, modifications temporaires prorogées.
12	Décembre 1866.	Île Maurice. = Douanes : règlement général, modifications.
13	Août 1867.	Île Maurice. = Douanes : tarif des droits d'importation : modifications temporaires prorogées. — Bière et vin : nouveaux droits d'importation. — Chiens : nouveau régime à l'importation. — Opium : régime à l'importation. — Îles Seychelles. = Application des lois et règlements de douane en vigueur à Maurice.
14	Avril 1868.	Île Maurice. = Douanes : tarif des droits d'importation, nouvelles modifications.
15	Févr. et mars 1869.	Île Maurice. = Douane et navigation : spiritueux, nouveaux droits d'importation. -- Nouveaux droits de quai.
16	Juillet 1869.	Île Maurice. = Douanes : droits d'importation, surtaxe de 12 p. 0/0.
17	Août 1870.	Île Maurice. = Douanes : bières, vins et autres articles. — Régime temporaire prorogé.
18	Août 1875.	Gambie. = Navigation : navires affrétés par des sujets français admis à naviguer sur la Gambie.
19	7e fasc. 1882.	Cap de Bonne-Espérance.. = Douanes : tarif de 1882.
20	8e fasc. 1885.	Natal. = Tarif des douanes de 1885.
21	10e fasc. 1885.	Lagos. = Tarif des douanes de 1885.
22	10e fasc. 1885.	Sierra-Leone. = Tarif des douanes de 1885.
23	10e fasc. 1885.	Sainte-Hélène. = Tarif des douanes de 1885.
24	3e fasc. 1886.	Île Maurice. = Tarif des douanes de 1885.
25	3e fasc. 1886.	Natal. = Tarif des douanes 1885.
26	4e et 5e fasc. 1886.	Gambie. = Tarif des douanes de 1885.
27	7e fasc. 1886.	Cap de Bonne-Espérance. = Tarif des douanes de 1886.
28	1er fasc. 1887.	Cap de Bonne-Espérance. = Acte du 22 juillet 1884 autorisant le Gouverneur de la colonie à accorder des réductions de droits de douane sur les marchandises exportées, par terre, de la colonie. — Extrait du traité douanier conclu entre le Portugal et la République sud-africaine. — Avis officiel du 7 octobre 1886, portant modifications au tarif des douanes.
29	2e et 3e fasc. 1887.	Île Maurice. = Tarif des douanes du 23 septembre 1886.
30	9e fasc. 1887.	Natal. = Tarif des douanes de 1886.
31	11e fasc. 1887.	Cap de Bonne Espéramce. = Réductions de droits sur le tarif des douanes en 1886.
32	3e fasc. 1888.	Côte d'Or. = Tarif des douanes de 1888.
33	3e fasc. 1888.	Lagos. = Tarif des douanes de 1888.
34	4e fasc. 1888.	Seirra-Leone. = Ordonnance de 1887 pour amender les ordonnances relatives aux droits de douane.

35	1er fasc. 1889.	Île Maurice. = Tarif des douanes de 1887.
36	9e fasc. 1889.	Côte d'Or. = Tarif des douanes, ordonnance du 7 avril 1887.
37	12e fasc. 1889.	Natal. = Tarif des douanes en vigueur pendant l'année 1890.
38	1er fasc. 1890.	Cap de Bonne-Espérance. = Tarif des douanes de 1889.
38	(1) 7e fasc. 1891.	Île Maurice. = Tarif des douanes de 1891.
39	10e fasc. 1891.	Natal. = Tarif des douanes de 1890.
40	10e fasc. 1891.	Sierra-Leone. = Ordonnance pour amender l'ordonnance de 1887 relative aux droits de douane.
41	8e fasc. 1894.	Île Maurice. = Tarif des douanes de 1894.
42	2e fasc. 1896.	Natal. = Tarif des douanes de 1894.
43	5e fasc. 1896.	Lagos. = Tarif des douanes, ordonnance du 12 octobre 1895.
44	5e fasc. 1896.	Sainte-Hélène. = Tarif des douanes, d'après les ordonnances de 1864, 1882 et 1886.
45	5e fasc. 1896.	Gambie. = Tarif des douanes de 1895.
46	6e fasc. 1896.	Côte d'Or. = Tarif des douanes de 1896.
47	10e fasc. 1897.	Cap de Bonne-Espérance. = Tarif des douanes de 1897.
48	6e fasc. 1898.	Niger. = Tarif des douanes.
49	3e fasc. 1899.	Zanzibar. = Tarif des douanes.
50	4e fasc. 1899.	Île Maurice. = Tarif des douanes de 1899 et droits de navigation.
51	12e fasc. 1899.	Sierra-Leone. = Régime douanier applicable depuis le 1er mai 1899.
52	3e fasc. 1900.	Lagos. = Tarif des douanes de 1899.
53	12e fasc. 1901.	Gambie. = Tarif des douanes de 1899.
54	10e fasc. 1902.	Cap de Bonne-Espérance. = Tarif des douanes de 1902.
55	2e fasc. 1903.	Transvaal. = Tarif des douanes du 4 octobre 1902.
56	2e fasc. 1903.	Protectorat anglais de l'Est africain.. = Ordonnance de 1902 relative à l'importation, au commerce et à la consommation des spiritueux.
57	2e fasc. 1903.	Protectorat anglais de l'Ouganda. = Ordonnance du 15 novembre 1902, relative aux droits de transit et de quai.
58	8e fasc. 1903.	Colonie du fleuve Orange. = Ordonnance de 1903 relative aux liqueurs fortes.
59	8e fasc. 1903.	Colonies du Cap, Natal, Transvaal, Colonie du fleuve Orange. = Régime douanier des échantillons.
60	8e fasc. 1903.	Cap de Bonne-Espérance. = Loi de 1902 relative à l'immigration.
61	1er, 2e et 3e fasc. 1904.	Transvaal. = Tarif des douanes de 1903.
62	1er, 2e et 3e fasc. 1904.	Protectorat anglais de l'Ouganda. = Ordonnance du 2 mars 1903 sur l'importation, la fabrication et la vente des spiritueux.
63	8, 9e et 10e fasc. 1904.	Îles Seychelles. = Ordonnance douanière, n° 37 de 1903.
64	8e, 9e et 10e fasc. 1905.	Cap de Bonne-Espérance. = Loi portant taxation sur les spiritueux d'origine étrangère.
65	1er, 2e et 3e fasc. 1907.	Cap de Bonne Espérance. = Loi, n° 42 de 1906 probibant l'emploi de certaines substances étrangères dans le vin, le cognac, le whisky et les spiritueux.
66	1er et 2e fasc. 1909.	Île Maurice. = Loi douanière et tarif douanier de 1908.
67	11e et 12e fasc. 1909.	Transvaal. = Règlement de 1909 concernant l'introduction des pommes de terre au Transvaal.
68	1er et 2e fasc. 1910.	Transvaal. = Règlements de 1909 restreignant l'importation des abeilles, de la cire, etc.

(1) Numéro répété.

69	5ᵉ, 6, et 7ᵉ fasc. 1915.	Union douanière Sud-Africaine = Règlement du 17 juillet 1913, relatif aux spiritueux.
70	5ᵉ, 6ᵉ et 7ᵉ fasc. 1915.	Côte d'Or = Ordonnance du 16 mars 1915 (N° 7 de 1915) sur le tarif des douanes.
71	8ᵉ, 9ᵉ et 10ᵉ fasc. 1915.	Union Sud-Africaine = Loi de 1914 sur le tarif des douanes (N° 26).

(Pour les droits de port, voir Marine marchande.)

COLONIES ANGLAISES D'AMÉRIQUE.

1	Mai 1857.	Canada. = Douanes: régime à l'importation et à l'exportation.
2	Juin 1859.	Canada. = Douanes et accise : tarif de 1859.
3	Novembre 1859.	Colombie anglaise. = Douane et navigation : tarif des droits de douane et de port.
4	Juillet 1860.	Nouveau-Brunswick. = Douanes : régime à l'importation et à l'exportation.
5	Août 1860.	Terre-Neuve. = Douanes et navigation : tarif de 1859. — Droits de phare et de pilotage.
6	Août 1860.	Canada. = Douanes : modifications au tarif de 1859.
7	Juin 1861.	Canada. = Navigation : règlement de pilotage pour le port de Québec.
8	Décembre 1861.	Canada. = Douanes : création des ports francs de Gaspé et du Sault-Sainte-Marie et actes y relatifs. — Régime à l'importation des toiles à voiles. — Mesures réglementaires.
9	Septembre 1862.	Canada. = Douanes, accise et navigation : modifications au tarif de 1859. — Droits additionnels d'accise. — Port de Québec : droits de tonnage et règlement relatif au déchargement du lest.
10	Décembre 1862.	Nouveau-Brunswick. = Douanes : modifications à l'acte-tarif de 1859.
11	Novembre 1863.	Île du Prince-Édouard. = Douanes et accise : acte-tarif de 1863.
12	Janvier 1864.	Nouvelle-Écosse. = Douanes et navigation : tarif du 31 mars 1863. — Droits de phare.
13	Février 1864.	Terre-Neuve. = Douanes et accises : tarif de 1863.
14	Juin 1864.	Nouvelle-Écosse. = Douanes et navigation : tarif du 31 mars 1864. — Droits de phare.
15	Janvier 1865.	Canada. = Douanes et accise : tarif de 1864.
16	Janvier 1865.	Terre-Neuve. = Douanes et accise : tarif de 1864.
17	Février 1865.	Île du Prince-Édouard. = Douanes et accise : tarif de 1864.
18	Décembre 1865.	Terre-Neuve. = Douanes et accise : tarif de 1865.
19	Septembre 1866.	Nouvelle-Écosse. = Douanes et navigation : tarif du 31 mars 1866. — Droits de phare.
20	Février 1867.	Terre-Neuve. = Douanes et accise : tarif de 1866.
21	Décembre 1867.	Terre-Neuve. = Douanes et accise : tarif de 1867.
22	Septembre 1868.	Terre-Neuve. = Douanes et accise : tarif de 1868.
23	Décembre 1868.	Canada. = Gouvernement et douanes : tarifs des droits d'importation et d'exportation.
24	Janvier 1870.	Terre-Neuve. = Douanes et accise : prorogation du tarif de 1868.
25	Août 1870.	Terre-Neuve. = Douanes et accise : tarif de 1870.

26	Janvier 1873.	CANADA. — Douanes : tarif de 1872.
27	Octobre 1880.	CANADA. — Douanes : tarif de 1879.
28	9ᵉ fasc. 1882.	CANADA. — Douanes : tarif de 1879, 1880 et 1881.
29	1ᵉʳ fasc. 1885.	CANADA. — Douanes : tarif de 1883.
30	3ᵉ fasc. 1885.	LA BARBADE. — Tarif des douanes.
31	5ᵉ fasc. 1885.	HONDURAS BRITANNIQUE. — Tarif des douanes pour 1885.
32	12ᵉ fasc. 1885.	LA BARBADE. — Tarif des douanes de 1885.
33	3ᵉ fasc. 1886.	ÎLES BAHAMA. — Tarif des douanes de 1885.
34	3ᵉ fasc. 1886.	ÎLES TURQUES ET CAÏQUES. — Tarif des douanes de 1885.
35	3ᵉ fasc. 1886.	LA JAMAÏQUE. — Tarif des douanes de 1885.
36	3ᵉ fasc. 1886.	TERRE-NEUVE. — Tarif des douanes de 1885.
37	3ᵉ fasc. 1886.	GUYANE ANGLAISE. — Tarif des douanes de 1885.
38	8ᵉ fasc. 1886.	TERRE-NEUVE. — Tarif des douanes du 19 mai 1886.
39	12ᵉ fasc. 1888.	TERRE-NEUVE. — Tarif des douanes du 18 mai 1887, mis à jour au 20 octobre 1888.
40	2ᵉ fasc. 1889.	CANADA. — Tarif des douanes de 1888.
41	9ᵉ fasc. 1889.	TERRE-NEUVE. — Modifications au tarif des douanes du 18 mai 1887 ; ordonnance du 1ᵉʳ juin 1889.
42	1ᵉʳ fasc. 1890.	LA TRINITÉ. — Tarif des douanes de 1889.
42 [1]	7ᵉ fasc. 1890.	TERRE-NEUVE. — Tarif des douanes de 1890.
43	7ᵉ fasc. 1890.	LA JAMAÏQUE. — Tarif des douanes de 1890.
44	10ᵉ fasc. 1890.	GRENADE. — Tarif des douanes de 1890.
45	9ᵉ fasc. 1891.	CANADA. — Tarif des douanes de 1890, mis à jour en juillet 1891.
46	10ᵉ fasc. 1891.	TERRE-NEUVE. — Tarif des douanes du 1ᵉʳ avril 1891, en vigueur jusqu'au 11 juin 1892.
47	11ᵉ fasc. 1892.	CANADA. — Acte du 9 juillet 1892 : modifications au tarif des douanes.
48	11ᵉ fasc. 1892.	LA TRINITÉ. — Tarif des douanes de 1892.
49	11ᵉ fasc. 1892.	LA BARBADE. — Tarif des douanes de 1892.
50	5ᵉ fasc. 1893.	TERRE-NEUVE. — Tarif des douanes en vigueur en 1893.
51	9ᵉ fasc. 1893.	TERRE-NEUVE. — Modifications au tarif des douanes.
52	6ᵉ fasc. 1894.	ÎLES BAHAMA. — Tarif des douanes de 1893.
53	6ᵉ fasc. 1895.	CANADA. — Tarif des douanes de 1894.
54	12ᵉ fasc. 1895.	TERRE-NEUVE. — Tarif des douanes de 1895.
55	7ᵉ fasc. 1896.	LA BARBADE. — Tarif des douanes de 1895.
56	3ᵉ fasc. 1897.	SAINTE-LUCIE. — Tarif des douanes du 31 décembre 1895.
57	11ᵉ fasc. 1897.	ÉTAT DU CANADA. — Tarif des douanes de 1897.
58	6ᵉ fasc. 1898.	LA TRINITÉ ET TABAGO. — Tarif des douanes de 1898.
59	6ᵉ fasc. 1898.	ÎLES FALKLAND. — Tarif des douanes.
60	6ᵉ fasc. 1898.	LA JAMAÏQUE. — Tarif des douanes.
61	12ᵉ fasc. 1898.	TERRE-NEUVE. — Tarif des douanes de 1898.
62	2ᵉ fasc. 1900.	LA JAMAÏQUE. — Tarif des douanes de 1899.
63	3ᵉ fasc. 1900.	LA TRINITÉ. — Droits de port et de quai à Port-of-Spain.
64	2ᵉ fasc. 1901.	GUYANE ANGLAISE. — Loi douanière de 1900 ; applicable jusqu'au 31 mars 1901.
65	6ᵉ fasc. 1902.	TERRE-NEUVE. — Tarif des douanes du 1ᵉʳ juillet 1901.

[1] Numéro répété.

66	8ᵉ, 9ᵉ et 10ᵉ fasc. 1904.	Terre-Neuve. — Loi du 28 avril 1904, portant amendement à l'acte des douanes de 1898.
67	8ᵉ, 9ᵉ et 10ᵉ fasc. 1904.	Sainte-Lucie. — Ordonnance nº 6 de 1904, sur les indigents infirmes et les immigrants.
68	1ᵉʳ, 2ᵉ et 3ᵉ fasc. 1905.	Honduras britannique. — Ordonnance douanière nº 12 de 1904.
69	8ᵉ, 9ᵉ et 10ᵉ fasc. 1905.	Terre-Neuve. — Loi du 15 juin 1905 portant amendement à l'acte des douanes de 1898.
70	8ᵉ, 9ᵉ et 10ᵉ fasc. 1906.	La Trinité. — Ordonnance du 23 juillet 1906 réglementant l'importation des produits alimentaires.
71	8ᵉ, 9ᵉ et 10ᵉ fasc. 1906.	La Trinité, — Règlement du 4 août 1906 sur le contrôle des aliments et des drogues.
72	1ᵉʳ, 2ᵉ et 3ᵉ fasc. 1907.	Canada. — Loi du 13 juillet 1906, relative à la vente et au poinçonnage des articles en or et en argent.
73	8ᵉ, 9ᵉ et 10ᵉ fasc. 1907.	Terre-Neuve. — Tarif des douanes du 6 juin 1905 avec les modifications résultant de la loi du 26 mars 1907.
74	8ᵉ, 9ᵉ et 10ᵉ fasc. 1907.	Canada. — Tarif des douanes du 30 novembre 1906.
75	8ᵉ, 9ᵉ et 10ᵉ fasc. 1908.	Guyane anglaise. — Tarif douanier du 21 mars 1908.
76	11ᵉ et 12ᵉ fasc. 1909.	La Trinité et Tabago. — Ordonnance du 16 mars 1909 relative aux armes à feu.
77	1ᵉʳ et 2ᵉ fasc. 1910.	Canada. — Ordonnance du 17 décembre 1909 relative aux certificats et déclarations sur factures.
78	6ᵉ et 7ᵉ fasc. 1912.	La Trinité et Tabago. — Tarif des douanes de 1909.
79	10ᵉ, 11ᵉ et 12ᵉ fasc. 1914.	Îles Bermudes. — Ordonnance du 31 décembre 1913, prohibant l'exportation de certains oiseaux sauvages.
80	5ᵉ, 6ᵉ et 7ᵉ fasc. 1915.	Grenade. — Ordonnance du 3 janvier 1912 sur les droits d'importation et ordonnances la modifiant.

(Pour les droits de port, voir Marine marchande [Possessions anglaises d'Amérique].)

COLONIES ANGLAISES D'ASIE.

1	3ᵉ fasc. 1912.	Hong-Kong. — Extraits d'une ordonnance du 30 mars 1911 codifiant et modifiant la loi relative aux liqueurs fortes.
2	10ᵉ, 11ᵉ et 12ᵉ fasc. 1914.	Établissements des Détroits. — I. Prohibition de l'exportation d'oiseaux sauvages. II. Disposition additionnelle relative au régime des spiritueux.

(Voir Indes Orientales anglaises.)

COLONIES ANGLAISES D'AUSTRALASIE.

1	Janvier 1843.	Nouvelle-Galles du sud. — Douanes : déclarations et droits d'importation.
2	Mai et juin 1847.	Nouvelle-Galles du sud. — Mesures contre la désertion des matelots appartenant à des bâtiments étrangers.
3	Décembre 1856.	Victoria. — Douanes : droits d'importation et d'exportation. — Navigation : droits de tonnage et de pilotage.
4	Janvier 1857.	Nouvelle-Galles du sud. — Douanes : régime à l'importation et à l'exportation. — Navigation : suppression des droits de port, de phare, etc,

5	Janvier 1857.	Tasmanie. = Douanes : régime à l'importation et à l'exportation.
6	Janvier 1857.	Australie occidentale. = Douanes : régime à l'importation et à l'exportation.
7	Février 1857.	Australie du sud. = Douanes : régime à l'importation et à l'exportation.
8	Avril 1860.	Nouvelle-Zélande. = Douanes : Régime d'importation.
9	Août 1869.	Victoria. = Douanes : acte-tarif de 1867.
10	Avril 1872.	Nouvelle-Galles du sud. = Douanes : nouveau tarif.
11	Novembre 1872.	Victoria. = Douanes : nouveau tarif.
12	Mai 1874.	Nouvelle-Galles du Sud. = Douanes : nouveau tarif.
13	Juin 1875.	Victoria. = Douanes : nouveau tarif.
14	Août 1880.	Victoria. = Douanes : nouveau tarif.
15	8e fasc. 1882.	Victoria. = Tarif des douanes de 1881. — Droits de tonnage et droits de port et de quai.
16	1er fasc. 1883.	Tasmanie. = Tarif des douanes de 1882.
17	1er fasc. 1883.	Queensland. = Tarif des douanes de 1882.
18	1er fasc. 1883.	Australie occidentale. = Tarif des douanes de 1882.
19	2e fasc. 1883.	Australie du sud. = Tarif des douanes de 1876, mis à jour en 1882.
20	2e fasc. 1883.	Nouvelle-Galles du sud. = Tarif des douanes de 1880, mis à jour en 1882.
21	2e fasc. 1885.	Nouvelle-Zélande. = Acte de consolidation des douanes de 1882 et modifications survenues jusqu'en 1884.
22	4e et 5e fasc. 1886.	Australie du sud. = Tarif des douanes de 1885.
23	11e fasc. 1886.	Victoria. = Douanes et navigation : tarif des douanes de 1886.
24	11e fasc. 1886.	Tasmanie. = Douanes et navigation : tarif des douanes de 1884.
25	2e et 3e fasc. 1887.	Australie occidentale. = Tarif des douanes.
26	5e fasc. 1887.	Australie du sud. = Tarif des douanes.
27	9e fasc. 1887.	Nouvelle-Galles du sud. = Acte des droits de douane de 1886.
28	2e fasc. 1888.	Nouvelle-Galles du sud. = Acte des droits de douane de 1887.
29	4e fasc. 1888.	Australie du sud. = Tarif des douanes (novembre 1887).
30	1er fasc. 1889.	Australie occidentale. = Tarif des douanes (acte de 1888).
31	3e fasc. 1889.	Nouvelle-Zélande. = Acte des droits de douane et d'accise de 1888.
32	7e fasc. 1889.	Tasmanie. = Tarif des douanes en vigueur en 1889.
33	5e fasc. 1890.	Victoria. = Tarif des douanes du 1er octobre 1889.
34	7e fasc. 1890.	Nouvelle-Guinée britannique. = Tarif des douanes de 1890.
35	7e et 8e fasc. 1893.	Nouvelle-Galles du sud. = Tarif de 1892, mis à jour le 30 juin 1893.
36	7e et 8e fasc. 1893.	Victoria. = Tarif des douanes de juillet 1892 ; mis à jour au 1er mars 1893.
37	7e et 8e fasc. 1893.	Tasmanie. = Tarif de 1893.
38	6e fasc. 1894.	Australie occidentale, = Tarif des douanes de 1893.
39	4e fasc. 1896.	Australie du sud. = Tarif des douanes.
40	6e fasc. 1896.	Victoria. = Tarif des douanes de 1895.
41	6e fasc. 1897.	Queensland. = Tarif des douanes de 1897.
42	1er fasc. 1902.	Confédération australienne. = Tarif provisoire des douanes du 8 octobre 1901.
43	7e fasc. 1902.	Confédération australienne. = Loi et règlement de 1901, relatifs aux restrictions de l'immigration en Australie.

44	2ᵉ fasc. 1903.	Confédération australienne. — Tarif douanier du 16 septembre 1902.
45	1ᵉʳ, 2ᵉ et 3ᵉ fasc. 1905.	Nouvelle-Zélande. — Loi du 24 novembre 1903 établissant un régime préférentiel pour les marchandises d'origine britannique, suivie d'un règlement d'application.
46	1ᵉʳ, 2ᵉ et 3ᵉ fasc. 1907.	Confédération australienne. — Loi du 21 décembre 1905, instituant des primes en faveur des producteurs de cannes à sucre et de betteraves.
47	1ᵉʳ, 2ᵉ et 3ᵉ fasc. 1907.	Confédération australienne. — Loi nᵒ 16 de 1905, relative au commerce extérieur.
48	1ᵉʳ, 2ᵉ et 3ᵉ fasc. 1908.	Nouvelle-Zélande. — Tableau des droits d'entrée perçus sur les marchandises britanniques et étrangères.
49	8ᵉ, 9ᵉ et 10ᵉ fasc. 1908.	Nouvelle-Zélande. — Loi du 19 novembre 1907 portant réglementation de l'exportation du beurre.
50	8ᵉ, 9ᵉ et 10ᵉ fasc. 1908.	Confédération australienne. — Loi du 12 octobre 1906 sur les alcools.
51	11ᵉ et 12ᵉ fasc. 1908.	Nouvelle-Zélande. — Loi du 9 novembre 1907 réglementant la vente des denrées alimentaires et des drogues, suivie d'un règlement d'application.
52	11ᵉ et 12ᵉ fasc. 1908.	Confédération australienne. — Loi douanière et tarif douanier de 1908.
53	1ᵉʳ et 2ᵉ fasc. 1909.	Confédération australienne. — Circulaire du 8 avril 1909 relative à l'interdiction de l'importation en Australie de produits manufacturés dans les prisons.
54	11ᵉ et 12ᵉ fasc. 1909.	Confédération australienne. — Loi du 12 décembre 1907 pour prévenir la falsification du vin et de l'eau-de-vie de vin.
55	11ᵉ et 12ᵉ fasc. 1909.	Confédération australienne. — Forme de la déclaration en douane quand les valeurs indiquées dans la facture sont contestées.
56	4ᵉ et 5ᵉ fasc. 1911.	Confédération australienne. — Extraits de l'ordonnance du 14 mars 1910 donnant des instructions complémentaires relatives au nouveau règlement concernant l'importation et l'exportation de divers articles.
57	4ᵉ et 5ᵉ fasc. 1911.	Confédération australienne. — Règlement relatif à l'évaluation des produits importés en ce qui concerne la fixation des droits *ad valorem* à imposer.
58	4ᵉ et 5ᵉ fasc. 1911.	Confédération australienne. — Circulaire douanière du 19 août 1910 relative à l'établissement de la valeur taxable des automobiles importées.
59	4ᵉ et 5ᵉ fasc. 1911.	Confédération australienne. — Proclamation du 10 septembre 1910 interdisant l'importation de certains articles.
60	3ᵉ fasc. 1912.	Confédération australienne. — Proclamations du 17 mars 1911 réglant l'importation et l'exportation des oiseaux.
61	3ᵉ fasc. 1912.	Confédération australienne. — Règlements douaniers relatifs aux articles de bijouterie fantaisie et aux chaussures de coton et caoutchouc.
62	3ᵉ fasc. 1912.	Nouvelle-Zélande. — Décision du 27 février 1911 concernant la faculté de joindre un certificat aux marchandises importées, taxées *ad valorem*.
63	6ᵉ et 7ᵉ fasc. 1912.	Nouvelle-Zélande. — Règlement du 1ᵉʳ avril 1912 concernant la fabrication des alcools méthyliques.

(Pour les droits de port, voir Marine marchande.)

COLONIES ANGLAISES D'OCÉANIE (AUTRES).

1	2ᵉ fasc. 1883.	ÎLES FIDJI. = Tarif des douanes de 1882.
2	12ᵉ fasc. 1885.	ÎLES FIDJI. = Tarif des douanes de 1885.
3	9ᵉ fasc. 1889.	ÎLES FIDJI. = Tarif des douanes de 1889.
4	6ᵉ fasc. 1898.	ÎLES FIDJI. = Tarif des douanes.

COLONIES DANOISES.

1	11ᵉ fasc. 1884.	ANTILLES (SAINT-JEAN, SAINT-THOMAS, SAINTE-CROIX). = Tarif des douanes de 1884.
2	11ᵉ fasc. 1884.	ISLANDE. = Tarif des douanes de 1884.
3	11ᵉ fasc. 1884.	ÎLES FŒROÉ. = Tarif des douanes de 1884.
4	12ᵉ fasc. 1901.	ISLANDE. = Tarif des douanes mis à jour conformément aux lois des 9 avril et 1ᵉʳ octobre 1889.
5	11ᵉ et 12ᵉ fasc. 1909.	ISLANDE. = Loi du 30 juillet 1909 sur l'interdiction d'importer des boissons spiritueuses.

(Voir DANEMARK et ANTILLES DANOISES.)

COLONIES ESPAGNOLES.

1	1ᵉʳ, 2ᵉ et 3ᵉ fasc. 1913.	MELILLA. = Tarif d'entrée des marchandises dans le port de Melilla en 1913.
2	1ᵉʳ, 2ᵉ et 3ᵉ fasc. 1915.	GUINÉE. = Décret du 19 juillet 1913, relatif au droit d'importation sur les spiritueux.
3	11ᵉ fasc. 1893.	FERNANDO-PO. = Tarif des douanes applicable à partir du 10 février 1894.

(Voir INDES OCCIDENTALES ESPAGNOLES.)

COLONIES ITALIENNES.

1	1ᵉʳ, 2ᵉ et 3ᵉ fasc. 1915.	LIBYE. = Décret du 8 mai 1913 relatif à l'exportation des bêtes bovines et ovines de la Cyrénaïque. — Décret du 14 juin 1914 relatif à l'importation en Lybie des plumes d'autruche et des peaux de chèvre.
2	5ᵉ, 6ᵉ, et 7ᵉ fasc. 1915.	LIBYE. = Décret du 13 août 1914 établissant des droits additionnels sur les vins étrangers. — Décret royal du 1ᵉʳ novembre 1914 fixant le tarif applicable à certains articles importés.
3	5ᵉ, 6ᵉ, et 7ᵉ fasc. 1915.	SOMALIE ITALIENNE. = Tarif des douanes du 12 août 1911.

COLONIES NÉERLANDAISES.

1	3e fasc. 1885.	GUYANE HOLLANDAISE. = Tarif des douanes.
2	2e fasc. 1886.	JAVA. = Tarif des douanes de 1886.
3	3e fasc. 1890.	GUYANE HOLLANDAISE. = Loi et tarif des douanes du 30 avril 1880 mis à jour en janvier 1890, et ordonnance relative à l'expédition des marchandises dans la colonie de Surinam.
4	8e, 9e et 10e fasc. 1905.	GUYANE HOLLANDAISE. = Tarif des douanes de la colonie de Surinam, mis à jour jusqu'au 9 mai 1904.

(Voir INDES ORIENTALES NÉERLANDAISES.)

(Pour les droits de port, voir MARINE MARCHANDE.)

COLONIES PORTUGAISES D'ASIE, D'AFRIQUE ET D'OCÉANIE.

1	Août 1845.	Douanes et navigation : ports ouverts dans les colonies d'Afrique et d'Asie, régime général des provinces d'Afrique et régime spécial de l'archipel du Cap-Vert et des îles du Prince et de Saint-Thomas.
2	Janvier 1860.	PROVINCE D'ANGOLA (AMBRIZ). = Douanes : création d'une douane au port d'Ambriz (province d'Angola). — Organisation de ladite douane.
3	Novembre 1880.	GUINÉE PORTUGAISE. = Douanes : tarif des douanes de la Guinée portugaise.
4	Décembre 1880.	LOANDA BENGUELA et MOSSAMEDES. = Douanes : tarif des douanes de Loanda, Benguela et Mossamèdes.
5	3e fasc. 1882.	LOANDA, BENGUELA et MOSSAMEDES. = Tarif du 22 décembre 1881.
6	5e fasc. 1883.	ÎLES DU PRINCE et DE SAINT-THOMAS. = Tarif des douanes du 14 décembre 1882.
7	6e fasc. 1883.	ARCHIPEL DU CAP-VERT. = Tarif des douanes du 14 décembre 1882.
8	11e et 12e fasc. 1883.	AMBRIZ. = Tarif des douanes conforme à l'édition officielle de 1882.
9	11e et 12e fasc. 1883.	MOZAMBIQUE. = Tarif des douanes conforme à l'édition officielle de 1882.
10	11e et 12e fasc. 1883.	GUINÉE PORTUGAISE. = Tarif des douanes conforme à l'édition officielle de 1882.
11	11e et 12e fasc. 1883.	INDE PORRTUGAISE. = Tarif des douanes conforme à l'édition officielle de 1882.
12	11e et 12e fasc. 1883.	TIMOR. = Tarif des douanes conforme à l'édition officielle de 1882.
13	12e fasc. 1886.	CAP DELGADO. = Douanes : tarif des douanes de 1886.
14	3e fasc. 1893.	INDE PORTUGAISE. = Tarif des douanes du 16 avril 1892, modifié par le décret du 21 décembre 1892.
15	3e fasc. 1893.	GUINÉE PORTUGAISE. = Tarif des douanes du 16 avril 1892.
16	3e fasc. 1893.	ARCHIPEL DU CAP-VERT. = Tarif des douanes du 16 avril 1892.
17	3e fasc. 1893.	LOANDA, BENGUELA et MOSSAMEDES. = Tarif des douanes du 16 avril 1892.
18	3e fasc. 1893.	AMBRIZ. = Tarif des douanes du 16 avril 1892.
19	3e fasc. 1893.	ÎLES DU PRINCE et DE SAINT-THOMAS. = Tarif des douanes du 16 avril 1892.

20	3e fasc. 1893.	District du Congo. = Tarif des douanes du 16 avril 1892.
21	3e fasc. 1893.	Mozambique. = Tarif des douanes du 29 décembre 1892.
22	12e fasc. 1901.	Angola et Mozambique. = Décrets du 2 septembre 1901 relatifs au régime de l'alcool et au régime des sucres.
23	6e fasc. 1902.	Loi du 7 mai 1902 relative au régime des boissons alcooliques distillées.
24	5e, 6e, 7e et fasc. 1915.	Angola. = Décret du 19 août 1914 relatif aux droits d'exportation sur le café.

(Pour les droits de port, voir Marine marchande.)

CONFÉDÉRATION ARGENTINE.

(Voir République Argentine.)

CONFÉDÉRATION AUSTRALIENNE.

(Voir Colonies anglaises d'Australasie et, pour les droits de port, voir Marine marchande.)

CONFÉDÉRATION GRENADINE.

(Voir États-Unis de Colombie.)

CONGO.

1	12e fasc. 1886.	Douanes : tarif des douanes de 1885.
2	9e fasc. 1892.	Congo français, Congo portugais, État indépendant du Congo. = Accord du 8 avril 1892 relatif au régime douanier à instituer dans le bassin conventionnel du Congo.
3	8e fasc. 1902.	Congo français, Congo portugais et État indépendant du Congo. = Prorogation du protocole signé à Lisbonne, le 8 avril 1892, relatif au régime douanier à instituer dans le bassin occidental du Congo.
4	8e, 9e et 10e fasc. 1906.	Congo français, Congo portugais et État indépendant du Congo. = Prorogation du protocole signé à Lisbonne, le 8 avril 1892, prorogé et modifié par les conventions des 10 mai 1902 et 28 août 1905, relatif au tarif des droits d'entrée et d'exportation dans le bassin occidental du Congo.
5	7e, 8e et 9e fasc. 1910.	Congo belge. = Décret du 26 juillet 1910 relatif à la fabrication et au commerce de denrées alimentaires.
6	6e et 7e fasc. 1912.	Déclaration du 15 juin 1910 portant dérogation à l'alinéa 5 de la déclaration annexée à l'acte général de Bruxelles du 2 juillet 1890.
7	1er, 2e et 3e fasc. 1913.	Congo belge. = Ordonnance du 21 octobre 1911 concernant les beurres, margarines et graisses alimentaires.
8	10e, 11e et 12e fasc. 1914.	Congo belge. = Décret royal du 6 août 1913 relatif à la vente des boissons alcooliques.
9	10e, 11e et 12e fasc. 1914.	Congo belge. = Décret royal du 14 mars 1914 prohibant l'exportation des caoutchoucs frelatés et impurs.

CONGO BELGE.

(Voir ci-dessus.)

CONGO PORTUGAIS.

(Voir ci-dessus et COLONIES PORTUGAISES D'AFRIQUE.)

CONVENTIONS INTERNATIONALES.

(Voir 3e et 4e partie.)

CORÉE.

(Voir JAPON et, pour les droits de port à l'étranger, voir MARINE MARCHANDE.)

COSTA-RICA.

(Voir AMÉRIQUE CENTRALE.)

CÔTE D'OR.

(Voir COLONIES ANGLAISES D'AFRIQUE.)

CÔTE OCCIDENTALE D'AFRIQUE.

1	Décembre 1856.	LIBÉRIA. = Douanes : régime à l'importation et à l'exportation. — Commerce et navigation : interdiction de relations commerciales avec certaines tribus indigènes. — Monnaies, poids et mesures.
2	Octobre 1858.	LIBÉRIA. = Émigration : acte réglant l'engagement et le transport des émigrants.
3	11e fasc. 1884.	LIBÉRIA. = Tarif des douanes de 1884.

(Voir RÉPUBLIQUE DE LIBÉRIA.)

CUBA.

(Voir INDES OCCIDENTALES ESPAGNOLES pour les documents antérieurs à 1900.)

1	7e fasc. 1900.	Tarif des douanes du 31 mars 1900, applicable à partir du 15 juin 1900.
2	9e fasc. 1900.	Circulaire relative à l'importation et à la vente de la margarine.
3	11e et 12e fasc. 1909.	Décret du 19 août 1909 réglementant l'importation et la vente des armes.

4	4e et 5e fasc. 1911.	Circulaire du 5 août 1910 relative à l'analyse chimique des vins étrangers importés.
5	10e fasc. 1911.	Loi du 1er juillet 1911 modifiant la loi consulaire.
6	6e et 7e fasc. 1912.	Loi du 16 juillet 1912 établissant un timbre de garantie sur l'authenticité des tabacs.
7	10e, 11e et 12e fasc. 1914.	Circulaire des douanes relative aux formalités nécessaires à l'importation d'extraits et essences alcooliques pour la fabrication d'eaux gazeuses.

DANEMARK.

1	Juillet et août 1846.	Douanes : importations de la Chine soumises aux règlements généraux sur le commerce avec l'étranger.
2	Février 1854.	Navigation : papiers exigés des capitaines de navires marchands à leur entrée dans la Baltique.
3	Septembre 1855.	Droits du Sund : résumé.
4	Octobre 1857.	Droits du Sund et transit. — Droits du Sund : abolition. — Transit : dégrèvements.
5	Mars 1859.	Douanes. : application de la loi sur le transit. — Navigation : tarif du service de la batellerie d'Elseneur; abolition des patentes de santé et fixation des droits de certificat sanitaire dans les ports danois.
6	Mai 1860.	Navigation : Frais et droits.
7	Mars 1863.	Douanes. — Application et interprétation du tarif des douanes : circulaire du 22 novembre 1862; avis relatif au mode de perception des droits dans le duché de Lauenbourg.
8	Février 1866.	Douanes et navigation : loi de douane et de navigation du 4 juillet 1863, contenant le nouveau tarif des droits d'importation; modifications à ladite loi; droits de port à Copenhague.
9	Janvier 1868.	Navigation : tarif des droits de port à Reikiavik (Islande).
10	Juin 1872.	Douanes : modifications au régime des sucres.
11	Décembre 1872.	ISLANDE. = Douanes et navigation : droits à l'importation des vins et spiritueux. — Régime de la pêche étrangère.
12	Mai 1877.	Commerce et navigation : ISLANDE. = Loi sur le commerce et la navigation du 15 avril 1854.
13	3e fasc. 1900.	Loi de douane et de navigation, du 4 juillet 1863, avec les modifications les plus récentes.
14	1er, 2e et 3e fasc. 1906.	Loi du 23 juin 1905 relative à la vente et à la fabrication de la margarine.
15	8e, 9e et 10e fasc. 1907.	Loi relative à la fabrication et au commerce de la margarine.
16	8e, 9e et 10e fasc. 1908.	Loi du 30 avril 1908 sur le contrôle de l'exportation des viandes.
17	11e et 12e fasc. 1908.	Loi douanière et tarif des douanes du 5 mai 1908.
18	11e et 12e fasc. 1908.	Loi du 8 mai 1908 concernant le régime intérieur des spiritueux.
19	1er, 2e et 3e fasc. 1913.	Arrêté du 10 octobre 1912 portant réglementation de ce qu'il faut entendre par vin et spiritueux.
20	1er, 2e et 3e fasc. 1915.	Décisions prohibant l'exportation de certains produits par suite de la guerre.

DANUBE.

(Voir Turquie.)

DARDANELLES.

(Voir Turquie.)

DELGADO (CAP).

(Voir Colonies portugaises d'Afrique.)

DEUX-SICILES.

1	Juin 1843.	Douanes : rectification au régime des canons de pistolets, du sel d'étain et du vinaigre de bois.
2	Avril 1845.	Douanes : tare et entrepôt de l'huile d'olive à l'entrepôt de Gallipoli.
3	Avril 1852.	Commerce et navigation : convention additionnelle avec la France du 12 mai 1847 ; promulgation.
4	Juillet 1856.	Douanes. — Importation et exportation : huiles. — Importation : bijouterie, oxyde de zinc, tabacs. — Exportation : céréales, pâtes et biscuits, soufre.

(Voir Italie à partir de 1856.)

DOMINICAINE (RÉPUBLIQUE).

(Voir République Dominicaine.)

ÉGYPTE.

1	Janvier 1843.	Mode de perception des droits et régime de transit.
2	Septembre 1843.	Douanes : règlements et tarifs.
3	Janvier 1844.	Ventes à l'enchère.
4	Janv. et fév. 1846.	Douanes : denrées alimentaires prohibées à la sortie.
5	Mars et avril 1846.	Douanes. — Denrées alimentaires : exportations permises.
6	Août 1873.	Navigation : droits de phares.
7	10e fasc. 1890.	Régime douanier des tabacs (décret du 25 juin 1890).
8	1er, 2e et 3e fasc. 1906.	Décret du 25 novembre 1905 réduisant les droits d'importation de certains articles. — Décret du 26 novembre 1905 abolissant le monopole du sel et des natrons.

EMPEREUR GUILLAUME (TERRITOIRE DE L').

(Voir Possessions allemandes d'Océanie.)

ÉQUATEUR.

1	Juillet et août 1846.	Douanes et navigation : modifications aux droits de navigation, d'importation, de transit, de quai et d'entrepôt; suppression des droits d'exportation pour les produits nationaux. — Monnaies : valeur de la piastre de Bolivie, du Pérou du Sud et du Mexique.
2	Septembre 1859.	Douanes : acte-tarif du 28 novembre 1855; actes complémentaires. — Monnaies, poids et mesures. — Adoption du système décimal.
3	6e fasc. 1886.	Loi-tarif des douanes du 8 août 1885.
4	2e et 3e fasc. 1887.	Loi-tarif du 20 août 1886.

5	6e fasc. 1891.	Tarif du 20 août 1889, mis à jour en avril 1891.
6	7e fasc. 1891.	Loi de douane et tarif, mis à jour jusqu'en juillet 1891.
7	5e fasc. 1895.	Loi de douanes et tarif en vigueur à partir du 1er janvier 1895.
8	2e fasc. 1898.	Loi de douanes et tarif en vigueur à partir du 1er juillet 1897.
9	5e fasc. 1901.	Loi de douanes et tarif du 31 octobre 1900, en vigueur à partir du 1er janvier 1901.
10	7e fasc. 1902.	Loi de douanes et tarif du 14 octobre 1901, en vigueur à partir du 1er janvier 1902.
11	11e et 12e fasc. 1908.	Décret du 15 octobre 1908 portant modification au tarif consulaire équatorien pour l'expédition des marchandises.
12	11e et 12e fasc. 1908.	Décret du 15 octobre 1908 portant modifications à la loi de vivres du 5 janvier 1907.
13	6e et 7e fasc. 1912.	Loi du 21 octobre 1909 sur les sociétés étrangères faisant des opérations en Équateur.
14	4e, 5e, 6e, 7e, 8e et 9e fasc. 1914.	Extrait d'un règlement du 4 avril 1913 relatif aux dispositions contenues dans l'article 4 de la loi fixant le tarif des douanes.

ESPAGNE.

1	Mars 1843.	Classification nouvelle du port de Roses : entrepôt.
2	Août 1843.	Douanes. — Provinces basques et Navarre : bureaux de douane intérieurs.
3	Septembre 1843.	ÎLES BALÉARES. — Ports habilités pour le commerce étranger.
4	Octobre 1843.	SANTANDER. — Droits pour le curage du port.
5	Nov. et déc. 1847.	Douanes : modifications au régime, à l'entrée, des tissus de laine et des tissus de toute espèce mélangés de coton.
6	Mars et avril 1848.	Douanes : tissus de laine; mise en vigueur de l'ordre royal du 16 novembre 1847.
7	Juillet et août 1849.	Douanes : loi qui pose les bases de la revision des tarifs (17 juillet 1849).
8	Janvier 1850.	Douanes : tarifs du 5 octobre 1849 et actes qui s'y rapportent.
9	Juin 1850.	Douanes et droits intérieurs : bureaux de douanes de terre et de mer; modifications aux habilitations existantes et habilitations nouvelles. — Tarifs d'entrée et de sortie : modifications, interprétations, rectifications, etc. — Expédition des marchandises : instructions spéciales sur le mode de visite, de liquidation des droits, sur les excédents et déficits, le plombage, l'estampillage et le régime général des marchandises importées avant et depuis la publication des tarifs d'octobre 1849.
10	Août 1850.	Douanes et police commerciale. — Douanes : bureaux de terre et de mer; modifications aux habilitations existantes et habilitations nouvelles. — Tarifs d'entrée : modifications, interprétations, rectifications, etc., au tableau des droits; additions; rectifications au tableau des tares; instructions sur les expéditions, mode de visite, déclarations, etc. — Circulation à l'intérieur et inventaire des existences à l'intérieur : dispositions nouvelles. — Police commerciale : ouvrages imprimés à l'étranger; vente et circulation à l'intérieur.
11	Février 1853.	Douanes : restitution du bénéfice de leur pavillon aux embarcations espagnoles rentrant, avec chargement, de Gibraltar, de Portugal, des ports français sur la Méditerranée, sur l'Océan près de la frontière cantabre, et sur la côte d'Afrique.

12	Octobre 1853.	Douanes : tarif du 5 octobre 1849; modifications. — Franchise de droits (12 mai 1853) et droits rétablis (2 juin 1853).
13	Mai 1854.	Douanes de terre et de mer de la Péninsule et des îles Baléares ouvertes au commerce.
14	Février 1857.	Émigration : police et surveillance de l'émigration.
15	Janvier 1859.	Navigation : droits sanitaires.
16	Octobre 1859.	Douanes et navigation : ordonnances générales.
17	Septembre 1860.	Douanes : loi et tarif.
18	Octobre 1864.	Douanes : loi et tarif du 27 novembre 1862, mis au courant jusqu'à septembre 1864.
19	Juillet 1868.	Douanes et navigation : ordonnances générales des douanes.
20	Août 1868.	Douanes : traité de commerce avec la France; application.
21	Octobre 1870.	Douanes : impôts intérieurs; navigation et monnaies. — Navires produits pharmaceutiques, sel : nouveau régime à l'importation. — Droits accessoires dits *de consommation* et droits différentiels de pavillon : suppression. — Tarif du 12 juillet 1869. — Douane et entrepôt général du commerce de Madrid : suppression. — Impôts intérieurs. — Droits de consommation : suppression. — Navigation : nouveaux droits. — Monnaies : nouveau système monétaire.
22	Septembre 1871.	Douanes : application du tarif de 1869.
23	Octobre 1872.	Douanes : obligations imposées aux capitaines étrangers.
24	Octobre 1873.	Douanes et navigation : ordonnances générales des douanes du 15 juillet 1870.
25	Décembre 1873.	Douanes : nouvelles obligations imposées aux capitaines de navires étrangers à leur entrée dans les ports espagnols.
26	Novembre 1877.	Douanes et conventions internationales. — Douanes : armes et munitions de chasse; levée de la prohibition. — Droits accessoires : maintien du rétablissement provisoire. — Manifestes : obligations imposées aux capitaines. — Marchandises et voyageurs embarqués dans les ports espagnols; nouveau droit de navigation. — Conventions internationales : déclaration pour la garantie et la protection réciproques des marques de fabrique en Espagne et en France.
27	Avril 1878.	Douanes : tarif des douanes de la Péninsule et des îles Baléares du 17 juillet 1877.
28	Juin 1879.	Douanes : tarif des douanes de la Péninsule et des îles Baléares du 17 juillet 1877; répertoire des marchandises et appendice.
29	Août 1881.	Douanes et conventions internationales.
30	10e fasc. 1882.	Douanes : tarif général; levée de la suspension de l'application de la base 5 pour la réforme du tarif. — Produits de Cuba, de Porto-Rico et des Philippines : admission au cabotage. — Tarifs conventionnels annexés au traité de commerce et de navigation avec la France, du 6 février 1882. — Application de ce traité. — Conventions internationales : FRANCE. = Traité de commerce et de navigation du 6 février 1882. — Ratification. — ALLEMAGNE. = Traité de commerce et de navigation du 30 mars 1868 : certificats d'origine.
31	8e fasc. 1883.	Tarif des douanes de la Péninsule et des îles Baléares du 23 juillet 1882, mis à jour au 31 juillet 1883.
32	8e fasc. 1885.	Douanes : régime des sucres; décrets royaux du 5 octobre 1884. — Ordre royal du 7 octobre 1884. — Circulaire du 8 octobre 1884. — Ordre royal du 14 octobre 1884. — Ordre royal du 25 octobre 1884. — Loi du 9 juillet 1885.

33	1er fasc. 1888.	Tarif des douanes.
34	3e fasc. 1891.	Douanes : décret du 24 décnmbre 1890 portant modification de droits sur les produits agricoles.
35	3e fasc. 1892.	Tarif des douanes du 31 décembre 1891, entré en vigueur le 1er février 1892.
36	2e fasc. 1893.	Douanes; répertoire du tarif des douanes de la Péninsule et des îles Baléares, du 31 décembre 1891.
37	6e fasc. 1893.	Tarif des douanes du 14 août 1892, mis à jour le 1er avril 1893.
38	12e fasc, 1895.	Ordre royal du 10 juin 1895 pour l'application du traité de commerce avec le Danemark.
39	1er fasc. 1900.	Loi du 19 décembre 1899 relative au régime des sucres.
40	2e fasc. 1900.	Tarif des douanes de la Péninsule et des îles Baléares du 28 décembre 1899.
39 (1)	3e fasc. 1900.	*Errata* à la loi sur les sucres.
41	5e fasc. 1900.	Loi autorisant le Gouvernement à appliquer provisoirement tout projet de loi portant relèvement de droits de l'Arancel.
42	6e fasc. 1900.	Loi du 6 mars 1900 confirmant et ratifiant la déclaration de ports francs faite en faveur des ports des îles Canaries. — Décrets des 20 mars et 22 mai 1900 établissant des impôts sur certaines marchandises dans ces ports.
43	6e fasc. 1900.	Décret du 6 mars 1900 autorisant l'introduction en franchise du charbon minéral et du coke étrangers pour l'approvisionnement des vapeurs.
44	1er, 2e et 3e fasc. 1904.	Loi du 24 décembre 1903 sur le régime de la saccharine.
45	8e, 9e et 10e fasc. 1904.	Extraits d'une loi du 5 avril 1904 et d'un règlement du 30 avril, relatifs aux droits de timbre sur les jeux de cartes.
46	8e, 9e et 10e fasc. 1904.	Loi du 19 juillet 1904 et extraits d'un règlement provisoire du 7 septembre sur la réforme de l'impôt des alcools.
47	6e fasc. 1906.	Tarif des douanes de la Péninsule et des îles Baléares du 23 mars 1906, modifié par le décret du 23 juin suivant, applicable à partir du 1er juillet 1906.
48	8e, 9e et 10e fasc. 1906.	Tarif des droits consulaires.
49	8e, 9e et 10e fasc. 1907.	Loi du 3 août 1907, modifiant la taxe spéciale sur les sucres, suivie d'une loi du 26 octobre 1907.
50	8e, 9e et 10e fasc. 1907.	Loi du 3 août 1907 portant suppression de l'impôt de consommation des vins dans certaines villes.
51	8e, 9e et 10e fasc. 1907.	Ordre royal du 12 novembre 1907, relatif aux marchandises en transit à destination du Portugal.
52	8e, 9e et 10e fasc. 1908.	Ordre royal du 23 juillet 1908 sur le plâtrage des vins.
53	8e, 9e et 10e fasc. 1908.	Ordre royal du 17 août 1908 sur les formalités relatives à l'importation de l'argent.
54	11e et 12e fasc. 1908.	Loi du 10 décembre 1908 sur la réforme de l'impôt des alcools.
55	11e et 12e fasc. 1909.	Décret du 22 décembre 1908 indiquant les mesures à prendre afin d'éviter la fraude dans les produits alimentaires.
56	11e et 12e fasc. 1909.	Ordre royal du 31 mai 1909 autorisant les chambres de commerce espagnoles et certaines associations industrielles à se faire représenter par des délégués aux opérations de douane effectuées par les agents du Gouvernement.

(1) Numéro répété.

57	4e et 5e fasc. 1911.	Ordre royal du 10 octobre 1910 créant des bandes destinées à être apposées aux flacons d'eaux-de-vie composées et liqueurs dont la contenance n'excède pas un décilitre.
58	11e et 12e fasc. 1911.	Tarif des douanes de la Péninsule et des îles Baléares, du 27 décembre 1911, applicable à partir du 1er janvier 1912.
59	6e et 7e fasc. 1912.	Décret du 24 août 1912 interdisant l'addition aux vins de sulfate de chaux ou de plâtre, lorsque le liquide ainsi traité renferme plus de 2 grammes de sulfate de potasse par litre.
60	1er, 2e et 3e fasc. 1913.	Décret royal du 31 juillet 1912 relatif à l'introduction en Espagne des voitures automobiles étrangères.
61	4e, 5e, 6e, 7e, 8e et 9e fasc. 1914.	Circulation de l'argent.
62	10e, 11e et 12e fasc. 1914.	Îles Canaries. = Établissement d'un droit de 1 p. 100 *ad valorem* sur les importations et exportations de l'archipel canarien.
63	1er, 2e et 3e fasc. 1915.	Ordres royaux prohibant l'exportation de certains produits par suite de la guerre.

(Pour les droits de port à l'étranger, voir Marine marchande.)

EST-AFRICAIN (PROTECTORAT ANGLAIS DE L').

(Voir Colonies anglaises d'Afrique.)

ÉTABLISSEMENTS DES DÉTROITS (STRAITS-SETTLEMENTS).

(Voir Colonies anglaises d'Asie.)

ÉTAT INDÉPENDANT DU CONGO.

(Voir Congo.)

ÉTATS BARBARESQUES.

1	Juin 1843.	Maroc. = Monopole des sangsues.
2	Juillet 1843.	Tunis. = Douanes. — Police des mouillages. — Maroc. = Douanes. — Coton en laine, fer.
3	Octobre 1843.	Maroc. = Défense de débarquer au cap Spartel.
4	Février 1844.	Maroc. = Douanes. — Importation et exportation.
5	Nov. et déc. 1844.	Maroc. = Commerce. — Crédits aux négociants maures.
6	Novembre 1857.	Maroc. = Traités. — Traité général et convention de commerce et de navigation avec l'Angleterre.
7	Novembre 1862.	Maroc. = Douanes et traités. — Douanes. : régime des laines à l'exportation. — Traités : extrait du traité du 20 novembre 1861 avec l'Espagne.
8	Mai 1875.	Tunis. = Douanes. — Nouveau tarif des droits d'exportation.
9	12e fasc. 1888.	Maroc. = Tarif des douanes (24 septembre 1888).

(Voir Maroc et Tunisie, 5e partie)

ÉTATS ROMAINS.

1	Nov. et déc. 1843.	Douanes : vins; régime de l'importation.
2	Février 1844.	Douanes : sucre et café; modification au tarif,
3	Avril 1845.	Douanes : réduction du droit sur l'exportation des chapeaux de paille,
4	Sept. et oct. 1845.	Douanes et navigation. — Produits chimiques, substances médicinales., etc.; sangsues. — Tissus de laine, de soie, etc.; sucre, café; drilles; tartre brut : droits modifiés. — Navigation : mode de jaugeage des bâtiments de mer.

5	Novembre 1855.	Douanes. — I. Régime général : modifications aux droits d'entrée, de consommation et de sortie. — II. Régimes spéciaux : 1° rétablissement des franchises d'Ancône et de Civita-Vecchia ; 2° extension des privilèges de la foire de Sinigaglia.
6	Juillet 1856.	Douanes : modifications aux droits d'entrée et de sortie.
7	Mai 1857.	Douanes : modifications aux droits d'entrée et de sortie.
8	Août 1860.	Modifications au tarif : importations et exportations; dispositions réglementaires; circulation des marchandises
9	Janvier 1864.	Modifications au tarif d'importation.
10	Juillet 1865.	Douanes : tarif des douanes. — Tableau des droits de consommation.
11	Juillet 1867.	Douanes : transit par chemin de fer; suppression des droits.
12	Mars 1868.	Tarif général : modifications; traité avec la France. — Tarif conventionnel.
13	Décembre 1869.	Douane : Tarif général; modification.

(Voir pour la suite Italie.)

ÉTATS SARDES.

1	Janvier 1843.	Douanes : modifications au tarif.
2	Juin 1843.	Savoie. = Douanes : tourteaux de noix et d'autres graines oléagineuses; régime à l'exportation.
3	Juillet 1843.	Douanes : droit à l'exportation des cocons de vers à soie. — Police intérieure : livres et estampes.
4	Septembre 1843.	Île de Sardaigne. = Douanes : droit de sortie sur les bestiaux.
5	Nov. et déc. 1843.	Savoie. = Douanes; réduction des droits d'entrée sur les céréales, légumes, etc.
6	Janv. et févr. 1846.	Savoie. = Douanes : régime à l'importation et à l'exportation des grains, menus grains, farines, etc.
7	Mars et avril 1846.	Douanes : modifications au tarif.
8	Mai et juin 1846.	Commerce et navigation : relations avec la France; exécution du traité de 1843. — Modifications au tarif général des douanes.
9	Août 1850.	Navigation : suppression des droits différentiels.
10	Mars 1851.	Commerce et navigation : relations avec la France; exécution du traité de commerce et de la convention littéraire de 1850.
11	Octobre 1851.	Navigation : taxes de navigation et d'ancrage.
12	Novembre 1858.	Douanes et traités : loi-tarif du 14 juillet 1851, avec les modifications qu'elle a subies jusqu'en 1857; traités de commerce et de navigation conclus par les États Sardes jusqu'en 1858.
13	Octobre 1860.	Douanes et traités : tarif du 9 juillet 1859, applicable au nouveau territoire sarde, et autres mesures, avec documents annexes; modifications audit tarif. — Conventions avec l'Association allemande et la Belgique.

(Voir pour la suite Italie.)

ÉTATS-UNIS DE L'AMÉRIQUE DU NORD.

1	Janvier 1843.	Droits d'importation.
2	Juin 1843.	Douanes : épaves; monnaies étrangères.
3	Août 1843.	Nouvelle-Orléans. = Droits de levée et de port.

4	Nov. et déc. 1843.	Importation : fer et acier ouvrés; retenue sur les drawbacks.
5	Août 1844.	Douanes : importation; marchandises saisies, mouchoirs ourlés, tissus de coton et soie dits *guimps*, etc., bourses en filet de soie, noix de coco, vins de Portugal et des possessions portugaises. — Exportation : manifestes des bâtiments expédiés pour l'étranger.
6	Octobre 1844.	Douanes et navigation : instruction sur le mode de perception en général, sur l'application des droits du tarif en vigueur à certains articles, etc.; droit d'hôpital sur les bâtiments à New-York. — Police intérieure du commerce : inspection à New-York, du bœuf et porc salés, à la Louisiane, du tabac et du bœuf et porc salés.
7	Janv. et févr. 1846.	Douanes : interprétation de l'acte-tarif de 1842, etc., et de plusieurs autres actes; régime transitoire du commerce avec le Texas. — Relations avec les colonies françaises. — Monnaies étrangères de compte : valeur en douane, du thaler de Brême et du florin d'Autriche.
8	Mars et avril 1846.	Texas. — Admission dans l'Union et organisation des douanes.
9	Juillet et août 1846.	Douanes : régime de la soie et des tissus de soie, et des expéditions pour le Mexique; police commerciale : marques de fabrique, et droits sur les ventes à l'enchère dans l'État de New-York.
10	Mars et avril 1847.	Douanes, commerce intérieur, monnaies. — Douanes, tarif des droits et régime de l'entrepôt; commerce intérieur : suppression, en Géorgie, de la tare pour le coton. — Monnaies étrangères : fixation de la valeur pour laquelle elles sont admises dans les caisses des douanes.
11	Juillet et août 1847.	Douanes : réglements et tarifs applicables aux ports mexicains occupés par les forces américaines.
12	Sept. et oct. 1847.	États-Unis et ports mexicains occupés par les forces américaines. — États-Unis. — Douanes : droits additionnels sur les moins-values dans les déclarations, prisées; vente des marchandises saisies, avaries et coulage, régime de la soie moulinée et des tissus pour cordonnerie et boutons, du café du Brésil. — Police commerciale : transport des passagers dans l'Union en général et à New-York; ventes à l'enchère dans l'État de New-York; inspection de la térébenthine dans l'État de la Caroline du sud. — Ports mexicains, etc. Ports ouverts au commerce; modifications au tarif des droits d'importation et d'exportation; application du tarif.
13	Mai et juin 1848.	États-Unis et ports mexicains occupés par les forces américaines. — États-Unis. — Douanes : droits, primes et drawbacks, liquidations, etc. — Navigation : pénalités pour les chargements, droits différentiels (bâtiments brésiliens, anséates, néerlandais, prussiens, portugais). — Police commerciale : transport des passagers dans l'Union, en général, et à New-York. — Ports mexicains. — Ports de la côte ouest ouverts ou bloqués : droits et prohibitions.
14	Juillet et août 1848.	Douanes et police commerciale. Douanes : bâtiments qui font le commerce de port à port, autorisés à toucher à des ports étrangers. — Haute-Californie. — Règlement de la police des ports, droits d'importation, d'exportation et de tonnage. — Police commerciale : Louisiane. — Inspection des produits nationaux.
15	Sept. et oct. 1848.	Douanes : drogueries et médicaments sophistiqués; mesures pour en prévenir l'importation. — Liquidations en douane : dé-

		ductions autorisées dans la fixation d'office des valeurs qui en sont la base.
16	Nov. et déc. 1848.	Douanes : Union en général; application du tarif de 1846. — Haute-Californie. = Régime des échanges avec l'Union.
17	Janv. et févr. 1849.	Douanes : Union en général; prisée des marchandises importées. — Haute-Californie. = Extension, aux ports californiens, de la législation des douanes de l'Union, et interdiction aux étrangers de recueillir de l'or.
18	Mars et avril 1849.	Douanes et terres publiques : Union en général : avaries : mode de constatation. — Haute-Californie. = Douanes : tarif des droits sur les importations. — Terres publiques : défense, aux étrangers, de s'y établir sans autorisation.
19	Juillet et août 1849.	Navigation : régime du commerce indirect avec la France et avec l'étranger en général.
20	Nov. et déc. 1849.	Douanes, navigation et police commerciale. — Douanes : minimum des contenants pour l'importation des esprits; réfaction de droits pour les déficits sur le sucre et la mélasse; rectifications d'erreurs dans le calcul des droits, interprétation des actes et instructions sur le payement du droit additionnel, les factures, les prisées, etc. — Navigation : bâtiments anglais assimilés aux bâtiments des États-Unis. — Police commerciale : passagers : mode de transport.
21	Mars 1850.	Douanes : Californie. = Saisies.
22	Novembre 1851.	Douanes et navigation : Union en général. — Douanes : modifications et interprétations du tarif des droits d'entrée; des dispositions réglementaires sur les manifestes, le pesage, jaugeage, etc., la prisée des marchandises, les factures, la restitution du trop-perçu. — Louisiane. = Nouvelle-Orléans. — Navigation intérieure : droits de quai et de levée.
23	Novembre 1852.	Commerce et navigation : Union en général; droits d'importation : articles non dénommés à l'acte-tarif; trop-perçu et réfaction des droits pour déchet; factures des marchandises importées : monnaies étrangères, leurs valeurs officielles aux États-Unis. — Louisiane. = Nouvelle-Orléans. — Navigation intérieure : droits de quai et de levée. — Californie. = Terres appartenant aux États-Unis : défense aux étrangers d'y recueillir de l'or sans un permis spécial.
24	Août 1856.	Immigration : Union en général, transport des passagers à bord des navires à vapeur ou à voiles. — États particuliers : New-York, protection accordée aux immigrants; Louisiane, acte spécial à l'hôpital de la Charité.
25	Août 1857.	Douanes : nouveau tarif des droits d'importation.
26	Avril 1860.	Douanes : application du tarif des droits d'importation du 3 mars 1857.
27	Juillet 1862.	Douanes : nouveaux tarifs des droits d'importation; monnaies étrangères : évaluations officielles.
28	Janvier 1863.	Douanes : nouvelles augmentations et modifications des droits d'importation : tarif des douanes de 1861-1862.
29	Novembre 1863.	Douanes : tarifs et lois de douane; modifications et interprétations nouvelles.
30	Juin 1864.	Douanes : tarif et lois de douane; modifications et interprétations nouvelles.
31	Septembre 1864.	Douanes : tarif des droits d'importation; augmentations nouvelles. — Acte du 30 juin 1864.
32	Novembre 1864.	Douanes : tarif des douanes de 1864.

33	Mai 1865.	Douanes : tarif des droits d'importation; modifications nouvelles résultant de l'acte du 3 mars 1865. — États du Sud. — Fermeture de certains ports.
34	Août 1865.	Douanes : États du Sud; réouverture de certains ports.
35	Novembre 1866.	Douanes : tarif des droits d'importation et règlements de douane, modifications nouvelles.
36	Octobre 1867.	Douanes et navigation : tarif des droits d'importation; nouvelles modifications. — Droits de tonnage : assimilation des navires français aux navires américains.
37	Février 1868.	Douanes : tarif des droits d'importation : nouvelles modifications.
38	Novembre 1871.	Douanes : importation; modifications au tarif et suppression des surtaxes de pavillon en faveur de la France.
39	Août 1875.	Douanes : monnaies étrangères, valeurs officielles en douane.
40	11ᵉ fasc. 1882.	Tarif général des douanes du 22 juin 1874, mis à jour au 1ᵉʳ juillet 1882.
41	5ᵉ fasc. 1883.	Douanes : tarif général du 1ᵉʳ juillet 1883.
42	6ᵉ fasc. 1883.	Table alphabétique des marchandises reprises au tarif des douanes des États-Unis du 3 mars 1883.
43	6ᵉ fasc. 1890.	Tarif des douanes du 3 mars 1883, mis à jour au 1ᵉʳ avril 1890.
44	11ᵉ fasc. 1890.	Tarif des douanes du 1ᵉʳ octobre 1890 (*tarif-act Mac Kinley*) entré en vigueur le 6 octobre suivant.
45	7ᵉ fasc. 1891.	Circulaires relatives à l'apposition des marques et étiquettes sur les marchandises importées (application de l'article 6 de la loi du 1ᵉʳ octobre 1890). — Inspection et transport du bétail et dess viandes abattues : lois du 3 mars et règlement du 25 mars 1891. — Instructions pour l'établissement des factures consulaires (application de l'article 8 de la loi du 10 juin 1890).
46	10ᵉ fasc. 1894.	Tarif général des douanes du 17 août 1894, entré en vigueur le 28 du même mois.
46 [1]	11ᵉ et 12ᵉ fasc. 1894.	Tarif général des douanes du 17 août 1894; avis.
47	9ᵉ fasc. 1897.	Tarif général des douanes du 24 juillet 1897.
48	8ᵉ fasc. 1902.	Loi du 14 février 1902, portant interdiction de la vente des armes à feu, de l'opium et des liqueurs alcooliques dans certaines îles du Pacifique.
49	8ᵉ fasc. 1903.	Loi du 3 mars 1903 réglementant l'immigration étrangère aux États-Unis.
50	1ᵉʳ, 2ᵉ et 3ᵉ fasc. 1904.	Loi du 2 février 1903 et circulaire relatives aux maladies contagieuses des bestiaux.
51	1ᵉʳ, 2ᵉ et 3ᵉ fasc. 1904.	Réglementation de l'importation aux États-Unis des produits alimentaires (Loi du 3 mars 1903 et circulaires).
52	8ᵉ, 9ᵉ et 10ᵉ fasc. 1904.	Décision du 26 décembre 1903 relative au bureau des experts généraux des États-Unis.
53	8ᵉ, 9ᵉ et 10ᵉ fasc. 1906.	Loi du 30 juin 1906 sur l'alimentation pure, suivie d'une réglementation d'application.
54	8ᵉ et 9ᵉ fasc. 1909.	Tarif des douanes.
55	11ᵉ et 12ᵉ fasc. 1909.	Amendement apporté le 4 mars 1909 au Code pénal américain et relatif aux expéditions de colis contenant des boissons spiritueuses.
56	4ᵉ et 5ᵉ fasc. 1911.	Loi du 26 avril 1910 sur les insecticides.

[1] Numéro répété.

57	1er, 2e et 3e fasc. 1913.	Loi du 24 août 1912 concernant les graines et semences falsifiées.
58	8e et 9e fasc. 1913.	Loi douanière et tarif des douanes du 3 octobre 1913.
59	4e, 5e, 6e, 7e, 8e et 9e fasc. 1914.	Extrait du «Plant quarantine Act» en date du 20 août 1912 et de son règlement d'application.
60	5e, 6e et 7e fasc. 1915.	Extraits de la loi de finances du 22 octobre 1914.

ÉTATS-UNIS DE COLOMBIE.

(ACTUELLEMENT : RÉPUBLIQUE DE COLOMBIE.)

1	Mars 1843.	Douanes : ports de Tumaco et d'Izcuandé; modification au régime des douanes dans ces deux ports.
2	Septembre 1843.	Douanes : importation (évaluations); chapeaux élastiques avec galon; rectification. — Transit par l'isthme, de Chagres à Panama : délais de transport. — Carthagène : franchises de droits accordées à cette ville. — Mesures de longueur : rapport de la *vare* légale au mètre.
3	Juillet et août 1846.	Commerce, navigation et douanes : relations avec la France; convention de 1840 prorogée. — Ports de Montijo et David; droit de tonnage supprimé.
4	Mars 1857.	Douanes et navigation : régime général; loi de finances et loi-base du 25 juin 1856, code des douanes; tarif d'importation; arrêté sur la nationalité des bâtiments, régimes spéciaux : isthme de Panama, Carthagène, province de Casanare, etc. — Monnaies, poids et mesures : adoption et application du système métrique décimal.
5	Janvier 1858.	Douanes : augmentation des droits d'entrée. — Navigation : nationalité des bâtiments. — Monnaies : organisation du nouveau système.
6	Février 1859.	Douanes : fermeture de ports; abolition de certaines franchises commerciales; mode de payement des droits d'importation; publication d'une nouvelle édition du tarif.
7	Juillet 1859.	Douanes : loi du 7 mai 1859.
8	Octobre 1860.	Douanes : modifications au régime des douanes et dispositions relatives à la fermeture des ports.
9	Mai 1862.	Douanes : nouveau tarif.
10	Décembre 1862.	État de Panama. — Impôts. — Impôt sur les établissements industriels et commerciaux.
11	8e fasc. 1886.	Tarif des douanes du 24 mai 1886.
12	1er fasc. 1887.	Douanes : tarif des douanes du 3 août 1886.
13	9e fasc. 1889.	Tarif des douanes du 3 août 1886, mis à jour au 31 juillet 1889.
14	11e fasc. 1893.	Tarif des douanes du 10 février 1893.
15	11e fasc. 1895.	Modifications au tarif douanier; décret du 22 mars 1895.
16	1er, 2e et 3e fasc. 1904.	Tarif des douanes du 31 octobre 1903.
17	8e, 9e et 10e fasc. 1905.	Loi du 15 novembre 1904 autorisant la libre stipulation en monnaie quelconque.
18	1er, 2e et 3e fasc. 1906.	Décret du 16 novembre 1905 relatif aux impôts sur les mines.
19	8e, 9e et 10e fasc. 1906.	Décret du 14 juillet 1906 relatif à l'entrée des étrangers dans les ports de la Colombie.

20	8e, 9e et 10e fasc. 1907.	Loi du 14 mai 1907 sur les mines.
21	8e, 9e et 10e fasc. 1908.	Loi du 27 août 1908 sur les tarifs des douanes.
22	11e et 12e fasc. 1909.	Décret du 17 novembre 1908 réglementant l'immigration.
23	1er et 2e fasc. 1910.	Loi du 4 décembre 1909 fixant le tarif des droits consulaires.
24	4e fasc. 1915.	Tarif des douanes du 6 décembre 1913.
25	8e, 9e et 10e fasc. 1915.	Décret présidentiel du 29 janvier 1915, soumettant à des droits de consommation divers articles.

(Pour les droits de port à l'étranger, voir Marine marchande.)

ÉTHIOPIE.

1	8e, 9e et 10e fasc. 1904.	Tarif douanier.

FALKLAND (ÎLES).

(Voir Colonies anglaises d'Amérique.)

FERNANDO-PO (ÎLE).

(Voir Colonies espagnoles.)

FIDJI (ÎLES).

(Voir Colonies anglaises d'Océanie autres que l'Australasie.)

FŒROÉ (ÎLES).

(Voir Colonies danoises.)

FORMOSE (ÎLE).

(Voir Japon.)

GAMBIE.

(Voir Colonies anglaises d'Afrique.)

GÉORGIE.

(Voir États-Unis de l'Amérique du Nord.)

GIBRALTAR.

(Voir Possessions anglaises de la Méditerranée.)

GRANDE-BRETAGNE.

(Voir Angleterre.)

GRÈCE.

1	Juin 1843.	Douanes : organisation générale.
2	Nov. et déc. 1843.	Traité de commerce et de navigation avec les Pays-Bas.
3	Nov. et déc. 1845.	Police commerciale : baraterie et piraterie.
4	Décembre 1859.	Douanes : loi-tarif du 10-22 juin 1857 et modifications à ladite loi. — Grains et farines : suppression du droit de sortie; nouveau régime d'entrée. — Régime spécial de l'émeri.

5	Juillet 1860.	Douanes : modifications à la loi-tarif du 10-22 juin 1857.
6	Février 1862.	Navigation : réduction des droits de navigation.
7	Avril 1863.	Douanes : nouveau tarif de sortie; régime des tares.
8	Mai 1870.	Douanes : loi-tarif du 13-25 février 1867. — Ordonnance du 21 mai 1869, qui modifie le régime d'entrée des peaux.
9	Novembre 1872.	Douanes : modifications à la loi-tarif du 13-25 février 1867.
10	Octobre 1876.	Douanes : loi-tarif du 13-25 février 1867, mise au courant jusqu'en 1876.
11	Décembre 1877.	Douanes: impôts et navigation : surtaxe de 10 p. 0/0 sur tous les droits du tarif d'entrée. — Navigation : formalités et charges nouvelles imposées au commerce maritime.
12	Février 1878.	Douanes : loi-tarif du 13-25 février 1867, mise au courant jusqu'en 1877.
13	9e et 10e fasc. 1884.	Tarif des douanes du 3 avril 1884.
14	7e fasc. 1889.	Tarif des douanes du 30 avril 1887, modifié par les lois des 2-15 février et 27 mars-9 avril 1889, et tarif conventionnel grec.
15	6e fasc. 1891.	Loi du 21 février 1891, fixant le régime applicable aux produits de provenance française.
16	9e fasc. 1893.	Loi et tarif des douanes du 30 décembre 1892.
17	9e fasc. 1901.	Loi du 11 février 1901 et ordonnances royales des 11 et 22 mars 1901 sur l'admission temporaire en franchise de certaines matières premières. — Loi du 11 février 1901 portant modification du tarif des douanes.
18	8e, 9e et 10e fasc. 1904.	Loi du 25 mars 1904, portant imposition d'un droit de consommation sur les boissons et liquides spiritueux.
19	8e, 9e et 10e fasc. 1904.	Loi du 20 avril 1904, relative à l'imposition d'un droit de consommation sur la bière fabriquée en Grèce.
20	8e, 9e et 10e fasc. 1904.	Loi du 28 avril/11 mai 1904, sur l'interdiction de l'importation et de l'usage de la saccharine et autres substances édulcorantes.
21	1er et 2e fasc. 1910.	Loi du 21 novembre/4 décembre 1909 relative aux contestations douanières et aux déclarations en douane inexactes.
22	1er et 2e fasc. 1910.	Loi établissant un impôt de consommation sur l'acétylène et sur les autres matières servant à l'éclairage.
23	3e fasc. 1912.	Loi du 22/24 janvier 1912 sur l'importation, la production et la vente du sucre, suivie d'un règlement d'application.
24	8e, 9e et 10e fasc. 1915.	Décisions prohibant l'exportation de certains produits par suite de la guerre (août à novembre 1914.)

(Pour les droits de port à l'étranger, voir MARINE MARCHANDE.)

GRENADE.

(Voir COLONIES ANGLAISES D'AMÉRIQUE.)

GUATÉMALA.

(Voir AMÉRIQUE CENTRALE.)

GUINÉE (NOUVELLE-) BRITANNIQUE.

(Voir Colonies anglaises d'Australasie.)

GUINÉE ESPAGNOLE (RIO MOUNI).

(Voir Colonies espagnoles.)

GUINÉE PORTUGAISE.

(Voir Colonies portugaises d'Afrique.)

GUYANE ANGLAISE.

(Voir Colonies anglaises d'Amérique.)

GUYANE HOLLANDAISE.

(Voir Colonies néerlandaises et, pour les droits de port à l'étranger, voir Marine marchande.)

HAÏTI.

1	Juillet 1843.	Douanes : importation; mode de payement des droits.
2	Septembre 1843.	Douanes : importation et navigation. — Imposition territoriale : bois de campêche.
3	Septembre 1844.	Douanes et contributions indirectes. — Modifications à la loi générale des douanes au régime des consignations et des patentes.
4	Févr. et mars 1845.	Douanes : importation; sucre raffiné; réduction du droit.
5	Janv. et févr. 1846.	Douanes et contributions indirectes; finances. — Douanes : modifications des droits d'entrée, de sortie, de tonnage, wharfage, pesage; interprétation de quelques passages du tarif et dispense pour les bâtiments français du recours aux interprètes jurés. — Contributions indirectes : droit de patente. — Finances : création de billets de caisse.

6	Juillet 1855.	Douanes : lois sur l'administration et la direction des douanes. — Tarifs des droits d'importation, d'exportation, de warfage (quai), de pesage et de fontaines. — Factures et manifestes : visa conservé aux consuls et agents négociants.
7	Avril 1856.	Douanes : administration et direction des douanes. — Loi et tarifs du 13 novembre 1854 : errata.
8	Juillet 1858.	Douanes : déclarations.
9	Mai 1859.	Douanes : loi sur l'administration et la direction des douanes. — Tarifs des droits d'importation, d'exportation, de warfage (quai), de pesage et de fontaines.
10	Novembre 1859.	Modifications à la loi de douane du 13 juillet 1858. — Régime de sortie des cafés.
11	Mars 1863.	Contributions : loi sur les patentes. — Monnaies : évaluation des monnaies d'or et d'argent étrangères, en piastres fortes d'Espagne; fixation du taux du doublon d'Espagne en papier-monnaie d'Haïti; retrait des billets de 100 gourdes.
12	Décembre 1864.	Douanes : taxe additionnelle de 10 p. 100 sur les droits d'entrée et de sortie du coton.
13	Décembre 1871.	Douanes : modifications à la loi de douane du 13 juillet 1858.
14	11e et 12e fasc. 1891 et 1er fasc. 1892.	Tarif des douanes (texte officiel haïtien).
15	1er, 2e et 3e fasc. 1905.	Loi de douanes et tarifs concernant le commerce et la navigation.
16	8e, 9e et 10e fasc. 1906.	Loi du 6 septembre 1906, établissant un tarif minimum et un tarif maximum. — Loi de douanes du 4 septembre 1905 et tarifs concernant le commerce et la navigation.
17	1er et 2e fasc. 1910.	Avis de la commission communale de Port-au-Prince du 15 novembre 1909 sur le régime des patentes.

HAMBOURG.

(Voir VILLES HANSÉATIQUES, ALLEMAGNE et, pour les droits de port à l'étranger, voir MARINE MARCHANDE.)

HAWAÏ (ÎLES).

(Voir ÎLES SANDWICH.)

HÉLIGOLAND.

1	12 fasc. 1888.	Tarif des douanes de 1887.
2	9e fasc. 1892.	Tarif des douanes.

HESSE-DARMSTADT.

1	Mars 1844.	Police intérieure. — Commis voyageurs : restriction du droit de solliciter des commandes.

(Voir ASSOCIATION ALLEMANDE.)

HONDURAS.

(Voir AMÉRIQUE CENTRALE.)

HONDURAS BRITANNIQUE.

(Voir Colonies anglaises d'Amérique.)

HONG-KONG.

(Voir Colonies anglaises d'Asie.)

ÎLES BAHAMA.

(Voir Colonies anglaises d'Amérique.)

ÎLES BALÉARES.

(Voir Espagne.)

ÎLES BERMUDES.

(Voir Colonies anglaises d'Amérique.)

ÎLES CANARIES.

1	Octobre 1852.	Douanes et droits de consommation. — Douanes : ports de ces îles déclarés ports francs, et admission des existences en entrepôt au bénéfice de la franchise. — Droits de consommation : suppression de ces droits dans les ports francs.
2	Décembre 1852.	Douanes et droits de consommation : application de la franchise dans les ports francs. — Mode de déclaration des chargements importés. — Suppression du droit d'expédition des permis de sortie.

(Voir Espagne.)

ÎLE DE CUBA.

(Voir Indes Occidentales espagnoles et Cuba.)

ÎLES FALKLAND.

(Voir Colonies anglaises d'Amérique.)

ÎLE FERNANDO-PO.

(Voir Colonies espagnoles.)

ÎLES FIDJI.

(Voir Colonies anglaises d'Océanie autres que l'Australasie.)

ÎLES FŒROÉ.

(Voir Colonies danoises.)

ÎLE FORMOSE.

(Voir Japon.)

ÎLES HAVAÏ.

(Voir Îles Sandwich.)

ÎLES IONIENNES.

(Voir Grèce.)

1	Juin 1858.	Douanes : règlement général; modifications. — Tarif général : droits d'importation, d'exportation, de transit et monopoles de l'État. — Navigation : nouveaux droits de port et de santé.
2	Juin 1863.	Douanes : tarif général; substitution de droits spécifiques aux droits à la valeur. — Droits d'importation, d'exportation, de transit et monopoles de l'État. — Navigation : droits de port et de santé.

ÎLE DE MAN.

(Voir Angleterre.)

ÎLES DE LA MANCHE.

(Voir Angleterre.)

ÎLES MARSHALL.

(Voir Possessions allemandes d'Océanie.)

ÎLE MAURICE.

(Voir Colonies anglaises d'Afrique et, pour les droits de port à l'étranger, voir Marine marchande.)

ÎLES PHILIPPINES.

1	Avril 1843.	Douanes et navigation.
2	Avril 1844.	Manille : bâtiments et marchandises expédiées de la péninsule pour ce port, et réciproquement.
3	Avril 1877.	Douanes : port de Jolo ouvert en franchise au commerce d'importation et d'exportation.

4	4e fasc. 1890.	Douanes : tarif du 27 avril 1874, mis à jour au 1er février 1890.
5	3e fasc. 1891.	Tarif des douanes du 7 janvier 1891.
6	9e fasc. 1898.	Tarif des douanes.
7	2e fasc. 1902.	Tarif des douanes du 17 septembre 1901.
8	1er, 2e et 3e fasc. 1906.	Tarif des douanes du 3 mars 1905.

(Voir Possessions des États-Unis en Océanie.)

ÎLES DU PRINCE ET DE SAINT-THOMAS.

(Voir Colonies portugaises d'Afrique.)

ÎLES DU PRINCE-ÉDOUARD.

(Voir Colonies anglaises d'Amérique.)

ÎLE DE SAINTE-HÉLÈNE.

(Voir Colonies anglaises d'Afrique.)

ÎLE SAINTE-LUCIE.

(Voir Colonies anglaises d'Amérique.)

ÎLE DE SAINT-THOMAS.

(Voir Colonies portugaises d'Afrique.)

ÎLES SANDWICH.

1	Juin 1860.	Douanes : tarif et avis.
2	Décembre 1860.	Douanes : abolition des droits de réexportation.
3	Juillet 1865.	Houille et riz : nouveau régime à l'importation. — Factures. — Déclaration et certificat consulaire.
4	Février 1880.	Douanes et navigation. — Douanes : tarif d'entrée; modifications. — Marchandises de retour : conditions de la franchise. — Factures : droits de timbre. — Frais de douane. — Navigation : règlement de pilotage.
5	1er fasc. 1899.	Tarif des douanes de 1898.

ÎLES SEYCHELLES.

(Voir Colonies anglaises d'Afrique.)

ÎLE TABAGO.

(Voir COLONIES ANGLAISES D'AMÉRIQUE.)

ÎLES TURQUES ET CAÏQUES.

(Voir COLONIES ANGLAISES D'AMÉRIQUE.)

INDES OCCIDENTALES ESPAGNOLES.

1	Février 1844.	CUBA. = Mariel, Cardenas et Sagua-la-Grande ouverts au commerce étranger.
2	Mars 1844.	CUBA. = Douanes et police intérieure. — Exportation : réduction de droits. — Passeports.
3	Août 1844.	CUBA. = Douanes : denrées alimentaires. — Police intérieure : marins de couleur.
4	Nov. et déc. 1844.	CUBA. = Douanes : la Havane; bois à construire et denrées alimentaires affranchies de droits.
5	Juillet 1859.	Douanes : règles à observer par les capitaines de navires.
6	Janvier 1865.	CUBA. = Douanes et navigation : régime d'entrée de certaines marchandises; nouveaux droits de port.
7	Mai 1869.	CUBA. = Douanes et navigation : nouveau tarif des droits d'importation et de navigation; suppression des droits d'exportation. — Sucre, tabac, cigares : droits de sortie provisoires. — Assimilation des pavillons français, anglais, néerlandais, suédois et norvégiens au pavillon espagnol en matière de droits de navigation.
8	Novembre 1870.	CUBA et PORTO-RICO. = Douanes : règles à observer par les capitaines de navires.
9	Juillet 1875.	CUBA et PORTO-RICO. = Douanes : règles à observer par les capitaines de navires.
10	8ᵉ fasc. 1892.	ÎLE DE CUBA. = Tarif des douanes du 29 avril 1892, mis en vigueur le 1ᵉʳ juillet 1892.
11	10ᵉ fasc. 1892.	PORTO-RICO. = Tarif des douanes du 29 avril 1892, mis en vigueur le 1ᵉʳ juillet 1892.
12	9ᵉ fasc. 1898.	PORTO-RICO. = Tarif des douanes.
13	9ᵉ fasc. 1898.	CUBA. = Tarif des douanes.
14	2ᵉ fasc. 1899.	CUBA. = Tarif des douanes applicables à partir du 1ᵉʳ janvier 1899.
15	4ᵉ fasc. 1899.	PORTO-RICO. = Tarif des douanes de 1899.

(Voir : CUBA, COLONIES ESPAGNOLES et POSSESSIONS DES ÉTATS-UNIS EN AMÉRIQUE.)

INDES ORIENTALES ANGLAISES.

1	Octobre 1843.	Prohibitions, à l'entrée, des produits de l'industrie étrangère portant des marques de fabricants anglais.
2	Avril 1844.	Douanes : conditions de l'admission des bâtiments étrangers; contrefaçon de la marque des produits anglais.
3	Sept. et oct. 1848.	Douanes : droits différentiels et droits d'expédition de port à port, supprimés dans les trois présidences; coton et laine affranchi de droit à la sortie de l'Inde en général, à l'entrée de certains ports.
4	Août 1850.	Navigation. — Cabotage : admission des bâtiments étrangers.
5	Octobre 1852.	Douanes : sucre et rhum; droit d'exportation rapporté.
6	Juillet 1858.	Douanes : régime à l'importation et à l'exportation.
7	Juin 1859.	Douanes : nouveau tarif d'importation et d'exportation.
8	Novembre 1860.	Douanes et quayage : nouveau tarif des droits d'importation et d'exportation. — Port de CALCUTTA. = Règlement et droit de quayage.
9	Août 1862.	Douanes : nouveau tarif des droits d'importation et d'exportation; salpêtre, exportation prohibée; poivre des États de Travancore et de Cochin : droit d'exportation.
10	Novembre 1864.	Douanes : modifications au tarif des droits d'importation. — Acte de consolidation des douanes. (Extraits.)
11	Septembre 1865.	Douanes : nouveau tarif des droits d'importation et d'exportation.
12	Novembre 1865.	Douanes : nouveaux droits d'exportation.
13	Août 1866.	Douanes : nouveaux droits d'exportation.
14	Mai 1868.	Douanes : nouveau tarif des droits d'importation et d'exportation.
15	Août 1872.	Douanes et poids et mesures : acte-tarif de 1871 et adoption d'un système métrique de poids et mesures.
16	Décembre 1875.	Douanes : acte-tarif de 1875.
17	7e fasc. 1885.	CEYLAN. = Tarif des douanes de 1884.
18	7e fasc. 1885.	GOUVERNEMENT DES INDES. = Tarif des douanes de 1882.
19	4e et 5e fasc. 1886.	CEYLAN. = Tarif des douanes de 1885.
20	7e fasc. 1888.	Tarif des douanes de 1882, mis à jour en 1888.
21	10e fasc. 1890.	Tarif des douanes de 1882, mis à jour au 1er juin 1890.
22	7e fasc. 1894.	GOUVERNEMENT DES INDES. = Tarif de 1894.
23	7e fasc. 1895.	Modifications au tarif des douanes de 1894. (Acte du 28 décembre 1894.)
24	6e fasc. 1896.	Tarif des douanes de 1896.
25	8e, 9e et 10e fasc. 1905.	BIRMANIE. = Remboursement des droits payés sur les marchandises importées à Rangoon et réexportées en Chine.

(Voir COLONIES ANGLAISES D'ASIE.)

INDES ORIENTALES NÉERLANDAISES.

1	Avril 1843.	Douanes et navigation.
2	Juillet 1843.	Douanes et navigation.
3	Octobre 1843.	Approvisionnement des bâtiments en rade.

4	Avril 1866.	Douanes : loi-tarif du 3 juillet 1865.
5	Novembre 1873.	Douanes : loi-tarif en vigueur à partir du 1er janvier 1874.
6	Novembre 1874.	Douanes et navigation : abolition des droits différentiels à partir du 1er janvier 1874.
7	3e fasc. 1885.	Tarif des douanes du 1er janvier 1885.
8	2e et 3e fasc. 1887.	Tarif des douanes : loi du 16 avril 1886.

(Voir COLONIES NÉERLANDAISES.)

(Pour les droits de port à l'étranger, voir MARINE MARCHANDE.)

INDE PORTUGAISE.

(Voir COLONIES PORTUGAISES D'ASIE.)

IONIENNES (ÎLES).

(Voir ÎLES IONIENNES.)

ISLANDE.

(Voir DANEMARK et COLONIES DANOISES.)

ITALIE.

(Voir aussi DEUX-SICILES, ÉTATS ROMAINS, ÉTATS SARDES, LOMBARDIE.)

1	Février 1862.	Douanes : nouveau règlement de douanes ; extension du tarif des douanes sardes aux provinces méridionales. — Navigation : loi sur les droits de navigation du 17 juillet 1861. — Traités : conventions avec les villes anséatiques et avec l'Angleterre. — Monnaies : rapport des monnaies frappées par les anciens gouvernements avec la lire italienne. Émission de nouvelles monnaies de bronze.
2	* Février 1863.	Douanes : régime des soufres.
3	Mai 1863.	Douanes : nouveau règlement de douanes; régime spécial des ports francs de Brindes et de Messine. — Organisation commerciale : réorganisation des chambres de commerce. — Traités : traités de commerce et de navigation avec la République de Salvador, l'Empire ottoman, la Suède et la Norvège et la République de Vénézuela. — Monnaies, poids et mesures : régularisation du système monétaire; cours légal des monnaies décimales d'or et d'argent de France et de Belgique; émission de monnaies nouvelles; régularisation des poids et mesures.

4	Mai 1866.	Douanes : tarif des douanes; établissement d'un droit de consommation et de fabrication et d'un droit de balance; régime des ports francs de Gênes, Messine, Ancône et Livourne. — Navigation : règlements des pilotes pratiques; droits de pilotage. — Traités : traités et conventions conclus en 1863 et 1864 ; tarif conventionnel avec la France. — Monnaies, poids et mesures : change de la lire italienne; nouvelle empreinte des monnaies; retrait de monnaies; régularisation du système des poids et mesures.
5	Août 1867.	Douanes : nouveaux droits d'importation et d'exportation.
6	Octobre 1871.	Navigation : nouveaux droits de navigation et de santé.
7	Octobre 1872.	Douanes : modifications au tarif; bulletins de la douane et bulletins de payement des droits maritimes; droit de timbre; répression de la contrebande; franchise des ports de Civita-Vecchia et de Gênes.
8	Juin 1874.	Navigation : pilotage; régime général et régimes spéciaux à certains ports.
9	Avril 1875.	Douanes : droits de consommation; navigation. — Douanes : régime général. — Tarif d'entrée et de sortie : modifications. — Importations et exportations : droits de statistique. — Régimes spéciaux. — Autriche et Suisse : tarifs conventionnels. — Sicile. — Police de chargement : taxe spéciale. — Tabac : nouveau régime à l'importation. — Ports francs. — Civita-Vecchia et Venise : suppression de la franchise. — Droits de lazaret.
10	Novembre 1875.	Douanes : magasins généraux.
11	Avril 1877.	Douanes : entrepôts francs.
12	Juillet 1877.	Douanes : sucres; surtaxe à l'importation; cacao, café et huiles minérales; nouveaux droits d'entrée; tarif des droits de sortie.
13	Octobre 1878.	Douanes : nouveau tarif général du 30 mai 1878.
14	Mars 1879.	Douanes : tarif général; modifications; tarifs conventionnels annexés au traité austro-italien du 27 décembre 1878.
15	Octobre 1879.	Douanes : café, canelle, cédrats, chocolats, confitures et conserves, sucres; nouveaux droits d'entrée.
16	Novembre 1879.	Douanes : modifications au tarif général; décret du 31 janvier 1879; nouvelle publication.
17	Juin 1880.	Douanes et traités de commerce et de navigation : régime général; nouveau tarif des tares et remboursement de droits à l'exportation; régimes spéciaux; port de Messine. — Traités de commerce et de navigation : prorogations successives.
18	Décembre 1880.	Douanes : tarif général; modifications.
19	Décembre 1881.	Douanes : tarif des douanes du 30 mai 1878; nouvelle édition.
20	10e fasc. 1882.	Douanes : tarifs conventionnels annexés au traité de commerce avec la France du 3 novembre 1881. — Traités de commerce et de navigation : France; traité de commerce du 3 novembre 1881; approbation. — Belgique, Grande-Bretagne, Allemagne, Suisse et Espagne : anciens traités; nouvelle prorogation.
21	3e fasc. 1884.	Douanes : tarif des douanes du 9 août 1883; loi du 6 juillet 1883 sur la réforme du tarif douanier; décret d'exécution du 6 juillet 1883; décret du 9 août 1883; arrêté du 18 décembre 1883 sur les admissions temporaires.
22	7e fasc. 1886.	Marine marchande : loi du 6 décembre 1885 sur les encouragements à la marine marchande, et règlement du 14 février 1886 pour l'exécution de cette loi.
23	7e et 8e fasc. 1887.	Loi du 14 juillet 1887 et tarif des douanes.

24	9ᵉ fasc. 1892.	Lois et tarif général des douanes, mis à jour au 31 août 1892, et tarif conventionnel italien.
25	2ᵉ fasc. 1895.	Modifications au tarif des douanes (décret du 10 décembre 1894).
26	12ᵉ fasc. 1895.	Modifications au tarif général des douanes. Loi du 8 août 1895.
27	1ᵉʳ fasc. 1896.	Loi sur les tares du 10 septembre 1895. — Police sanitaire (décrets du 1ᵉʳ décembre 1895). — Soie artificielle : classification au tarif (décret du 7 décembre 1895).
28	3ᵉ fasc. 1896.	Tarif général des douanes et tarif conventionnel, mis à jour au 1ᵉʳ janvier 1896.
29	4ᵉ fasc. 1896.	Loi de douane du 26 janvier 1896.
30	1ᵉʳ fasc. 1898.	Règlement relatif au transport des passagers par mer.
31	2ᵉ fasc. 1899.	Accord franco-italien entré en vigueur le 12 février 1899.
32	3ᵉ fasc. 1899.	Tarif des douanes.
33	4ᵉ fasc. 1900.	Loi du 25 mars 1900 concernant les fraudes dans la préparation et le commerce des vins.
34	5ᵉ fasc. 1901.	Règlement du 25 novembre 1900, sur la répression des fraudes dans la préparation et la vente des vins, et décret du 3 mars 1901.
35	3ᵉ fasc. 1902.	Règlement du 15 décembre 1901, pour l'application de la loi du 25 mars 1900 concernant la répression des fraudes dans la préparation et le commerce des vins.
36	3ᵉ fasc. 1902.	Loi du 2 juillet et décrets des 2 juillet, 25 septembre et 12 décembre 1902, sur le régime des sucres.
37	1ᵉʳ, 2ᵉ et 3ᵉ fasc. 1905.	Loi du 11 juillet 1904 concernant les fraudes dans la préparation et le commerce des vins.
38	8ᵉ, 9ᵉ et 10ᵉ fasc. 1905.	Décret du 26 février 1905 sur la prime à l'exportation de l'alcool.
39	8ᵉ, 9ᵉ et 10ᵉ fasc. 1905.	Règlement du 5 août 1905 relatif à l'exécution de la loi du 11 juillet 1904 contre les fraudes dans la préparation et le commerce des vins.
40	1ᵉʳ, 2ᵉ et 3ᵉ fasc. 1906.	Extraits d'une loi du 3 décembre 1905 sur les alcools.
41	8ᵉ, 9ᵉ et 10ᵉ fasc. 1906.	Loi du 15 juillet 1906 sur les soufres de Sicile.
42	8ᵉ, 9ᵉ et 10ᵉ fasc. 1908.	Loi du 5 juillet 1908 sur le commerce des agrumes.
43	10ᵉ fasc. 1909.	Décrets et lois de douane du 24 novembre 1895 avec les modifications introduites jusqu'au 29 juillet 1909 et les dispositions contenues dans les traités passés avec l'Autriche, l'Allemagne, la Suisse, la Serbie, la Russie, la Roumanie et dans l'accord avec la France.
44	11ᵉ et 12ᵉ fasc. 1909.	Loi du 11 juillet 1909 modifiant le régime fiscal des spiritueux.
45	1ᵉʳ et 2ᵉ fasc. 1910.	Décret du 16 septembre 1909 approuvant le texte unique des lois sur les spiritueux.
46	7ᵉ, 8ᵉ et 9ᵉ fasc. 1910.	Loi du 17 juillet 1910 modifiant les droits d'accise sur le sucre de fabrication indigène.
47	4ᵉ et 5ᵉ fasc. 1911.	Texte unique des lois pour la solution des contestations douanières, approuvé par décret du 9 avril 1911, suivi d'un extrait du règlement d'application du 19 avril 1911.
48	3ᵉ fasc. 1912.	Décret élevant les droits sur les alcools.
49	6ᵉ et 7ᵉ fasc. 1912.	Décret du 26 novembre 1911 déterminant l'application de droits différentiels et de droits du tarif général aux marchandises de provenance turque.

50	6ᵉ et 7ᵉ fasc. 1912.	Décret du 30 novembre 1911 concernant les taxes intérieures de fabrication sur les alcools raffinés propres à la préparation des boissons.
51	10ᵉ, 11ᵉ et 12ᵉ fasc. 1914.	Extrait de la loi du 19 juin 1913 contre l'alcoolisme.
52	1ᵉʳ, 2ᵉ et 3ᵉ fasc. 1915.	Décrets royaux relatifs au payement des lettres de change et au timbre sur les lettres de change.
53	1ᵉʳ, 2ᵉ et 3ᵉ fasc. 1915.	Décisions et décrets prohibant l'exportation de certains produits par suite de la guerre.
54	1ᵉʳ, 2ᵉ et 3ᵉ fasc. 1915.	Décrets royaux portant modifications, exemptions ou réductions des droits ou taxes sur certains produits.

(Pour les droits de port à l'étranger, voir MARINE MARCHANDE.)

JAMAÏQUE (LA).

(Voir COLONIES ANGLAISES D'AMÉRIQUE.)

JAPON.

1	Mars et avril 1847.	Police de la navigation. — Naufrages.
2	Avril 1856.	Traités : traité avec les États-Unis et convention avec l'Angleterre.
3	Décembre 1857.	Traités de commerce et de délimitation avec la Russie et traité avec les Pays-Bas.
4	Avril 1858.	Traités. — Relations avec les Pays-Bas : ouverture des ports au commerce général.
5	Novembre 1861.	Navigation : règlement des ports de Hakodadi et de Nangasaki — Traités conclus avec les puissances étrangères depuis 1854. — Monnaies, poids et mesures.
6	Mars 1863.	Police : notification contenant le texte de règlements applicables aux sujets britanniques dans les États de Taïkoun au Japon.
7	Octobre 1866.	Douanes et navigation : règlements commerciaux; tarif des droits d'importation et d'exportation.
8	5ᵉ fasc. 1897.	Loi du 1ᵉʳ octobre 1897 sur la navigation.
9	11ᵉ fasc. 1898.	Tarif général des douanes.
10	2ᵉ fasc. 1899.	Tarif général des douanes en vigueur à partir du 1ᵉʳ janvier 1899.
11	1ᵉʳ fasc. 1901.	Loi sur les dépôts des douanes, promulguée le 5 avril 1900.
12	7ᵉ fasc. 1901.	Loi du 30 mars 1901 sur les sucres.
13	12ᵉ fasc. 1902.	Règlement concernant les primes à la culture et à l'industrie sucrières à Formose.
14	8ᵉ, 9ᵉ et 10ᵉ fasc. 1904.	Loi financière spéciale extraordinaire du 31 mars 1904.
15	8ᵉ, 9ᵉ et 10ᵉ fasc. 1905.	Loi du 31 décembre 1904 sur le monopole du sel.
16	8ᵉ, 9ᵉ et 10ᵉ fasc. 1906.	Ordonnance impériale du 22 juin 1906, relative à l'ouverture de ports japonais à l'importation.

17	8e, 9e et 10e fasc. 1906.	Loi du 31 décembre 1904 portant modifications à la loi financière spéciale extraordinaire du 31 mars 1904.
18	1er, 2e et 3e fasc. 1907.	Loi douanière et tarif douanier du 30 mars 1906.
19	1er et 2e fasc. 1910.	Ordonnance impériale du 28 septembre 1906 relative aux drawbacks, modifiée par l'ordonnance impériale du 30 septembre 1909.
20	6e fasc. 1910.	Loi douanière et tarif général des douanes du 5 avril 1910.
21	10e fasc. 1910.	Corée. = Délaration du Gouvernement japonais relative aux traités conclus par la Corée avec des puissances étrangères et aux droits de douanes à l'importation en Corée.
22	6e et 7e fasc. 1912.	Corée. = Loi du 24 février 1900 portant réglementation des substances alimentaires et ordonnance portant réglementation des aliments et autres marchandises nuisibles à la santé, mise en vigueur le 28 octobre 1911.
23	6e et 7e fasc. 1912.	Île Formose. = Ordonnance du 1er novembre 1910 supprimant les droits d'exportation et les droits de congé.
24	1er, 2e et 3e fasc. 1915.	Loi du 22 juillet 1912 sur les entrepôts temporaires.
25	5e, 6e et 7e fasc. 1915.	Corée. = Ordonnance du 1er avril 1912 relative aux droits de douane.

JAVA.

(Voir Colonies néerlandaises.)

KIAUTSCHOU (TERRITOIRE DE)

(Voir Possessions allemandes d'Asie.)

LAGOS.

(Voir Colonies anglaises d'Afrique.)

LA PLATA.

(Voir République Argentine.)

LIBÉRIA (RÉPUBLIQUE DE).

(Voir Côte occidentale d'Afrique pour les documents antérieurs à 1910.)

4	10e fasc. 1911.	Tarif des douanes du 10 mars 1910.
5	6 et 7e fasc. 1912.	Loi du 18 janvier 1912 stipulant les formalités à remplir pour obtenir des concessions et franchises.
6	1er, 2e et 3e fasc. 1913.	Loi du 18 janvier 1912 modifiée par un acte du 18 janvier 1913 et stipulant les formalités à remplir pour obtenir des concessions et franchises dans la République de Libéria.

LIBYE.

(Voir Colonies italiennes.)

LOANDA.

(Voir Colonies portugaises d'Afrique.)

LOMBARDIE ET VÉNÉTIE.

1	Mai et juin 1848.	Douanes : modifications au tarif d'importation, d'exportation et de transit. — Colportage : modification aux règlements.

(Voir suite à Italie.)

LOUISIANE.

(Voir États-Unis de l'Amérique du Nord.)

LUBECK.

(Voir Villes hanséatiques et, pour les droits de port à l'étranger, voir Marine marchande.)

LUXEMBOURG (GRAND-DUCHÉ DU).

1	8e fasc. 1903.	Loi du 28 mars 1903 et arrêtés des 30 et 31 mars 1903 concernant le contrôle des viandes importées de l'étranger.
2	8e fasc. 1903.	Loi du 28 mars 1903 concernant la répression des fraudes dans le commerce des beurres et de la margarine.

MALACCA (PRESQU'ÎLE DE).

(Voir Singapour.)

MALTE.

(Voir Possessions anglaises de la Méditerranée.)

MAN (ÎLE DE).

(Voir Angleterre.)

MANCHE (ÎLES DE LA).

(Voir Angleterre.)

MAROC.

(Voir États barbaresques pour les documents antérieurs à 1906 et Colonies françaises et Pays de protectorat pour la suite : V[e] partie.)

MARSHALL (ÎLES).

(Voir Possessions allemandes d'Océanie.)

MASCATE.

1	Novembre 1866.	Mascate. — Douanes et navigation : règlements commerciaux.

MASSAOUAH.

1	6e fasc. 1889.	Tarif des douanes.
2	1er fasc. 1890.	Tarif des douanes.

MAURICE (ÎLE).

(Voir Colonies anglaises d'Afrique, et, pour les droits de port à l'étranger, voir Marine marchande.)

MECKLEMBOURG.

1	Janvier 1864.	Douanes, navigation, commerce et monnaies. — Douanes : analyse de la réforme douanière; nouveau tarif des droits d'entrée. — Navigation : droits de navigation à Rostock et à Warnemünde. — Commerce : régime des commis voyageurs. — Monnaies, poids et mesures : fixation de certaines mesures de longueur et de capacité; monnaies, poids et mesures inscrits au tarif.

(Voir Association allemande.)

MELILLA.

(Voir Colonies espagnoles.)

MEXIQUE.

1	Juillet 1843.	Douanes : bois de teinture.
2	Janvier 1844.	Douanes : tarif général du 30 avril 1842.
3	Janvier 1844.	Douanes : tarif général du 5 octobre 1843.

4	Janvier 1844.	Commerce intérieur : commerce de détail interdit aux étrangers. — Monnaies : nouvelle monnaie de cuivre.
5	Mars 1844.	Douanes : tarif du 5 octobre 1843; délai pour l'application aux provenances d'Europe.
6	Mai et juin 1544.	Douanes : prohibition à l'entrée; délai pour l'application du décret du 17 août 1843.
7	Septembre 1844.	Douanes. — Département du Yucatan : campêche, création d'un entrepôt. — Carmen et Tabasco : bois de teinture; régime de l'exportation.
8	Mai 1845.	Droits intérieurs : numéraire affranchi de droit.
9	Juillet et août 1846.	Douanes : ports fermés au commerce étranger; blocus des ports de la côte Est par une escadre des États-Unis.
10	Sept. et oct. 1846.	Douanes : ports ouverts au commerce pendant le blocus des côtes.
11	Juillet et août 1847.	Douanes : tarif général du 4 octobre 1845.
12	Mai et juin 1848.	Douanes : rétablissement du tarif général de 1845; port de Manzanillo ouvert au commerce étranger; droit d'importation sur le papier à imprimer; droits locaux; tarif du droit de môle à Tampico.
13	Avril 1850.	Douanes : modifications au tarif général de 1845.
14	Août 1855.	Douanes et navigation. — Douanes : acte-tarif du 1er juin 1853, avec répertoire alphabétique et annexes. — Navigation : nouvel acte de navigation et son application au commerce français.
15	Décembre 1855.	Douanes : tarif provisoire.
16	Octobre 1856.	Douanes et navigation : règlement général des douanes maritimes et des frontières de terre, du 31 janvier 1856, avec annexes; décret sur les primes de navigation.
17	Mars 1857.	Douanes : règlement général des douanes maritimes et des frontières de terre, du 31 janvier 1856, avec annexes. — Errata.
18	Mars 1863.	Douanes : régime provisoire de la douane de la Vera-Cruz, depuis l'occupation française.
19	Juillet 1864.	Douanes et navigation : modifications au règlement général des douanes.
20	12e fasc. 1885.	Tarif des douanes : loi du 11 décembre 1884.
21	10e fasc. 1888.	Tarif des douanes : loi du 1er mars 1887, mis à jour jusqu'en août 1888.
22	7e fasc. 1890.	Règlement douanier.
23	6e fasc. 1892.	Tarif des douanes : loi du 12 juin et décret du 20 octobre 1891.
24	12e fasc. 1892.	Décret du 18 octobre 1892, modifiant le tarif général du 12 juin 1891.
25	6e fasc. 1893.	Modifications au tarif général des douanes du 12 juin 1891 (décret du 22 février 1893).
26	3e fasc. 1898.	Tarif des douanes du 1er juillet 1897.
27	8e, 9e et 10e fasc. 1905.	Loi du 25 mars 1905 sur les impôts et les franchises à l'industrie minière.
28	8e, 9e et 10e fasc. 1905.	Tarif des douanes du 20 juin 1905.
29	1er, 2e et 3e fasc. 1906.	Nouveau règlement des poids et mesures.
30	11e et 12e fasc. 1908.	Décret du 4 décembre 1908 sur les «manquants» d'une expédition de marchandises.
31	11e et 12e fasc. 1908.	Décret du 15 décembre 1908 exemptant de droits les articles importés pour leur usage par les chefs de mission diplomatique.
32	11e et 12e fasc. 1909.	Décret du 4 novembre 1909 apportant des additions à l'article 11 de l'ordonnance générale des douanes.

33	1er, 2e et 3e fasc. 1913.	Extraits de la loi de finances du 3 juin 1912 et du règlement du 28 juin 1912 concernant le recouvrement de l'impôt du timbre sur les vins et boissons alcooliques; extraits du décret du 6 février 1913 modifiant ladite loi de finances.
34	4e, 5e, 6e 7e, 8e et 9e fasc. 1914.	Extrait du règlement du 16 novembre 1912 pour la vente des comestibles et des boissons dans le district fédéral.
35	10e, 11e et 12e fasc. 1914.	Extraits de la loi de finances pour l'année 1913-1914, et décrets modifiant ladite loi.
36	10e, 11e et 12e fasc. 1914.	Décret du 22 mai 1914, relatif à l'équivalence de la piastre mexicaine et des monnaies des pays étrangers qui ont l'étalon d'or.

(Pour les droits de port à l'étranger, voir Marine marchande.)

MONTÉNÉGRO.

1	1er, 2e et 3e fasc. 1904.	Tarif douanier applicable depuis le 1er janvier 1904.
2	8e, 9e et 10e fasc. 1905.	Tarif douanier entré en vigueur le 14 janvier 1905.
3	10e, 11e et 12e fasc. 1914.	Loi du 28 mars 1914 sur les monopoles.

MOSSAMEDES.

(Voir Colonies portugaises d'Afrique.)

MOZAMBIQUE.

(Voir Colonies portugaises d'Afrique et, pour les droits de port, voir Marine marchande.)

NATAL.

(Voir Colonies anglaises d'Afrique et, pour les droits de port, voir Marine marchande.)

NICARAGUA.

(Voir Amérique centrale.)

NIGER.

(Voir Colonies anglaises d'Afrique.)

NORVÈGE.

(Voir Suède et Norvège pour les documents antérieurs à 1905 et, pour les droits de port à l'étranger, voir Marine marchande.)

1	1er, 2e et 3e fasc. 1906.	Tarif général des douanes du 8/11 août 1905.
2	1er, 2e et 3e fasc. 1908.	Loi du 16 juillet 1907 sur les opérations commerciales.
3	1er, 2e et 3e fasc. 1908.	Loi du 17 mai 1904, sur la vente et le débit des eaux-de-vie, de la bière, du vin, des vins de fruits et de l'hydromel.
4	8e, 9e et 10e fasc. 1908.	Loi du 15 août 1908 relative aux droits à appliquer à la production des alcools et au maïs, au durra et au seigle employés à la production de l'alcool.
5	1er, 2e et 3e fasc. 1915.	Décisions prohibant l'exportation de certains produits par suite de la guerre.

NOUVEAU-BRUNSWICK.

(Voir Colonies anglaises de l'Amérique.)

NOUVELLE-ÉCOSSE.

(Voir Colonies anglaises de l'Amérique.)

NOUVELLE-GALLES DU SUD.

(Voir Colonies anglaises en Australasie.)

NOUVELLE-GRENADE.

(Voir États-Unis de Colombie.)

NOUVELLE-GUINÉE BRITANNIQUE.

(Voir Colonies anglaises d'Australasie.)

NOUVELLE-ORLÉANS.

(Voir États-Unis de l'Amérique du Nord.)

NOUVELLE-ZÉLANDE.

(Voir Colonies anglaises en Australasie et, pour les droits de port, voir Marine marchande.)

OLDENBOURG.

1	Février 1844.	Baie de la Jahde : droit de tonnage.

(Voir Association allemande.)

ORANGE (COLONIE DU FLEUVE).

(Voir Colonies anglaises d'Afrique.)

OUEST AFRICAIN (TERRITOIRE ALLEMAND DE L')

(Voir Possessions et Pays de protectorat de l'Allemagne en Afrique.)

OUGANDA (PROTECTORAT ANGLAIS DE L')

(Voir Colonies anglaises d'Afrique.)

PAHANG (ÉTAT DE).

(Pour les Conventions internationales, voir 3e partie.)

PANAMA (ISTHME DE).

(Voir États-Unis de Colombie pour les documents antérieurs à 1903.)

PANAMA (RÉPUBLIQUE DE).

1	1er, 2e et 3e fasc. 1904.	Décret du 24 décembre 1903 sur les droits d'exportation.
2	8e, 9e et 10e fasc. 1904.	Loi du 24 mars 1904, sur le régime des articles et outillages d'imprimerie.
3	8e, 9e et 10e fasc. 1904.	Circulaire ministérielle du 21 janvier 1904 et la loi du 18 avril 1904, sur les droits consulaires.
4	8e, 9e et 10e fasc. 1904.	Loi du 11 juin 1904, sur l'immigration en général.
5	8e, 9e et 10e fasc. 1904.	Loi de finances du 5 juillet 1904, établissant des droits d'importation, de navigation, d'exportation, consulaires, etc.
6	8e, 9e et 10e fasc. 1904.	Loi fixant l'unité monétaire à partir du 1er septembre 1904.
7	1er, 2e et 3e fasc. 1907.	Loi du 26 janvier 1907, portant modification de la loi de finances du 5 juillet 1904.

8	8e, 9e et 10e fasc. 1907.	Décret du 2 juillet 1907 relatif aux factures consulaires et à l'établissement de droits sur les vins mousseux, cidres et bières.
9	1er, 2e et 3e fasc. 1908.	Tarif consulaire au 1er février 1908.
10	1er et 2e fasc. 1909.	Loi du 3 décembre 1908 relative à l'importation du bétail.
11	1er et 2e fasc. 1909.	Loi du 26 décembre 1908 exemptant de toute taxe douanière un certain nombre d'articles.
12	1er et 2e fasc. 1909.	Loi du 8 janvier 1909 relative au remboursement des droits d'importation en cas de perte ou de dommage et au visa des factures consulaires, suivie d'un règlement d'application.
13	1er et 2e fasc. 1909.	Extraits d'une loi du 16 février 1909 sur la réexportation des marchandises.
14	1er et 2e fasc. 1909.	Loi du 16 février 1909 sur la production et la consommation de liqueurs.
15	1er et 2e fasc. 1909.	Décret du 16 avril 1909 sur les formalités consulaires pour l'expédition des marchandises dans la République de Panama.
16	1er et 2e fasc. 1910.	Décret du 10 novembre 1909 relatif aux factures consulaires et aux vins mousseux inférieurs au champagne.
17	10e fasc. 1911.	Loi du 11 janvier 1911 apportant des modifications à la loi douanière en vigueur et décret du 1er juin 1911 augmentant les droits *ad valorem* d'importation.
18	10e fasc. 1911.	Décret du 13 juillet 1911 relatif aux colis postaux et échantillons de commerce.
19	3e fasc. 1912.	Loi du 11 janvier 1911 complétant et réformant des lois n°s 88 de 1904, 48 de 1908 et 32 de 1909, modifications à la loi douanière en vigueur.
20	4e, 5e, 6e, 7e, 8e et 9e fasc. 1914.	Loi du 5 novembre 1912 exonérant de l'impôt commercial les machines et instruments agricoles.
21	4e, 5e, 6e, 7e, 8e et 9e fasc. 1914.	Loi du 19 janvier 1911 sur la production et la consommation des alcools, suivie d'un décret d'application en date du 6 juin 1911.
22	8e, 9e et 10e fasc. 1915.	Loi du 21 janvier 1915 établissant des droits de consommation intérieure sur certains articles.

(Pour les droits de port, voir Marine marchande.)

PANAMA (ZONE DU CANAL DE).

1	8e, 9e et 10e fasc. 1904.	Arrêté du 24 juin 1904, relative au régime douanier de la zone du canal.

PARAGUAY.

1	3e fasc. 1884.	Loi-tarif des douanes du 28 septembre 1883.
2	9e fasc. 1892.	Tarif des douanes mis à jour au 20 mai 1892.
3	1er et 2e fasc. 1910.	Extrait du règlement des douanes du Paraguay concernant la vente et le transfert ou le rembarquement des marchandises en douane.
4	10e fasc. 1911.	Loi du 1er juin 1911 établissant de nouvelles taxes.
5	4e, 5e, 6e, 7e, 8e et 9e fasc. 1914.	Loi du 26 décembre 1912 fixant les droits qui frappent à l'exportation le tanin et le bois de quebracho. Loi du 4 janvier 1913 relative à l'exportation des bovidés.

PAYS-BAS.

1	Mars 1843.	Navigation de l'Escaut au Rhin : application du traitement des navires néerlandais à tous les bâtiments des puissances riveraines du Rhin.
2	Septembre 1843.	Douanes : droits de transit.
3	Avril 1845.	Douanes : transit; modification des droits. — Monnaie de cuivre étrangère : circulation prohibée.
4	Janvier et février 1846.	Douanes et navigation du Rhin. — Douanes : réduction des droits d'entrée sur les pommes de terre, grains, menus grains et farines; surtaxes à l'entrée sur diverses marchandises; augmentation des droits de sortie sur les grains, menus grains, pommes de terre et farines. — Navigation du Rhin : modifications à la convention de 1831.
5	Mai et juin 1846.	Navigation intérieure : Rhin et autres rivières néerlandaises; bâtiments français exempts de droits. — Bâtiments à vapeur : police de leur mouvement dans les eaux intérieures.
6	Juillet et août 1846.	Douanes et traité. — Douanes : marchandises diverses importées de Belgique, et grains, menus grains et farines exportés pour la Belgique; surtaxe. — Traité de commerce et de navigation avec la Belgique.
7	Septembre et octobre 1846.	Accise et traité. — Accise : sucre; règlement général. — Traité de commerce et de navigation avec la Belgique : promulgation ; exécution.
8	Mai et juin 1849.	Douanes, accise, navigation et traité. — Douanes : loi-tarif du 19 juin 1845 et supplément à ladite loi jusqu'en décembre 1848. — Accise : droit principal, centièmes additionnels et timbre collectif. — Navigation : navigation maritime, droits de tonnage, de phare, de pilotage et de port; navigation fluviale : Rhin néerlandais, Meuse, Escaut et eaux intermédiaires entre l'Escaut et le Rhin. — Traité avec la France : promulgation et exécution.
9	Août 1851.	Navigation et douanes. — Lois A, B et C du 8 août 1850 sur la navigation marchande et arrêtés royaux pour l'exécution des trois lois qui précèdent; droits de phare, de bouée et de balise : modifications; suppression, dans le royaume, des droits différentiels et modifications au tarif des droits : suspension des droits sur la navigation fluviale; suppression du droit de transit.
10	Mai 1852.	Navigation : réduction des droits de pilotage.
11	Mars 1854.	Douanes : viande, instruments aratoires, grains, etc.; modifications des droits d'entrée.
12	Mai 1855.	Douanes, accise et navigation. — Douanes : loi du 1er septembre 1854 avec les arrêtés d'exécution; grains : régime temporaire, classement des articles non dénommés au tarif. — Accise : sucre; règlement complémentaire. — Navigation : puissances admises, dans le Royaume et dans les possessions d'outre-mer, au traitement du pavillon national.
13	Juin 1856.	Accise et navigation. — Accise : sucre; élévation du produit minimum de l'accise; réduction du drawback alloué aux raffineurs. — Navigation : suppression du droit de tonnage; règlement pour le jaugeage des navires de mer.
14	Septembre 1856.	Douanes : loi-tarif du 19 juin 1845, mise au courant jusqu'en 1856, et supplément à ladite loi.

15	Juillet 1858.	Douanes et navigation : importation et exportation; navigation sur le canal de Terneuzen et celui de Maëstricht à Bois-le-Duc; maintien du régime existant; modifications au régime du poisson; interprétation du tarif et classement d'articles non dénommés.
16	Septembre 1861.	Douanes : modifications au régime du transit.
17	Avril 1863.	Douanes : loi-tarif du 15 août 1862.
18	Août 1863.	Douanes : application et interprétation de la loi-tarif du 15 août 1862.
19	Juillet 1864.	Douanes, accise et traité : modifications au régime d'accise et de douane; arrangement du 1er février avec la France.
20	Février 1870.	Loi sur les lettres de mer.
21	Septembre 1872.	Douanes et accise : sucre et produits distillés; modifications au régime d'accise et de douane.
22	Juillet 1877.	Douanes : modifications à la loi-tarif du 15 août 1862.
23	Août 1877.	Accise : produits distillés indigènes et étrangers; augmentation du droit d'accise.
24	Novembre 1877.	Douanes : régime à l'importation de certains produits à base d'alcool; arrêté royal du 17 mai 1877.
25	Juillet 1878.	Douanes et accise : loi-tarif du 15 août 1862, avec les modifications qui y ont été apportées jusqu'au 1er juillet 1877.
26	Août 1879.	Navigation : tarif des droits de quai à Feyenoord-les-Rotterdam.
27	Janvier 1881.	Accise : sucre; modifications au régime d'accise.
28	8e fasc. 1895.	Douanes : nouvelles mesures sur la perception des droits d'entrée *ad valorem*.
29	3e fasc. 1901.	Tarif douanier mis à jour jusqu'au 1er janvier 1901 et tableau des droits d'accise.
30	7e fasc. 1901.	Loi du 9 juillet 1900, pour prévenir les fraudes dans le commerce du beurre.
31	8e, 9e et 10e fasc. 1908.	Loi du 9 juillet 1900 pour réprimer les fraudes dans le commerce des beurres, modifiée et complétée par la loi du 11 juillet 1908.
32	11e et 12e fasc. 1908.	Loi du 16 juillet 1907 relative à l'examen des viandes destinées à l'exportation.
33	11e et 12e fasc. 1909.	Loi du 4 décembre 1909 majorant l'accise sur les boissons distillées.
34	7e, 8e et 9e fasc. 1910.	Loi du 15 juillet 1910 portant des dispositions ultérieures sur l'accise sur le vin.
35	1er, 2e et 3e fasc. 1915.	Extrait de la loi du 13 juilet 1914, relative au droit d'accise sur les vins.
36	1er, 2e et 3e fasc. 1915.	Décisions prohibant l'exportation de certains produits par suite de la guerre.

(Pour les droits de port à l'étranger, voir MARINE MARCHANDE.)

PÉROU.

1	Juin 1843.	Douanes : produits d'Europe affranchis de la formalité des certificats d'origine; commerce avec l'Asie; monopole de ce commerce et admission temporaire des négociants étrangers à son exploitation.
2	Nov. et déc. 1843.	Importation : grains et farines; sacs; produits de l'Asie. — Exportation : cacao et café.
3	Mai et juin 1844.	Industrie intérieure : création de chantiers pour constructions navales.

4	Juillet et août 1846.	Douanes : modifications au Règlement général de 1840.
5	Décembre 1855.	Douanes : tarif du 1er mai 1855; ouverture du port d'Iquique; affranchissement de l'argent en pâte; expédition des navires allant prendre des chargements de guano.
6	Décembre 1863.	Douanes : règlement en matière de guano. — Navigation : abolition d'une taxe sur le pavillon français. — Monnaies : loi y relative.
7	3e fasc. 1889.	Tarif des douanes du 25 octobre 1886, mis à jour au 31 décembre 1888.
8	10e fasc. 1902.	Tarif des douanes du 25 octobre 1886, mis à jour au 1er septembre 1902.
9	8e, 9e et 10e fasc. 1904.	Loi du 10 mars 1904, sur le régime des alcools et boissons alcooliques.
10	8e et 9e fasc. 1911.	Loi douanière et tarif des douanes du 18 mars 1910.
11	4e, 5e, 6e, 7e, 8e et 9e fasc. 1914.	Décret du 9 mai 1913 modifiant les tarifs pour les marchandises en transit.

(Pour les droits de port à l'étranger, voir Marine marchande.)

PERSE.

1	6e fasc. 1900.	Loi du 1er janvier 1900 concernant des prohibitions d'importation et d'exportation.
2	8e fasc. 1901.	Loi du 12 zilhaljeh 1318 (2 avril 1901) portant suppression des douanes intérieures.
3	8e fasc. 1903.	Loi douanière et tarif général des douanes du 26/8 février 1903.
4	1er, 2e et 3e fasc. 1905.	Règlement légal des douanes persanes.

PHILIPPINES (ÎLES).

(Voir Îles Philippines.)

PORTO-RICO.

(Voir Indes Occidentales espagnoles et Possessions des États-Unis en Amérique.)

PORTUGAL.

1	Juillet 1844.	Douanes et navigation : règlements et tarifs.
2	Janvier 1845.	Douanes et impôts intérieurs : huile de suif, filaments végétaux et fer. — Vin (subside littéraire) et sel (consommation).
3	Mars et avril 1848.	Douanes, navigation et monnaies. — Douanes : modifications apportées en 1845, 1846 et 1847 au tarif de 1841. — Monnaies étrangères admises dans la circulation intérieure et billets de la Banque de Lisbonne reçus en payement des droits de douane.
4	Février 1857.	Émigration : loi du 4 août 1855.
5	Janvier 1862.	Douanes : loi et tarif du 14 février 1861.
6	Mai 1867.	Douanes et navigation : tarif du 18 décembre 1861 mis au courant jusqu'au 31 décembre 1866; régime des céréales et des tabacs; facilités nouvelles à l'entrepôt. — Madère : régime temporaire de l'importation des sucres, miel et mélado. — Navigation : droits de tonnage.
7	Décembre 1867.	Douanes et traités : tarif général; modifications, traité de commerce et de navigation conclu entre le Portugal et la France, le 11 juillet 1866.

8	Septembre 1871.	Douanes : tarif général; modifications. — Navigation : nouveaux droits de tonnage et de santé. — Poids et mesures : adoption du système métrique.
9	Septembre 1872.	Douanes : modifications au tarif général en 1871 et en mai 1872.
10	Août 1873.	Douanes : tarif général; droits d'importation et d'exportation; taxes additionnelles; régimes spéciaux; chanvre peigné, chapeaux d'homme, marbre, papier d'emballage; pierres ouvrées, de France; nouveaux droits d'importation; marchandises en entrepôt; franchises spéciales à la réexportation.
11	Décembre 1874.	Douanes : tarif général; modifications. — Navigation : droits de tonnage, de chargement et de déchargement et droits de lazaret; application et modifications; traité avec la France; application.
12	Décembre 1876.	Douanes : tarif général; modifications.
13	Juin 1879.	Douanes : céréales et tabac; régime à l'importation.
14	Juillet 1880,	Douanes et navigation. — Douanes : tarif général; additions et modifications; tarif conventionnel de 1866 avec la France; application à d'autres pays; suppression des certificats d'origine. — Navigation : droits de tonnage; application de la loi du 17 décembre 1870.
15	Mai 1881.	Douanes : tarif général; modifications.
16	Novembre 1881.	Douanes : tarif général; modifications.
17	9ᵉ fasc. 1882.	Douanes : modifications au tarif général et généralisation des tarifs conventionnels, annexés au traité de commerce et de navigation et à la convention additionnelle conclus avec la France les 19 décembre 1881 et 6 mai 1882. — Traités de commerce et de navigation : approbation du traité du 19 décembre 1881 et de la convention additionnelle du 6 mai 1882 avec la France.
18	9ᵉ fasc. 1885.	Tarif général des douanes du 6 juillet 1882, modifié par les lois des 6 juin 1884 et 22 juillet 1885 : tarif conventionnel des 19 décembre 1881 et 6 mai 1882.
19	9ᵉ fasc. 1886.	Tarif général des douanes du 6 juillet 1882, modifié par les lois des 6 juin 1884, 22 juillet et 17 septembre 1885.
20	12ᵉ fasc. 1887.	Tarif général des douanes du 22 septembre 1887.
21	9ᵉ fasc. 1889.	Douanes : répertoire du tarif du 22 septembre 1887.
22	1ᵉʳ fasc. 1891.	Loi du 16 septembre 1890 sur les droits de navigation (droits de chargement).
23	1ᵉʳ fasc. 1891.	Douanes : primes à la navigation; loi du 15 septembre 1890.
24	2ᵉ fasc. 1892.	Tarif général des douanes du 24 décembre 1891, entré en vigueur le 1ᵉʳ février 1892.
25	12ᵉ fasc. 1892.	Douanes : loi du 10 mai 1892; tarif général du 17 juin 1892; loi du 12 avril 1892 sur le régime des alcools; répertoire.
26	2ᵉ fasc. 1894.	Régime des alcools; loi du 21 juillet 1893.
27	9ᵉ fasc. 1901.	Décret du 14 juin 1901 sur la production et le commerce des vins et des alcools.
28	1ᵉʳ, 2ᵉ et 3ᵉ fasc. 1905.	Décret du 14 janvier 1905 sur l'industrie vinicole.
29	8ᵉ, 9ᵉ et 10ᵉ fasc. 1906.	Décret du 29 août 1906 sur les règles à appliquer en cas de classification douteuse des marchandises.
30	8ᵉ, 9ᵉ et 10ᵉ fasc. 1907.	Décret du 10 mai 1907 sur la production, la vente, l'exportation et la surveillance des vins portugais.

31	11ᵉ et 12ᵉ fasc. 1909.	Décret du 28 octobre 1909 déclarant libre le trafic des blés et farines entre le Portugal et les Açores.
32	1ᵉʳ et 2ᵉ fasc. 1910.	I. Loi vinicole du 18 septembre 1908; — II. Règlement du 27 novembre 1908 pour le commerce des eaux-de-vie et alcools; — III. Règlement du 28 novembre 1908 pour le fonctionnement de la société vinicole portugaise; — IV. Règlement du 27 novembre 1908 pour le commerce des vins portugais; — V. Règlement du 11 mars 1909 pour le commerce des vins de Madère.
33	7ᵉ, 8ᵉ et 9ᵉ fasc. 1910.	Décret du 30 juin 1910 relatif à l'application de la loi sur les surtaxes.
34	4ᵉ et 5ᵉ fasc. 1911.	Décret du 3 novembre 1910 réglant la réimportation en franchise des fûts destinés à l'exportation des vins.
35	4ᵉ et 5ᵉ fasc. 1911.	Décret du 27 décembre 1910 exemptant de droits d'importation la viande conservée par le froid et réduisant son impôt de consommation.
36	10ᵉ fasc. 1911.	Loi du 4 août 1911 relative au régime de la minoterie pendant ladite année.
37	3ᵉ fasc. 1912.	Extrait du 23 mai 1911 portant élévation du droit d'exportation sur les bois bruts.
38	3ᵉ fasc. 1912.	Règlement du 26 mai 1911, relatif à la liquidation, à l'assiette et au recouvrement de l'impôt sur les spécialités pharmaceutiques, les remèdes secrets privilégiés et les eaux minérales médicinales étrangères.
39	4ᵉ, 5ᵉ, 6ᵉ, 7ᵉ, 8ᵉ et 9ᵉ fasc. 1914.	Loi du 29 juin 1913 sur les spécialités pharmaceutiques.
40	1ᵉʳ, 2ᵉ et 3ᵉ fasc. 1915.	Décisions prohibant l'exportation de certains produits par suite de la guerre.
41	8ᵉ, 9ᵉ et 10ᵉ fasc. 1915.	Décret établissant une zone franche à Lisbonne.

(Pour les droits de port à l'étranger, voir MARINE MARCHANDE.)

POSSESSIONS ET PAYS DE PROTECTORAT DE L'ALLEMAGNE EN AFRIQUE.

1	11ᵉ fasc. 1898.	TERRITOIRE ALLEMAND DE L'OUEST AFRICAIN. — Règlement et tarifs douaniers.
2	12ᵉ fasc. 1899.	CAMEROUN. — Tarif des douanes (ordonnance du 1ᵉʳ novembre 1898).
3	12ᵉ fasc. 1899.	PROTECTORAT ALLEMAND DE L'AFRIQUE ORIENTALE. — Ordonnance douanière de 1899.
4	1ᵉʳ, 2ᵉ et 3ᵉ fasc. 1904.	TERRITOIRE ALLEMAND DU SUD-OUEST DE L'AFRIQUE. — Règlement et tarif douanier du 31 janvier 1903 du protectorat allemand du Sud-Ouest de l'Afrique.
5	4ᵉ, 5ᵉ, 6ᵉ, 7ᵉ, 8ᵉ et 9ᵉ fasc. 1914.	CAMEROUN. — Ordonnance du 14 mai 1912 portant élévation des droits sur les spiritueux.

POSSESSIONS ALLEMANDES D'ASIE.

1	12ᵉ fasc. 1899.	TERRITOIRE DE KIAUTSCHOU. — Dispositions douanières provisoires.

POSSESSIONS ALLEMANDES D'OCÉANIE.

1	12ᵉ fasc. 1899.	Territoire de l'Empereur-Guillaume et archipel Bismarck. == Ordonnance du 1ᵉʳ octobre 1888.
2	12ᵉ fasc. 1899.	Îles Marshall. == Ordonnance concernant le prélèvement d'un droit de patente.

POSSESSIONS ANGLAISES DE LA MÉDITERRANÉE.

1	Mars 1872.	Malte. == Douanes et navigation : règlement général des douanes; tarif des droits d'importation et de magasinage; droits de tonnage et de port,
2	Juillet 1879.	Chypre. == Douanes : Nouveau régime à l'importation et à l'exportation.
3	6ᵉ fasc. 1885.	Malte. == Tarif des douanes de 1885.
4	10ᵉ fasc. 1885.	Gibraltar. == Tarif des douanes de 1885.
5	4ᵉ fasc. 1888.	Gibraltar. == Tarif des douanes de 1887.
6	12ᵉ fasc. 1888.	Chypre. == Tarif des douanes mis à jour jusqu'au 1ᵉʳ octobre 1888.
7	11ᵉ et 12ᵉ fasc. 1891 et 1ᵉʳ fasc. 1892.	Chypre. == Loi du 8 juin 1891, pour régler l'importation des armes à feu.
8	2ᵉ fasc. 1894.	Chypre. == Tarif des douanes du 12 août 1893.
9	1ᵉʳ fasc. 1896.	Gibraltar. == Tarif des douanes mis à jour en 1895.
10	10ᵉ fasc. 1896.	Malte. == Tarif des douanes mis à jour en 1895.
11	12ᵉ fasc. 1899.	Chypre. == Tarif des douanes du 28 août 1899.

(Pour les droits de port, voir Marine marchande.)

POSSESSIONS DES ÉTATS-UNIS EN AMÉRIQUE.

1	5ᵉ fasc. 1900,	Porto-Rico. == Loi douanière du 12 avril 1900.

POSSESSIONS DES ÉTATS-UNIS EN OCÉANIE.

(Pour les documents antérieurs, voir Îles Philippines.)

9	10ᵉ fasc. 1910.	Îles Philippines. == Tarif des douanes du 5 août 1909.

PRINCE (ÎLE DU).

(Voir Colonies portugaises d'Afrique.)

PRINCE-ÉDOUARD (ÎLES DU).

(Voir Colonies anglaises d'Amérique.)

QUEENSLAND.

(Voir Colonies anglaises d'Australasie.)

RÉPUBLIQUE ARGENTINE.

1	Juillet 1843.	Buenos-Ayres. == Douanes : réexportation de l'or et de l'argent.
2	Mars 1844.	Buenos-Ayres. == Douanes : importation; levée de quelques prohibitions. — Exportation : Prohibition de quelques articles.
3	Juillet et août 1846.	Buenos-Ayres. == Douanes et navigation : entrepôt accordé aux produits étrangers; augmentation du droit de tonnage.
4	Mars 1857.	Buenos-Ayres. == Douanes, régime général : loi de douane pour 1857; douane de Saint-Nicolas de Los Arroyos; manifestes. — Régimes spéciaux : ports francs de Bahia-Blanca et d'El-Carmen. — Navigation : assimilation du pavillon étranger au pavillon national, règlement de la navigation du Parana; police de la navigation. — Immigration : loi y relative.
5	Janvier 1858.	Buenos-Ayres. == Douanes : loi pour 1858. — Navigation : droits de tonnage et de patente de cabotage; abolition. — Immigration : règlements y relatifs. — Monnaies : cours officiel des monnaies étrangères.
6	Février 1858.	Douanes : statut de 1853; ports ouverts au commerce; modifications au régime de l'importation; droits différentiels à l'importation; modifications au régime de l'entrepôt et du magasinage, etc.; règlements de la douane et du port de Rosario; régime du commerce par la rivière Bermejo. — Navigation : exemption provisoire; police des bâtiments de commerce. — Traités : traité avec Buenos-Ayres. — Monnaies : fixation du cours des monnaies étrangères.
7	Octobre 1858.	Buenos-Ayres. == Douanes : loi pour 1858. — Navigation : droits de tonnage et de patente de cabotage, abolition. — Monnaies : cours officiel des monnaies étrangères.
8	Décembre 1858.	Douanes : droits différentiels à l'exportation.
9	Janvier 1859.	Buenos-Ayres. — Douanes : loi pour 1859.
10	Octobre 1859.	Douanes : exception au régime des droits différentiels.
11	Avril 1860.	Douanes et navigation : abolition des droits différentiels de pavillon; loi de douane pour 1860 pour la province de Buenos-Ayres.
12	Janvier 1861.	Douanes : nouvelle loi et décret d'exécution. — Monnaies : fixation du cours des monnaies étrangères.
13	Janvier 1861.	Buenos-Ayres. == Douanes : loi pour 1861.
14	Avril 1861.	Douanes : suppression de la ligne de douane entre la province de Buenos-Ayres et la Confédération argentine.
15	Novembre 1862.	Douanes : nouvelle loi.
16	Septembre 1863.	Navigation : police des ports. — Commerce : droits consulaires; réorganisation du tribunal de commerce.
17	Mai 1864.	Douanes : nouvelle loi-tarif. — Charbon de terre : exemption des droits de transbordement.
18	Mars 1866.	Douanes : nouvelle loi-tarif. — Navigation : certificats consulaires. — Poids et mesures : adoption du système métrique.
19	Février 1867.	Douanes et monnaies : loi-tarif pour 1867; droits additionnels à l'importation et à l'exportation.
20	Septembre 1868.	Douanes : loi-tarif pour 1868. — Timbre : loi sur le papier timbré.
21	Juillet 1869.	Douanes : loi-tarif pour 1869; timbre-loi sur le papier timbré.

22	Février 1870.	Douanes : loi-tarif pour 1870.
23	Juillet 1870.	Navigation : port de Buenos-Ayres; nouveau règlement de pilotage.
24	Janvier 1872.	Douanes : loi-tarif pour 1872.
25	Mars 1873.	Douanes : loi-tarif pour 1873.
26	Mars 1874.	Douanes : loi-tarif pour 1874.
27	Février 1876.	Douanes : loi-tarif pour 1876.
28	Août 1876.	Navigation et timbre : droits de quai et de phares; loi sur le papier timbré.
29	Mars 1877.	Douanes et navigation : loi-tarif pour 1877; mode de payement des droits de phares et de balises.
30	Mars 1878.	Douanes : loi-tarif pour 1878.
31	Juin 1880.	Douanes et navigation : loi-tarif pour 1880 et nouveaux droits de phares, de quai et de visite sanitaire.
32	3ᵉ fasc. 1885.	Tarif des douanes du 7 octobre 1884, applicable en 1885.
33	3ᵉ fasc. 1888.	Tarif des douanes du 17 novembre 1887, applicable en 1888.
34	7ᵉ fasc. 1890.	Tarif des douanes du 9 novembre 1889, applicable en 1890.
35	1ᵉʳ fasc. 1891.	Tarif des douanes pour 1891.
36	6ᵉ fasc. 1891.	Loi de douane du 26 janvier 1891.
37	7ᵉ fasc. 1891.	Navigation dans le port de Buenos-Ayres : tarifs et règlements.
38	6ᵉ fasc. 1892.	Tarif des douanes pour l'année 1892.
39	5ᵉ fasc. 1893.	Tarif des douanes pour l'année 1893.
40	7ᵉ fasc. 1894.	Tarif de 1894.
41	4ᵉ fasc. 1895.	Tarif des douanes pour l'année 1895.
42	11ᵉ fasc. 1895.	Buenos-Ayres. — Droits de port; loi du 2 octobre 1894.
43	5ᵉ fasc. 1896.	Tarif des douanes pour l'année 1896.
44	5ᵉ fasc. 1897.	Tarif des douanes pour 1897.
45	2ᵉ fasc. 1899.	Tarif des douanes pour 1899.
46	8ᵉ fasc. 1903.	Loi du 30 décembre 1892 prohibant l'emploi de la saccharine dans la préparation des produits alimentaires.
47	8ᵉ, 9ᵉ et 10ᵉ fasc. 1904.	Loi du 23 janvier 1904, sur le régime des sucres.
48	8ᵉ, 9ᵉ et 10ᵉ fasc. 1904.	Loi sur l'élaboration et la classification des vins, approuvée le 18 août 1904.
49	1ᵉʳ, 2ᵉ et 3ᵉ fasc. 1905.	Décret du 21 décembre 1904 réglementant l'application de la loi sur l'élaboration et la classification des vins.
50	8ᵉ, 9ᵉ et 10ᵉ fasc. 1905.	Nouveau tarif des droits de consommation internes applicables aux tabacs importés.
51	1ᵉʳ, 2ᵉ et 3ᵉ fasc. 1906.	Tarif des douanes du 11 décembre 1905.
52	8ᵉ, 9ᵉ et 10ᵉ fasc. 1907.	Décret réglementant le fonctionnement du tribunal de douane.
53	8ᵉ, 9ᵉ et 10ᵉ fasc. 1908.	Circulaire du Ministre de l'Agriculture de la République française, relative aux certificats à joindre à tous les produits d'origine animale importés dans la République argentine.
54	1ᵉʳ et 2ᵉ fasc. 1910.	Loi créant un impôt interne sur les produits de la parfumerie, suivie d'un décret réglementaire et d'une note administrative.
55	1ᵉʳ et 2ᵉ fasc. 1910.	Décret du 28 octobre 1909 relatif à la réfaction accordée pour les fûts de vins provenant des ports situés au delà de l'Équateur et ayant coulé pendant le voyage.
56	3ᵉ fasc. 1912.	Décret du 10 décembre 1910 réglementant l'importation et la vente des produits pharmaceutiques.

57	4ᵉ, 5ᵉ, 6ᵉ, 7ᵉ 8ᵉ et 9ᵉ fasc. 1914.	Loi du 21 février 1912 sur les droits d'importation frappant les sucres étrangers.
58	10ᵉ, 11ᵉ et 12ᵉ fasc. 1914.	Loi du 9 janvier 1914 relative aux impôts sur les produits de la parfumerie, les spécialités pharmaceutiques et les eaux minérales.
59	1ᵉʳ, 2ᵉ et 3ᵉ fasc. 1915.	Loi du 9 janvier 1914 relative à l'impôt sur les boissons alcooliques, et décret du 15 avril 1914, réglementant ladite loi.
60	8ᵉ, 9ᵉ et 10ᵉ fasc. 1915.	Loi relative aux droits du revenu intérieur (1915).

(Pour les droits de port à l'étranger, voir Marine marchande.)

RÉPUBLIQUE DE COLOMBIE.

(Voir États-Unis de Colombie.)

RÉPUBLIQUE DOMINICAINE.

1	Septembre 1844.	Douanes, navigation, importation, etc. : suppression des droits additionnels sur des bâtiments de certaines nations étrangères.
2	Février et mars 1845.	Douanes et navigation : droits d'importation, d'exportation, de navigation ; modification au payement du droit de tonnage.
3	Juin 1857.	Douanes et navigation : loi sur le commerce maritime ; loi sur les tarifs d'importation et d'exportation.
4	Décembre 1860.	Douanes et navigation : régime du commerce maritime.
5	10ᵉ fasc. 1890.	Tarif des douanes de 1883, mis à jour en 1890.
6	3ᵉ fasc. 1911.	Tarif des douanes du 23 novembre 1909.
7	4ᵉ et 5ᵉ fasc. 1911.	Extraits de la loi du 2 juillet 1910 sur les droits de timbre.
8	6ᵉ et 7ᵉ fasc. 1912.	Tarif de frais des visas consulaires pour les manifestes et les factures.

RÉPUBLIQUE SUD-AFRICAINE (TRANSVAAL).

1	12ᵉ fasc. 1884.	Tarif des douanes de 1884.
2	10ᵉ fasc. 1886.	Tarif des douanes de 1886 et règlement des douanes du 23 mai 1882.
3	7ᵉ fasc. 1888.	Tarif des douanes du 22 août 1887.
4	1ᵉʳ fasc. 1889.	Tarif des douanes du 14 juin 1888.
5	10ᵉ fasc. 1891.	Tarif des douanes du 7 juin 1890.
6	12ᵉ fasc. 1892.	Tarif des douanes du 22 août 1892, mis en vigueur le 1ᵉʳ octobre 1892.
7	2ᵉ fasc. 1895.	Tarif des douanes du 2 juillet 1894, mis en vigueur le 15 juillet 1894.

(Voir Colonies anglaises d'Afrique.)

ROUMANIE.

1	Mars 1844.	VALACHIE. — Douanes : importation de l'étranger ; importation et exportation avec la Turquie.
2	Avril 1874.	VALACHIE. — Navigation : droits de port.
3	Septembre 1877.	Douanes : loi générale des douanes.
4	Octobre 1877.	Douanes : tarif général d'entrée et de sortie du 16 mars 1876.
5	Décembre 1877.	*Conventions internationales.* — Convention commerciale entre la Roumanie et l'Autriche-Hongrie du 22 juin 1875.
6	7e et 8e fasc. 1887.	Tarif des douanes du 17/29 mai 1886, et instructions relatives à l'importation et à la vente des médicaments (Ordonnance du 22 décembre/3 janvier 1887).
7	5e fasc. 1892.	Tarif général des douanes du 25 juin/7 juillet 1891.
8	2e fasc. 1899.	Réglement pour l'application des lois relatives à l'établissement et à la perception des droits de quai.
9	8e fasc. 1903.	Loi du 28 février/13 mars 1903 pour la suppression des octrois et la création d'un fonds communal.
10	1er, 2e et 3e fasc. 1906.	Loi pour la fixation de la taxe aux marchandises tarifées au poids.
11	8e, 9e et 10e fasc. 1906.	Réglement concernant les renseignements officiels sur les questions relatives au tarif douanier.
12	8e, 9e et 10e fasc. 1906.	Loi du 13 février 1906 pour l'institution d'un contrôle sur les objets fabriqués avec des métaux précieux.
13	8e, 9e et 10e fasc. 1908.	Loi du 6/7 mars 1908 sur le monopole de la vente des boissons spiritueuses dans les communes rurales et mesures contre l'ivresse.
14	8e, 9e et 10e fasc. 1908.	Loi du 12/25 avril 1908 pour la répartition de la consommation totale du pétrole lampant entre les raffineries du pays.
15	1er et 2e fasc. 1909.	Décret concernant les erreurs commises dans le calcul des droits de douane ou dans la taxation.
16	1er, 2e et 3e fasc. 1915.	Décisions prohibant l'exportation de certains produits par suite de la guerre.

RUSSIE.

1	Février 1843.	Douanes : droits d'importation, modifications.
2	Mars 1843.	Établissement d'entrepôts.
3	Mai 1843.	Douanes : modifications au tarif.
4	Août 1843.	Douanes : droits d'importation sur les bas-reliefs en plâtre et les portecrayons.
5	Septembre 1843.	Douanes : droits d'importation. — Additions au tarif.
6	Nov. et déc. 1843.	Douanes : connaissements, bâtiments en charge; sel (Hapsal).
7	Février 1844.	Douanes : importation; grains; crayons; sélénite. — Berdiansk : exportations.
8	Mars 1844.	Douanes : importation; réduction du droit sur la garancine. — Taganrog : délai pour le payement des droits.

9	Mai et juin 1844.	Importation et exportation : chevaux; planches d'acier; marchandises non prohibées à l'exportation; opium.
10	Août 1844.	Douanes et navigation : importation; hareng de Hollande et tissus de soie; remorquage des bâtiments de commerce de Constantinople à Odessa.
11	Septembre 1844.	Douanes : tarif d'Europe; régime de l'importation des allumettes chimiques, du hareng de Hollande, de l'exportation des semences oléagineuses; tarif d'Asie, maintien, pour le Kamtschatka, de la franchise du commerce avec l'étranger.
12	Octobre 1844.	Douanes : Réni (Danube) déclaré douane de 1re classe; police intérieure du commerce; triage du chanvre et du suif à Saint-Pétersbourg.
13	Juin et juillet 1845.	Douanes : tarif d'entrée et de sortie, modifications; tares. — Douane de Berdiansk déclarée de 2e classe.
14	Sept. et oct. 1845.	Douanes et navigation : commerce avec l'Europe; droits différentiels et cabotage; grains et farineux alimentaires; sucre: tare; commerce avec l'Asie; modifications au tarif de Kiachta.
15	Juillet et août 1846.	Droits différentiels (Europe) : suspension, en faveur des bâtiments français, des surtaxes de juin 1845.
16	Sept. et oct. 1847.	Commerce et navigation : relations avec la France; exécution du traité de 1846.
17	Juillet 1850.	Douanes : commerce avec l'Asie; Kamtschatka; franchises du commerce étranger maintenues.
18	Novembre 1850.	Douanes et traités. — Douane : eau-de-vie, mode d'importation. — Traités de commerce et de navigation : relations avec la France; transport direct de France en Russie et dispense de certificats d'origine pour les produits français.
19	Juillet 1854.	Douanes : tarif général de l'empire de Russie et du royaume de Pologne pour le commerce européen; supplément à ce tarif pour les années 1851-1853; règlement concernant les effets des voyageurs.
20	Novembre 1854.	Douanes : modifications au tarif général pour le commerce européen.
21	Février 1855.	Douanes : commerce avec l'Europe; droits d'importation sur les vins, vinaigres et autres spiritueux. — Commerce avec l'Asie : thés importés de Chine.
22	Septembre 1855.	Douanes : tares.
23	Octobre 1857.	Douanes : tarif général de l'empire de Russie et du royaume de Pologne pour le commerce européen et annexes à ce tarif.
24	Juin 1858.	Douanes, navigation et traités, commerce avec l'Europe. — Douanes; modifications au tarif; augmentation générale des droits; applications et interprétations du tarif; formalités; régimes spéciaux. — Navigation maritime et fluviale : conditions de la nationalité des bâtiments russes; navigation de la côte orientale de la mer Noire; navigation de la Néva. — Traités : exécution du traité du 14 juin 1857 avec la France; commerce avec l'Asie; douanes; acquittement des droits à Kiachta.
25	Septembre 1858.	Commerce avec l'Asie : douanes; règlement du transit par les provinces transcaucasiennes.
26	Février 1861.	Douanes et navigation : commerce avec l'Europe; douanes et navigation; ouverture de ports et règlements. Douanes : modifications, application et interprétation du tarif; règlement. — Navigation : jaugeage des navires; naturalisation des navires étrangers. — Commerce avec l'Asie. Douanes : exemption de certains droits pour le commerce de la Boukharie.

27	Septembre 1862.	Douanes, navigation et traités : commerce avec l'Europe et avec l'Asie. — Douanes : surtaxe à l'importation. — Commerce avec l'Europe. Douanes : modification, application et interprétation du tarif; règlements. — Navigation : cabotage, taxe de sortie et suppression de certains droits de navigation à Riga. — Traités; traitement, en Russie, des sujets du Zollverein. — Commerce avec l'Asie. Douanes : relations avec la Chine; régime du thé et commerce de Kiachta.
28	Février 1864.	Douanes et navigation. — Commerce avec l'Europe et avec l'Asie. — Douanes : régime des tissus de coton dits *biaz*, importés dans les provinces transcaucasiennes. — Commerce avec l'Europe. Douanes : payement d'un droit de 2 p. 100 sur les droits d'entrée; modifications au régime d'entrée des sucres; maintien de la prohibition d'entrée des armes; extension des droits complémentaires au thé et au sucre; franchise temporaire des parties d'instruments aratoires; régime des huiles essentielles destinées à l'éclairage; ouverture de douanes; régime des médicaments préparés; modifications aux règlements de commerce et de douane; régime de l'entrepôt. — Divers : attributions des courtiers de Bourse; sociétés anonymes; concessions aux Israélites dans la Sibérie. — Commerce avec l'Asie. Douanes et navigation : création d'un port à Nicolaïevsk; commerce avec la Chine.
29	Novembre 1864.	Douanes et navigation. — Commerce avec l'Europe. Douanes : modifications au tarif et aux règlements de douane. — Navigation : exemption des droits de navigation en cas de relâche forcée. — Commerce avec l'Asie. Douanes : transit, à travers les provinces transcaucasiennes, des marchandises à destination de la Perse.
30	Avril 1867.	Douanes, commerce avec l'Europe. — Douanes : Modifications au tarif et aux règlements de douane; régime des étrangers en Russie. — Commerce avec l'Europe et avec l'Asie. Douanes et règlements : régime des thés.
31	Janvier 1868.	Navigation : réduction des droits de navigation dans le port de Riga.
32	Septembre 1869.	Douanes : tarif général des douanes de l'empire russe et du royaume de Pologne, pour le commerce européen et annexes audit tarif; extraits des règlements douaniers et modifications auxdits règlements.
33	Octobre 1869.	Douanes et navigation : règlement et taxes applicables à la marine marchande dans les ports de Saint-Pétersbourg et de Cronstadt; création d'agences de douane dans le royaume de Pologne.
34	Juin 1870.	Douanes : tarif général des douanes pour le commerce européen; extension aux ports de la mer Noire des provinces transcaucasiennes; modifications au régime des vins de Grèce.
35	Février 1873.	Douanes : règlement pour la police douanière sur les côtes de Russie.
36	Janvier 1877.	Douanes : mode de payement des droits.
37	Janvier 1881.	Douanes : modifications au tarif général des douanes pour le commerce européen du 1er janvier 1869.
38	10e fasc. 1883.	Tarif général des douanes de l'empire de Russie et du royaume de Pologne du 1er juin 1882, mis à jour le 30 septembre 1883.

39	10e fasc. 1886.	Règlement temporaire concernant la marine marchande, du 17 août 1886, entré en vigueur le 7 juillet 1886.
40	6e fasc. 1888.	Modifications au tarif des douanes en 1887 et 1888.
41	1er fasc. 1890.	Organisation du régime douanier transcaspien.
42	8e fasc. 1891.	Tarif des douanes du 11 juin 1891 en vigueur à partir du 1er/13 juillet 1891.
43	1er fasc. 1894.	Tarif des douanes du 1er/13 juin 1893, et tarif conventionnel russe.
44	2e fasc. 1895.	Grand-Duché de Finlande. = Tarif des douanes du 22 décembre 1886, modifié par décret du 30 mai 1888, mis à jour au 1er avril 1894.
45	2e fasc. 1895.	Provinces transcaspiennes et Khanat de Boukhara. = Régime douanier (décret du 6/18 juillet 1894).
46	1er fasc. 1896.	Tarif des douanes du 1er/13 juin 1893 et tarif conventionnel, mis à jour au 1er janvier 1896.
47	12e fasc. 1901.	Règlement concernant la réception des marchandises par les institutions douanières de l'Empire.
48	5e fasc. 1903.	Tarif général des douanes pour le commerce d'Europe du 13/26 janvier 1903.
49	1er, 2e et 3e fasc. 1904.	Règlement du 31 janvier 1902 relatif aux annonces soumises à la censure médicale.
50	1er, 2e et 3e fasc. 1906.	Tarif général des douanes du 13/26 janvier 1903 et tarif conventionnel.
51	1er, 2e et 3e fasc. 1913.	Loi du 28 juin 1912 sur l'emploi illicite de l'emblème ou de la dénomination «Croix rouge» ou «Croix de Genève».
52	1er, 2e et 3e fasc. 1915.	Loi et décisions prohibant l'exportation de certains produits par suite de la guerre.
53	8e, 9e et 10e fasc. 1915.	Extraits de l'ukase impérial du 20 juillet 1914 relatif aux protêts d'effets de commerce.

(Pour les droits de port à l'étranger, voir Marine marchande.)

SAINT-THOMAS (ÎLE DE).

(Voir Colonies portugaises d'Afrique.)

SAINTE-HÉLÈNE (ÎLE DE).

(Voir Colonies anglaises d'Afrique.)

SAINTE-LUCIE (ÎLE DE).

(Voir Colonies anglaises d'Amérique.)

SALVADOR.

(Voir Amérique centrale.)

SANDWICH (ÎLES).

(Voir Îles Sandwich.)

SERBIE.

1	5ᵉ fasc. 1890.	Loi et tarif des douanes de 1883 et tarif conventionnel résultant des tarifs annexés aux traités conclus par la Serbie avec les pays étrangers.
2	5ᵉ fasc. 1890.	Loi du 16/28 mars 1890 accordant la franchise de droits de sortie aux produits serbes exportés en Turquie par la voie de Salonique.
3	9ᵉ fasc. 1892.	Loi et tarif des douanes du 2/14 avril 1892, mis en vigueur le 19 avril/1ᵉʳ mai 1892, et tarif conventionnel serbe.
4	1ᵉʳ fasc. 1895.	Tarif des douanes du 10/22 juillet 1893, et tarif conventionnel.
5	10ᵉ, 11 et 12ᵉ fasc. 1914.	Régime douanier des nouvelles provinces. Octrois. Inspection économique.

SEYCHELLES (ÎLES).

(Voir Colonies anglaises d'Afrique.)

SIAM.

1	Octobre 1866.	Douanes et navigation : règlements commerciaux.

(Voir Chine et, pour les droits de port à l'étranger, voir Marine marchande.)

SICILE.

(Voir Deux-Siciles.)

SIERRA-LEONE.

(Voir Colonies anglaises d'Afrique et, pour les droits de port à l'étranger, voir Marine marchande.)

SINGAPORE.

1	Avril 1843.	Règlements du port, déclarations, expéditions, etc.
2	11ᵉ fasc. 1887.	Frais de réception, chargement, déchargement, magasinage des marchandises.

SOMALIE ITALIENNE.

(Voir Colonies italiennes.)

SOUAZILAND (AFRIQUE).

1	5ᵉ fasc. 1889.	Tarif des douanes (septembre 1888).

SUD-OUEST DE L'AFRIQUE (TERRITOIRE ALLEMAND DU).

(Voir Possessions et Pays de Protectorat de l'Allemagne en Afrique.)

SUD-AFRICAINE (RÉPUBLIQUE).

(Voir République Sud-Africaine [Transvaal] et Colonies anglaises d'Afrique.)

SUÈDE ET NORVÈGE.

1	Juillet 1843.	Suède. = Douanes : Modification au régime de sortie du fer. — Norvège. — Douanes : modification au régime de sortie du fer. — Navigation : surtaxe imposée au pavillon néerlandais.
2	Septembre 1843.	Suède. = Douanes : régime d'entrée de la laque en bâtons et du sel de Glauber; exemption du droit de sortie de l'acier.
3	Octobre 1843.	Suède. = Douanes : modifications au régime de sortie du fer et du cuivre.
4	Nov. et déc. 1843.	Suède. = Douanes : exportation en franchise de l'alun, du brai, du cobalt, etc.; importation en franchise de la houille.
5	Janvier 1844.	Suède. = Douanes : modifications au régime de sortie de l'acier, du fer et du cuivre. — Norvège. = Droit d'entrée sur le fer brut et vieux.
6	Mars 1844.	Suède. = Modifications au tarif d'entrée et de sortie.
7	Juillet 1844.	Suède. = Navigation : règlement.
8	Mars et avril 1846.	Suède. = Douane : régime d'entrée et de sortie des céréales et menus grains. = Navigation : admission aux privilèges du pavillon national des bâtiments étrangers chargés de céréales. — Norvège. = Rédaction des manifestes.
9	Août 1854.	Norvège. = Navigation : manifeste exigé des capitaines de navires étrangers.
10	Avril 1859.	Suède. = Douanes et navigation : tarif des douanes pour 1858, 1859 et 1860; modifications aux droits de phare et de pilotage. — Monnaies, poids et mesures : nouvelle législation.
11	Juin 1860.	Norvège. = Douanes et navigation ; tarif en vigueur du 1er juillet 1857 au 1er juillet 1860.
12	Mai 1861.	Norvège. = Douanes et navigation : tarif en vigueur du 1er juillet 1860 au 1er juillet 1863.
13	Juin 1861.	Suède. = Douanes : modifications au régime des douanes résultant du tarif pour 1861, 1862 et 1863, nouveau règlement de douanes.
14	Juillet 1861.	Suède et Norvège. = Transport des marchandises par terre entre les deux royaumes. — Loi du 18 mai 1860.
15	Septembre 1863.	Norvège. = Douanes : modifications au régime des douanes résultant du tarif pour 1863 et 1866.
16	Décembre 1863.	Suède. = Douanes : modifications au régime des douanes résultant du tarif pour 1864, 1865 et 1866. — Commerce : levée des restrictions à l'établissement des étrangers.
17	Juin 1867.	Norvège. = Douanes et navigation : tarif général en vigueur du 1er avril 1866 au 1er avril 1869; tarif conventionnel avec la France, du 14 février 1865.
18	Mars 1870.	Norvège. = Douanes et navigation : tarif général en vigueur du 1er avril 1869 au 1er avril 1872; loi du 17 juin 1869 apportant des modifications à la loi sur les douanes; loi du 17 juin 1869 sur le pilotage.
19	Octobre 1871.	Norvège. = Douanes : modifications au régime des douanes résultant du tarif pour 1871 et 1872.
20	Novembre 1872.	Norvège. = Douanes : modifications au régime des douanes résultant du tarif pour 1872 et 1873.

21	Septembre 1873.	Norvège. — Douanes : modifications au régime des douanes résultant du tarif en vigueur du 1er juillet 1873 au 1er juillet 1874.
22	Août 1874.	Douanes et navigation : transport des marchandises par terre et par mer entre les deux royaumes.
23	Septembre 1874.	Norvège. — Douanes : modifications au régime des douanes résultant du tarif en vigueur à partir du 1er juillet 1874.
24	Novembre 1874.	Norvège. — Navigation : modifications aux tarifs de pilotage établis par la loi du 17 juin 1869.
25	Octobre 1875.	Norvège. — Douanes : cordages non goudronnés; nouveau régime à l'importation.
26	Janvier 1877.	Norvège. — Douanes : tarif de 1876 et 1877.
27	Août 1877.	Norvège. — Douanes : modifications au régime des douanes résultant du tarif en vigueur à partir du 6 juin 1877.
28	Mai 1878.	Norvège. — Douanes et navigation : tarif général des douanes en vigueur à partir du 6 juin 1877.
29	Août 1878.	Norvège. — Douanes : modifications au tarif en vigueur à partir du 6 juin 1877.
30	Octobre 1878.	Suède. — Douanes et navigation : tarif général des douanes de Suède, en vigueur à partir du 1er janvier 1878.
31	Novembre 1878.	Norvège. — Douanes : nouvelles modifications au tarif de 1877.
32	2e fasc. 1882.	Norvège. — Douanes et navigation : tarif général des douanes en vigueur à partir du 1er juillet 1881.
33	3e fasc. 1883.	Suède. — Tarif général des douanes en vigueur depuis le 16 mai 1882.
34	10e fasc. 1887.	Norvège. — Tarif général des douanes mis à jour le 15 octobre 1887.
35	10e fasc. 1889.	Suède. — Tarif général des douanes mis en vigueur le 1er juillet 1888.
36	2e fasc. 1890.	Suède. — Ordonnance royale relative à la fabrication et à la vente de la margarine.
37	3e fasc. 1891.	Traité de commerce suédo-norvégien du 30 mai 1890.
38	12e fasc. 1892.	Suède. — Tarif du 8 juin 1892 mis en vigueur le 21 juin 1892.
39	5e fasc. 1893.	Norvège. — Tarif général des douanes du 1er août 1892, mis à jour le 1er avril 1893.
40	4e fasc. 1898.	Norvège. — Tarif général des douanes du 7 août 1897.
41	8e fasc. 1899.	Suède. — Tarif général des douanes de 1899.
42	8e, 9e et 10e fasc. 1904.	Norvège. — Loi du 3 mars 1904 sur les produits pharmaceutiques.

(Voir : 1° Suède; 2° Norvège.)

SUÈDE.

(Pour les documents antérieurs à 1905, voir ci-dessus.)

43	1er, 2e et 3e fasc. 1913.	Ordonnance douanière et tarif des douanes du 9 juin 1911 entrés en vigueur le 1er décembre.
44	1er, 2e et 3e fasc. 1913.	Décret royal du 25 juillet 1912 établissant un impôt sur les produits destinés à la fabrication de l'amidon.
45	1er, 2e et 3e fasc. 1915.	Décisions prohibant l'exportation de certains produits par suite de la guerre.

SUISSE.

1	Septembre 1843.	Douanes : droits d'entrée fédéraux.
2	Octobre 1843.	CANTON DE BERNE. = Douanes : loi sur les péages.
3	Mars et avril 1846.	CANTON DE BERNE. = Péages : modifications à la loi sur les péages.
4	Février 1852.	Douanes : loi fédérale sur les péages et tarif des péages. — Péages cantonaux : régime des vins et spiritueux. — Constitution fédérale : articles spéciaux aux péages.
5	Octobre 1854.	Péages fédéraux. — Matériel des chemins de fer : régime. — Marchandises destinées au transit et aux entrepôts : plombage.
6	Avril 1856.	Péages fédéraux : dégrèvement des fers à l'importation ; police du port franc de Genève.
7	Novembre 1856.	Péages fédéraux : régime des fers à l'importation et de l'écorce à tan à l'exportation ; traité du 21 décembre 1855 avec les États-Unis.
8	Février 1858.	Péages fédéraux : règlement d'exécution de la loi sur les péages.
9	Mars 1859.	Péages fédéraux : réduction du droit de transit ; modification au règlement de la loi sur les péages. — CANTON DE GENÈVE. = Loi sur les warrants.
10	Février 1860.	Péages fédéraux : tôle de fer brut ; avis explicatif.
11	Avril 1860.	Péages fédéraux : réduction des droits de transit ; modification des droits d'entrepôt.
12	Novembre 1860.	Monnaies : loi et arrêtés y relatifs.
13	Octobre 1862.	Douanes : tarif officiel des péages suisses du 27 août 1851, mis au courant jusqu'en 1862.
14	Février 1864.	Douanes (péages fédéraux) : réduction du droit d'entrée sur les tableaux avec ou sans cadres.
15	Mars 1865.	Douanes : régime spécial à la France ; tarif des droits d'entrée, de sortie et de transit.
16	Avril 1866.	Douanes : régime spécial à la France ; tarifs par ordre alphabétique des droits d'entrée, de sortie et de transit.
17	Juillet 1874.	Douanes : tarif des péages fédéraux, mis au courant jusqu'au 1er janvier 1874 et répertoire.
18	Août 1876.	Douanes : drilles et autres déchets propres à la fabrication du papier ; réduction du droit de sortie.
19	Août 1878.	Douanes : noir animal ou charbon d'os moulu ; réduction du droit d'entrée.
20	11e fasc. 1882.	Modifications apportées au tarif des péages fédéraux par les arrêté et ordonnance du 12 mai 1882, et tarifs conventionnels annexés au traité de commerce avec la France du 23 février 1882.
21	12e fasc. 1882.	Tarif des péages fédéraux de 1882.
22	11e fasc. 1884.	Tarif des douanes du 26 juin 1884.
23	5e fasc. 1888.	Tarif des péages fédéraux du 17 décembre 1887, entré en vigueur le 1er mai 1888.
24	12e fasc. 1888 et 1er fasc. 1889.	Législation générale concernant les spiritueux ; législation relative au remboursement de la finance de monopole ; législation relative à la dénaturation des alcools.

25	1er fasc. 1890.	Régime des alcools ; importation des spiritueux destinés à la dénaturation.
26	2e fasc. 1892.	Tarif des douanes du 10 avril 1891, entré en vigueur le 1er février 1892.
27	4e fasc. 1893.	Tarif des péages fédéraux du 10 avril 1891 ; tarif conventionnel ; tarif différentiel applicable aux marchandises françaises.
28	6e fasc. 1893.	Tarif des douanes du 10 avril 1891 ; décisions sur l'application du tarif. *Errata.*
29	12e fasc. 1893.	Mise en vigueur de la convention de commerce conclue avec l'Espagne le 13 juillet 1892.
30	2e fasc. 1894.	Loi de douane du 28 juin 1893, mise en vigueur le 1er janvier 1894.
31	5e fasc. 1895.	Arrêté du Conseil fédéral du 23 février 1895, concernant les importations de la zone franche de la Haute-Savoie et du Pays de Gex.
32	9e fasc. 1895.	Entente commerciale avec la France ; arrêté du Conseil fédéral du 16 août 1895.
33	4e fasc. 1903.	Loi douanière et tarif général des douanes du 10 octobre 1902.
34	1er, 2e et 3e fasc. 1906.	Arrêté du 20 octobre 1905 fixant les conditions de vente des spiritueux destinés à des usages techniques ou domestiques.
35	8e, 9e et 10e fasc. 1906.	Loi du 8 décembre 1905 sur le commerce des denrées alimentaires et de divers objets usuels.
36	8e, 9e et 10e fasc. 1906.	Tarif général du 10 octobre 1902 et tarif conventionnel.
37	1er et 2e fasc. 1909.	Ordonnances ou réglements d'exécution de la loi du 8 décembre 1905 sur le commerce des denrées alimentaires et de divers objets usuels.
38	11e et 12e fasc. 1909.	Extraits de la loi fédérale du 24 juin 1909 sur les poids et mesures.
39	7e, 8e et 9e fasc. 1910.	Arrêté du Conseil fédéral en date du 9 avril 1910 modifiant les articles 29 et 44 de l'ordonnance du 29 janvier 1909 sur l'abatage du bétail, l'inspection des viandes et le commerce de la viande et des préparations de viande.
40	7e, 8e et 9e fasc. 1910.	Loi fédérale du 14 avril 1910 concernant la protection de l'emblème et du nom de la Croix-Rouge.
41	7e, 8e et 9e fasc. 1910.	Loi fédérale du 24 juin 1910 sur l'interdiction de l'absinthe. — Ordonnance d'exécution du 5 octobre 1910.
42	3e fasc. 1912.	Arrêté du 18 février 1911 concernant l'importation de viande congelée provenant de pays d'outre-mer.
43	3e fasc. 1912.	Arrêté du 16 mai 1911 complétant le réglement d'exécution pour la loi sur les douanes.
44	3e fasc. 1912.	Loi du 7 mars 1912 prohibant le vin artificiel et le cidre artificiel.
45	1er, 2e et 3e fasc. 1913.	Arrêté du Conseil fédéral en date du 9 décembre 1912 modifiant l'ordonnance du 29 janvier 1909 sur le commerce des denrées alimentaires.
46	1er, 2e et 3e fasc. 1913.	Ordonnance d'exécution en date du 12 décembre 1912 de la loi fédérale prohibant le vin artificiel et le cidre artificiel.
47	4e, 5e, 6e, 7e, 8e et 9e fasc. 1914.	Réglement d'exécution du 22 novembre 1912, de la loi du 24 juin 1892 concernant les taxes de patente des voyageurs de commerce.

48	4e, 5e, 6e, 7e, 8e et 9e fasc. 1914.	Arrêtés du Conseil fédéral du 9 décembre 1912 et du 14 janvier 1913 modifiant l'ordonnance du 29 janvier 1909 sur le commerce des denrées alimentaires et de divers objets usuels, etc.
49	10e, 11e et 12e fasc. 1914.	Arrêté du 10 février 1914 concernant le contrôle des ouvrages en platine.
50	1er, 2e et 3e fasc. 1915.	Ordonnance du 8 mai 1914, concernant le commerce des denrées alimentaires et de divers objets usuels.
51	1er, 2e et 3e fasc. 1915.	Arrêtés du Conseil fédéral prohibant l'exportation de certains produits par suite de la guerre.
52	1er, 2e et 3e fasc. 1915.	Arrêtés fédéraux accordant des délais de payement.
53	1er, 2e et 3e fasc. 1915.	Arrêtés du Conseil fédéral en date des 27 août et 10 octobre 1914, relatifs à la fabrication et à la vente d'alcool monopolisé.

SYRIE.

(Voir Turquie.)

TABAGO (ÎLE).

(Voir Colonies anglaises d'Amérique.)

TASMANIE.

(Voir Colonies anglaises en Australasie.)

TERRE-NEUVE.

(Voir Colonies anglaises d'Amérique.)

TEXAS.

1	Mars 1843.	Droit d'importation sur les vins de France.
2	Juin 1843.	Pilotage : règlement pour le port de Galveston.

(Voir États-Unis de l'Amérique du Nord.

TIMOR.

(Voir Colonies portugaises.)

TOSCANE.

(Voir Italie.)

1	Septembre 1843.	Douanes : droit de magasinage à Livourne. — Monopoles : conditions de l'exportation des sels et tabacs.
2	Nov. et déc. 1844.	Navigation et police des ports : droits d'ancrage à Livourne; exemption pour les bâtiments qui ne font pas d'opérations de commerce.
3	Mai 1858,	Douanes : modifications au tarif général; île d'Elbe et territoire de Piombino; régime des métaux, demi-métaux, pierres, etc. — Monopoles : répression de la contrebande du sel; extension du périmètre d'action de la régie du tabac.

TRAITÉS DE COMMERCE ET DE NAVIGATION.

(Voir 3e partie.)

TRANSVAAL.

(Voir République Sud-Africaine et Colonies anglaises d'Afrique.)

TRINITÉ (LA).

(Voir Colonies anglaises d'Amérique et, pour les droits des ports, voir Marine marchande.)

TRIPOLITAINE.

1	6e et 7e fasc. 1912.	Décret du 10 décembre 1911 établissant un régime douanier en Tripolitaine et Cyrénaïque.

(Pour les droits de port, voir Marine marchande. — Voir Turquie pour les documents antérieurs à 1911 et Colonies italiennes [Libye].)

TURQUES (ÎLES).

(Voir Colonies anglaises d'Amérique.)

TURQUIE.

1	Juin et juillet 1845.	Dardanelles et Bosphore : police de ces détroits.
2	Août 1845.	Douanes. — Grains : exportation prohibée.
3	Nov. et déc. 1845.	Bosphore : police de ce détroit.
4	Janv. et févr. 1846.	Douanes : céréales prohibées à la sortie par les ports de Varna et de Rodosto et dans la Province de Salonique.
5	Mars et avril 1846.	Douanes et port de Constantinople. — Syrie. — Armes prohibées à l'importation. — Port de Constantinople : police du mouillage.
6	Janv. et févr. 1847.	Douanes et traités de commerce. — Douanes : exportation des grains du Sandjak de Bigha permise; traité de commerce et de navigation avec la Russie.
7	Mai et juin 1847.	Douanes, navigation et commerce. — Douanes : régime temporaire des céréales; régime des peaux jaunes et des savons de pays ottomans, des sangsues de pêche turque, des wallonées, etc. — Navigation : règlement du port de Constantinople étendu à tous les autres ports; transbordements à Aïvaliq; délestage des bâtiments à Varna, Ahiali, etc.; projets d'améliorations au service des phares. — Commerce : réorganisation du tribunal de commerce à Constantinople.
8	Mars 1858.	Navigation : règlements provisoires pour la police du port de Soulina et pour le pilotage sur le Bas-Danube.
9	Novembre 1860.	Navigation : tarif provisoire des droits de navigation applicables à l'embouchure de Soulina; règlement provisoire pour la police de la navigation sur le Bas-Danube entre Isaktcha et Soulina; règlement provisoire pour le service des allèges sur le Bas-Danube.
10	Décembre 1860.	Navigation : règlements provisoires pour la police du port et de la rade de Soulina et pour le pilotage sur le Bas-Danube.
11	Juin 1862.	Douanes : nouveau tarif d'importation et d'exportation.
12	Septembre 1863.	Douanes, navigation et monnaies. — Douanes : régime des tabacs étrangers; prohibition des munitions de guerre; abolition des droits de badj ou de derbend; règlement sur le timbre formalités de douane à l'importation et à l'exportation des marchandises. — Navigation : tarif provisoire des droits de navigation à l'embouchure du Danube. — Monnaies : système monétaire.
13	Avril 1864.	Douane, navigation et régime sanitaire. — Douanes : exemption des droits d'entrée sur la graine de coton et les instruments aratoires; régime du tabac; règlement pour le transport des marchandises destinées à l'exportation; circulaire modifiant le règlement de transit; notification relative au régime du sel; règlement relatif au transport des marchandises par les portefaix des douanes. — Navigation. — Navigation du Danube : modifications introduites dans le projet de règlement de navigation et de police applicable au Bas-Danube et dans le projet de tarif des droits de navigation à l'embouchure du fleuve; règlement des droits de phare. — Régime sanitaire : abolition des quarantaines disciplinaires; règlements applicables aux navires arrivant sans patente de santé ou avec patente irrégulière et aux provenances de fièvre jaune.

14	Décembre 1872.	Navigation : règlement pour la sortie des bâtiments de commerce des détroits des Dardanelles et du Bosphore; instructions envoyées au stationnaire chargé de recevoir les firmans de passage.
15	Février 1874.	Douanes. — Marchandises importées d'Europe en Perse et exportées de Perse en Europe : abolition des droits de transit.
16	Novembre 1875.	Navigation : règlement du port de Constantinople.
17	6ᵉ fasc. 1901.	Lettre vizirielle du 13 février 1901, portant suppression des droits d'entrée sur les machines agricoles.
18	8ᵉ fasc. 1902.	CRÈTE. — Loi douanière du 10 août 1901.
19	1ᵉʳ, 2ᵉ et 3ᵉ fasc. 1905.	TRIPOLI DE BARBARIE. — Règlement concernant l'examen hygiénique dans les douanes.
20	8ᵉ, 9ᵉ et 10ᵉ fasc. 1905.	Loi sur les analyses en douane.
21	1ᵉʳ, 2ᵉ et 3ᵉ fasc. 1907.	Dispositions légales spéciales relatives aux opérations douanières.
22	11ᵉ et 12ᵉ fasc. 1909.	Nouveau règlement de douane mis en vigueur dans les douanes de l'Empire ottoman à partir du 1ᵉʳ/14 août 1909.
23	10ᵉ, 11ᵉ et 12ᵉ fasc. 1914.	Arrangement intervenu entre la douane de Beyrouth et la compagnie du port de cette ville, au sujet de l'entrée directe de certaines marchandises dans les entrepôts privés de la compagnie.

UNION SUD-AFRICAINE.

(Voir COLONIES ANGLAISES D'AFRIQUE.)

URUGUAY.

1	Avril 1845.	Douanes : prohibition des marchandises arrivant de Montevideo.
2	Mars et avril 1846.	Douanes. — Manifestes : visa des consuls de la République.
3	Juillet et août 1846.	Douanes. — Manifestes : visa des consuls de la République.
4	Avril 1854.	Douanes : tarif d'entrée; régime à la sortie et au transit; droits de magasinage et de grue; ports ouverts au commerce; entrepôt.
5	Avril 1855.	Douanes : acquittement des droits; admission des navires venant d'Europe dont les manifestes auront été visés par les consuls de Buenos-Ayres; règles à observer par les capitaines de navires. — Navigation : assimilation du pavillon étranger au pavillon national; tarif du pilotage sur l'Uruguay et le Parana.
6	Octobre 1856.	Douanes et navigation. — Douanes : importation et exportation; ports ouverts au commerce et entrepôts; magasinage et droit de grue. — Navigation : droits de tonnage; pilotage, suppression des sociétés de pilotes lamaneurs.
7	Juillet 1858.	Douanes et navigation : ouverture de ports; mode d'estimation et de classement des marchandises en douane. — Navigation : droits de balisage.
8	Décembre 1858.	Douanes : modifications à la loi de 1856.
9	Avril 1861.	Douanes : suppression du régime conventionnel accordé au Brésil; création d'un bureau de statistique commerciale. — Navigation : régime général de la navigation; droits de tonnage.
10	Novembre 1861.	Douanes : loi du 22 juin 1861; décret relatif à l'ouverture de ports, à leurs attributions et au régime de l'entrepôt et du transit. — Navigation : régime de la navigation marchande. — Monnaies : cours des monnaies étrangères.
11	Avril 1870.	Douanes : tarif des douanes; modifications.

12	5e fasc. 1885.	Tarif des douanes pour 1885.
13	3e fasc. 1888.	Tarif des douanes du 5 janvier et règlement du 9 janvier 1888.
14	6e fasc. 1889.	Tarif des douanes du 5 janvier, règlement du 9 janvier 1888 et loi du 15 janvier 1889.
15	1er fasc. 1891.	Douanes : loi et décret du 4 octobre 1890.
16	6e fasc. 1891.	Tarif des douanes pour l'année 1891.
17	6e fasc. 1895.	Loi d'immigration du 10 juin 1890 et décret du 10 décembre 1894.
18	9e fasc. 1898.	Règlement du 17 juillet 1898 relatif à la patente additionnelle.
(1)	6e fasc. 1900.	Protocole du 24 juin 1898 remettant en vigueur la convention de commerce et de navigation du 4 juillet 1892.
19	7e fasc. 1901.	Règlement du 21 décembre 1900 sur le régime des sucres de betteraves.
20	1er, 2e et 3e fasc. 1904.	Loi d'impôt sur les vins du 14 juillet 1903 et décret réglementaire d'exécution.
20	(2) 8e, 9e et 10e fasc. 1906.	Loi du 12 mai 1906, fixant le nouveau tarif des chancelleries consulaires.
21	1er, 2e et 3e fasc. 1907.	Loi modifiant la loi du 12 mai 1906 sur le tarif consulaire.
22	8e, 9e et 10e fasc. 1907.	Loi du 23 mai 1907 sur les alcools dénaturés.
23	8e, 9e et 10e fasc. 1908.	Règlement du 26 août 1908 relatif au dédouanement des boissons.
24	11e et 12e fasc. 1909.	Décret du 28 octobre 1909 portant réduction du droit d'entrée sur certains produits chimiques utilisés dans la fabrication des fils et tissus.
25	10e fasc. 1911.	Décret du 11 avril 1911 déterminant les conditions dans lesquelles les navires faisant escale à Montevideo pourront prendre en douane les articles nécessaires à leurs approvisionnements.

(Pour les droits de port, voir MARINE MARCHANDE.)

VALACHIE.

(Voir ROUMANIE.)

VÉNÉZUÉLA.

1	Mai 1843.	Douanes. — Navigation : droit additionnel de tonnage.
2	Janvier 1844.	Douanes. — Fleurs artificielles importées : franchise de l'importation de certains articles dans le département de Maturin.
3	Juillet et août 1846.	Douanes : formalités pour les visites et manifestes. — Exportation : bois à construire prohibés.
4	Sept. et oct. 1849.	Douanes et navigation. — Navigation : ports ouverts; droits de port; cabotage. — Douanes : importation et exportation. Droits augmentés; crédits; exportation; loi réglementaire; interprètes. — Constructions navales : primes aux constructions vénézuéliennes.
5	Mai 1855.	Douanes, navigation et monnaies. — Douanes : ports ouverts au commerce; importation; droits et règlements; renouvellement de l'impôt subsidiaire; affranchissement de certains fils de fer et de cuivre; remaniement du régime des douanes à l'importa-

(1) Sans numéro.
(2) Numéro répété.

		tion; transit; loi nouvelle. — Navigation : droits de quai à Puerto-Cabello; cabotage; loi nouvelle. — Monnaies : fabrication d'une monnaie nationale.
6	Septembre 1855.	Immigration : loi du 18 mai 1855.
7	Décembre 1855.	Douanes : modifications au régime du transit de la Nouvelle-Grenade, et autres mesures.
8	Août 1856.	Douanes. — Importation : nouvelle contribution extraordinaire. — Exportation : nouveaux droits. — Navigation : nouveaux droits de ports.
9	Août 1858.	Douanes, navigation et monnaies. — Douanes : remaniement du tarif et de l'ensemble de la législation; établissement d'un impôt subsidiaire à l'importation. — Navigation : droits de port. — Monnaies : loi sur la fabrication des monnaies.
10	Juillet 1859.	Douanes : loi de douane du 27 novembre 1858.
11	Septembre 1860.	Douanes et navigation. — Douanes : importation et exportation; nouvelle contribution extraordinaire; régime d'entrée de certains tissus de coton. — Navigation : droit de port; exemption spéciale.
12	7e fasc. 1889.	Tarif des douanes du 21 décembre 1883, mis à jour au 1er mars 1889.
13	12e fasc. 1896.	Tarif des douanes du 30 juin 1896.
14	10e fasc. 1897.	Tarif des douanes du 19 mai 1897.
15	11e fasc. 1899.	Tarif des douanes applicable à partir du 1er septembre 1899.
16	10e fasc. 1902.	Tarif des douanes du 10 mai 1902, applicable à partir du 1er juillet 1902.
17	8e, 9e et 10e fasc. 1904.	Décret du 27 juin 1904, sur les spiritueux.
18	8e, 9e et 10e fasc. 1905.	Tarif des douanes du 14 août 1905.
19	1er, 2e et 3e fasc. 1907.	Décret du 8 novembre 1906 sur les spiritueux.
20	1er, 2e et 3e fasc. 1908.	Tarif douanier de 1908.
21	4e et 5e fasc. 1911.	Circulaire du 19 juillet 1910 relative aux certificats d'inspection sanitaire garantissant la pureté de tous les produits et conserves alimentaires importés au Vénézuéla.
22	10e fasc. 1911.	Extraits de la loi du 23 juin 1910 sur les services consulaires (factures consulaires). Extraits du code des finances (loi relative au régime des douanes à l'importation).
23	5e, 6e et 7e fasc. 1915.	Extrait du règlement sanitaire publié le 29 août 1914.

(Pour les droits de port, voir MARINE MARCHANDE.)

VICTORIA.

(Voir COLONIES ANGLAISES EN AUSTRALASIE.)

VILLES HANSÉATIQUES.

1	Août 1843.	BRÊME. — Navigation : règlement et droits du port de sûreté.
2	Mars 1844.	HAMBOURG. — Douanes : droits d'entrée substitués à la franchise pour quelques produits; droits de navigation sur les bâtiments venant de la Stecknitz.

BIBLIOTHÈQUE NATIONALE R.F. IMPRIMÉS

3	Octobre 1855.	HAMBOURG. = Émigration : institution d'un comité de l'émigration et d'un bureau de renseignements à l'usage des émigrants; transport des émigrants par voie directe et indirecte.
4	Juillet 1857.	HAMBOURG. = Douanes et navigation : ordonnance revisée du 22 décembre 1856. — Accise : ordonnance revisée du 19 décembre 1856.
5	Mars 1859.	HAMBOURG. = Douanes et navigation : prorogation de l'ordonnance revisée du 22 décembre 1856. — Accise : prorogation de l'ordonnance revisée du 19 décembre 1856.
6	Décembre 1860.	LUBECK. = Navigation : règlement des ports de Lubeck et de Travemunde.
7	Mai 1863.	HAMBOURG. = Douanes et navigation : prorogation de l'ordonnance revisée du 22 décembre 1856; avis relatif au déchargement des marchandises; admission des bâtiments hambourgeois au cabotage en Prusse.
8	Mars 1864.	HAMBOURG. = Douanes : maintien du droit existant. — Accise : fixation des droits pour l'année 1864.
9	Juin 1866.	LUBECK. = Douanes, accises, navigation et traités. — Douanes : ordonnance du 24 mai 1845 concernant les droits d'entrée et tarifs des droits d'entrée; supplément à ladite ordonnance. — Accise : taxes perçues sur les boissons étrangères. — Navigation : ordonnance du 21 mars 1864 relative aux droits de navigation sur mer et sur la Trave inférieure. — Traité du 4 mars 1865 entre la France et les villes Hanséatiques.
10	Octobre 1866.	HAMBOURG. = Douanes : réduction du droit de douane. — Accise : régime pour les années 1865 et 1866. — Traité du 4 mars 1865 entre la France et les villes Hanséatiques.
11	Novembre 1867.	BRÊME. = Commerce : ordonnance supprimant les droits d'entrée et de sortie et établissant un impôt de vente; ordonnance relative à la déclaration des marchandises pour la statistique commerciale de Brême. — Navigation : tarif des droits de navigation; ordonnance relative au chargement des navires de mer; règlement du port de Bremerhaven et ordonnance de police en exécution dudit règlement; ordonnance de police concernant l'usage du feu et de la lumière dans les bassins du port de Bremerhaven. — Traité du 4 mars 1865 entre la France et les villes Hanséatiques.
12	Août 1874.	Douanes : loi relative aux déclarations pour la statistique du commerce et de la navigation. — Navigation : ordonnance relative à la perception des droits de tonnage par mètre cube.
13	Septembre 1878.	BRÊME. = Navigation : nouveaux droits de port et de grue à Bremerhaven.

(Voir ASSOCIATION ALLEMANDE et, pour les droits de port à l'étranger, voir MARINE MARCHANDE.)

ZANZIBAR.

(Voir COLONIES ANGLAISES D'AFRIQUE.)

ZOLLVEREIN.

(Voir ASSOCIATION ALLEMANDE.)

IIe PARTIE.

Marine marchande[1].

DROITS DE PORT.

TABLE CHRONOLOGIQUE PAR PAYS ÉTRANGER.

1	Novembre 1865.	**ALLEMAGNE EN GÉNÉRAL.** = *Navigation.* — Règlemen des péages de l'Elbe.
6	2e fasc. 1886.	**ALLEMAGNE.** = **Altona.** — Droits de port.
5	2e fasc. 1886.	— **Hambourg.** = Droits de port.
9	12e fasc. 1886.	— **Hambourg.** = *Marine marchande.* — Règlements pour les experts en matière de navigation.
7	2e fasc. 1886.	— **Lubeck.** = Droits de port.
47	7e fasc. 1902.	— Loi du 12 février 1902, relative à la perception d'un droit de tonnage dans les ports de Hambourg et de Cuxhafen.
49	1er, 2e et 3e fasc. 1904.	**ANGLETERRE.** = Ordre en Conseil du 29 janvier 1904, relatif au jaugeage des navires de commerce de France.
1	9 et 10e fasc. 1884.	**BELGIQUE.** = Droits perçus dans le port d'Anvers.
4	9e fasc. 1885.	— **Anvers.** = Droits de port.
25	12e fasc. 1889.	— **Anvers.** = Droits de courtage perçus dans le port d'Anvers.
40	6e fasc. 1901.	**BRÉSIL.** = Extrait de la loi de finances du 26 décembre 1900.
51	8e, 9e et 10e fasc. 1904.	**CHILI.** = *Marine marchande.* — Loi du 23 janvier 1904, sur les droits de phares et balises, suivie d'un règlement.
30	10e fasc. 1890.	**CHINE.** = *Marine marchande* (**Port de Pakhoï.**) — Formalités à remplir et droits à payer par les navires entrant dans le port de Pakhoï.
12	9e fasc. 1887.	**COLONIES ANGLAISES D'AFRIQUE (Cap de Bonne-Espérance.)** = Droits de docks.
22	9e fasc. 1888.	— **Cap de Bonne-Espérance.** = *Marine marchande.* — Droits de dock.
15	4e fasc. 1888.	— **Sierra-Leone.** = *Marine marchande.* — Droits de port.
23	1er fasc. 1889.	— **Île Maurice.** = Droits de port (pilotage, remorquage, ancrage, location d'apparaux) et droits de phares, d'entrepôt et de santé.
35	7e fasc. 1891.	— **Île Maurice.** = *Marine marchande.* — Droits de port (pilotage, remorquage, ancrage, location d'apparaux) et droits de phare, d'entrepôt et de santé.

[1] Cette liste n'est pas limitative. Voir aussi la Ire partie, sous le nom de chaque pays

42	7ᵉ fasc. 1901.	— Natal. = *Marine marchande.* — Décret du 11 fevrier 1901, portant réglementation des droits de quai.
55	1ᵉʳ, 2ᵉ et 3ᵉ fasc. 1905.	COLONIES ANGLAISES D'AUSTRALASIE (Nouvelle-Zélande). = *Marine marchande.* — Loi n° 95 de 1903 sur le commerce de cabotage.
56	8ᵉ, 9ᵉ et 10ᵉ fasc. 1905.	— Confédération australienne. = *Marine marchande.* — Loi du 15 décembre 1904 sur le transport des marchandises par mer.
28	5ᵉ fasc. 1890.	COLONIES NÉERLANDAISES (Guyane hollandaise. — Paramaribo). = *Marine marchande.* — Droits et frais à acquitter par les bâtiments dans le port de Paramaribo.
50	8ᵉ, 9ᵉ et 10ᵉ fasc. 1904.	COLONIES PORTUGAISES D'AFRIQUE (Mozambique). = *Marine marchande.* — Décret royal du 3 novembre 1903 sur les taxes à acquitter par les navires à l'entrée dans le port de Beira.
59	8ᵉ, 9ᵉ et 10ᵉ fasc. 1906.	— Mozambique. = Décret du 4 jauvier 1906, établissant un nouveau tarif des droits de pilotage.
27	1ᵉʳ fasc. 1890.	CORÉE. = Règlement provisoire concernant les bâtiments à voiles qui se rendent à Ma-p'o.
29	7ᵉ fasc. 1890.	— *Marine marchande.* — Réglementation de la visite des bateaux à voiles qui sont autorisés provisoirement à se rendre à Ma-p'o.
57	1ᵉʳ, 2ᵉ et 3ᵉ fasc. 1906.	ESPAGNE. = *Marine marchande.* — Décret du 2 novembre 1905 portant établissement de droits à Ceuta pour les travaux du port.
13	11ᵉ fasc. 1887.	ÉTATS-UNIS DE COLOMBIE. = *Marine marchande.* — Port de Colon ou Aspinwall.
60	1ᵉʳ, 2ᵉ et 3ᵉ fasc. 1907.	— (Actuellement République de Colombie). = *Marine marchande.* — Décrets du 8 octobre 1906 sur l'exemption des droits de tonnage.
52	8ᵉ, 9ᵉ et 10ᵉ fasc. 1904.	GRÈCE. = *Marine marchande.* — Loi du 20 juin-2 juillet 1904 augmentant les droits d'ancrage et de phare.
24	6ᵉ fasc. 1889.	INDES NÉERLANDAISES (Batavia). = Régime de la navigation dans le port de Tandjonk Priok (port de Batavia), et renseignements divers concernant ledit port.
14	2ᵉ fasc. 1888.	ITALIE (Livourne). = *Marine marchande.* — Droits de pilotage.
18	8ᵉ fasc. 1888.	— *Marine marchande.* — Primes aux constructeurs de chaudières, machines et coques de navires fabriquées dans les ateliers nationaux.
20	9ᵉ fasc. 1888.	— *Marine marchande.* — Ancône et Savone. — Pilotage.
26	1ᵉʳ fasc. 1890.	— Estuaire de Venise, Torre Annunziata (Naples), Brindisi, Gioja Tauro, Trapani. = Pilotage.
37	11ᵉ et 12ᵉ fasc. 1891 et 1ᵉʳ fasc. 1892.	— Civita-Vecchia. = *Marine marchande.* — Droits de pilotage.
38	2ᵉ fasc. 1897.	— *Marine marchande.* — Loi du 23 juillet 1896.
39	3ᵉ fasc. 1901.	— *Marine marchande.* — Décret du 16 novembre 1900 portant modification de la loi du 23 juillet 1896.
43	9ᵉ fasc. 1901.	— *Marine marchande.* — Loi du 16 mai 1901.
53	8ᵉ, 9ᵉ et 10ᵉ fasc. 1904.	— *Marine marchande.* — Loi du 11 juillet 1904 sur le cabotage.
58	1ᵉʳ, 2ᵉ et 3ᵉ fasc. 1906.	— *Marine marchande.* — Loi du 21 décembre 1905 sur le jaugeage des navires et les taxes d'ancrage.

16	7ᵉ fasc. 1888.	**MEXIQUE.** = *Marine marchande.* — Port de Mazatlan : droits de remorquage, de port, de pilotage; police du port.
32	10ᵉ fasc. 1890.	**NORVÈGE.** = *Marine marchande.* — Extrait de l'ordonnance royale du 1ᵉʳ juillet 1888 relative aux droits de navigation.
62 *ter*	1ᵉʳ et 2ᵉ fasc. 1909.	**PANAMA (République de).** = Loi du 13 janvier 1909 établissant des droits de quai pour les ports du Pacifique, excepté celui de Panama.
2	11ᵉ fasc. 1884.	**PAYS-BAS.** = Droits perçus dans le port d'Amsterdam.
3	12ᵉ fasc. 1884.	— Droits perçus dans le port de Rotterdam.
8	12ᵉ fasc. 1886.	— **Rotterdam.** = *Marine marchande.* — Renseignements généraux.
10	12ᵉ fasc. 1886.	— **Amsterdam.** — *Marine marchande.* — Arrêtés réglant la perception des taxes à l'usage des appareils hydrauliques.
11	9ᵉ fasc. 1887.	— **Amsterdam.** = *Marine marchande.* — Droits de canal et de port. — Grand canal Nord-Hollande et port de Nieuwe-Diep.
21	9ᵉ fasc. 1888.	— **Amsterdam.** = Droits de canal, de port, de quai, de pilotage et de remorquage.
31	10ᵉ fasc, 1890.	— *Marine marchande.* = Droits perçus sur le canal de la mer du Nord.
61	8ᵉ, 9ᵉ et 10ᵉ fasc. 1907.	**PAYS ÉTRANGERS EN GÉNÉRAL.** = *Marine marchande.* — Édition au 1ᵉʳ juin 1907 des règles de jaugeage adoptées par la Commission européenne du Danube.
19	9ᵉ fasc. 1888.	**PÉROU.** = *Marine marchande.* — **Callao, Pisco et Payta.** — Droits locaux de pilotage, de remorquage et de port.
63	6ᵉ et 7ᵉ fasc. 1912.	**PORTUGAL.** = *Marine marchande.* — Extraits d'un décret du 9 décembre 1911 relatif aux droits perçus dans le port de Lisbonne.
44	9ᵉ fasc. 1901.	**POSSESSIONS ANGLAISES D'AMÉRIQUE (La Trinité).** = *Marine marchande.* — Proclamation du 21 février 1901 relative aux droits de port et de quai.
48	2ᵉ fasc. 1903.	— **Canada.** = *Marine marchande.* — Loi de 1902 sur le cabotage.
62 *bis*	8ᵉ, 9ᵉ et 10ᵉ fasc. 1908.	— Règlement du 2 juin 1908 concernant le port de Grand-Bank.
46	3ᵉ fasc. 1902.	**POSSESSIONS ANGLAISES DE LA MÉDITERRANÉE (Chypre).** = *Marine marchande.* — Loi de 1901 sur les droits de port.
33	1ᵉʳ fasc 1891.	**RÉPUBLIQUE ARGENTINE (La Plata).** = *Marine marchande.* — Droits de chargement et de déchargement.
34	7ᵉ fasc. 1891.	— *Marine marchande.* — Droits de port et de quai dans le port de La Plata.
36	11ᵉ et 12ᵉ fasc. 1891 et 1ᵉʳ fasc. 1892.	— **La Plata.** = *Marine marchande.* — Droits de port et de quai à percevoir dans le port de La Plata.
62	11ᵉ et 12ᵉ fasc. 1909.	— *Marine marchande.* — Tableau des droits appliqués aux navires de toutes nationalités fréquentant le port de Rosario.
45	9ᵉ fasc. 1901.	**RUSSIE.** = *Marine marchande.* — Loi du 12 juin 1901 établissant les droits à percevoir sur les navires de commerce dans les ports russes.
54	8ᵉ, 9ᵉ et 10ᵉ fasc. 1904.	— *Marine marchande.* — Ukase du 6/19 juin 1904 relatif aux conditions imposées aux navires de commerce pour battre pavillon russe.
17	7ᵉ fasc. 1888.	**SIAM.** = *Marine marchande.* — **Port de Bangkok.** — Règlements, outillage et ressources du port.

64	6e et 7e fasc. 1912.	**TRIPOLITAINE.** = *Marine marchande.* — Décret du 29 février 1912 relatif aux droits sanitaires et de phare.
65	6e et 7e fasc. 1912.	**URUGUAY.** = *Marine marchande.* — Décret du 16 juin 1911 exemptant du payement des taxes consulaires les bâtiments arrivant dans un port uruguayen soit en relâche forcée, soit pour renouveler leurs provisions.
41	6e fasc. 1901.	**VÉNÉZUÉLA.** = *Marine marchande.* — Droits d'eau à la Guayra.

IIe PARTIE.

CONVENTIONS INTERNATIONALES (1872-1915)[1]
(FRANCE NON COMPRISE).

TRAITÉS, CONVENTIONS, LOIS ET DÉCRETS
QUI RÈGLENT LES RELATIONS COMMERCIALES ET MARITIMES, ENTRE :

253	8e, 9e et 10e fasc. 1906.	AFRIQUE AUSTRALE.	**Australie.** — Convention douanière du 29 septembre 1906.
269	1er, 2e et 3e fasc. 1907.		**Nouvelle-Zélande.** — Convention de réciprocité douanière du 28 décembre 1906.
102	1er fasc. 1895.	ALLEMAGNE. .	**Angleterre.** — Convention du 24 février 1894 pour l'établissement d'un système douanier unitaire pour Togo et le territoire de la Côte-d'Or, à l'est du Volta.
227	1er, 2e et 3e fasc. 1906.		— Loi du 20 décembre 1905 relative aux relations commerciales de l'Allemagne avec l'Empire britannique.
334	11e et 12e fasc. 1909.		— Loi du 13 décembre 1909 relative aux relations commerciales de l'Empire britannique avec l'Allemagne.
390	6e et 7e fasc. 1912.		— Loi allemande du 20 décembre 1911 relative aux relations commerciales de l'Allemagne avec l'Empire britannique.
411	4e, 5e, 6e, 7e, 8e et 9e fasc. 1914.		— Loi allemande du 13 décembre 1913 relative aux relations commerciales de l'Allemagne avec l'Empire britannique, suivie d'une ordonnance d'application.
17	Janvier 1880.		**Autriche-Hongrie.** — Traité de commerce du 16 décembre 1878.
20	Septembre 1880.		— Prorogation du traité de commerce du 16 décembre 1878, entre l'Allemagne et l'Autriche-Hongrie; déclaration du 31 décembre 1879 et convention du 11 avril 1880.
24	Septembre 1881.		— Traité de commerce du 23 mai 1881.
71	4e fasc. 1892.		— Traité de commerce du 6 décembre 1891 et conventions annexes, ratifiés le 30 janvier 1892.
224	1er, 2e et 3e fasc. 1906.		— Convention additionnelle du 25 janvier 1905 au traité de commerce et de douane du 6 décembre 1891.
442	8e, 9e et 10e fasc. 1906.		— Convention sur les épizooties du 25 janvier 1905.

[1] Les traités et conventions des années 1843 à 1872 environ ne figurent qu'exceptionnellement dans cette partie; ceux de ces actes qui ne s'y trouvent pas mentionnés devront être recherchés dans la Ire partie (sous le nom de l'un des pays contractants ou à la rubrique «Pays étrangers en général» qui est placée en tête de la Ire partie).

76	4e fasc. 1892.	Allemagne (*suite*).	**Belgique.** — Traité de commerce du 6 décembre 1891, ratifié le 30 janvier 1892.
172	9e fasc. 1900.		— Convention du 7 avril 1900 pour le règlement du trafic des fabriques à la frontière belge-allemande.
182	2e fasc. 1903.		— Arrangement du 1er août 1902, pour le règlement du trafic de l'alcool et des spiritueux à la frontière belge-allemande.
212	8e, 9e et 10e fasc. 1905.		— Traité additionnel du 22 juin 1904 au traité de commerce du 6 décembre 1891.
384	6e et 7e fasc. 1912.		— Arrangement du 27 juin 1911 pour régler le mouvement des alcools et des spiritueux franchissant la frontière belgo-allemande.
335	1er et 2e fasc. 1910.		**Bolivie.** — Traité de commerce et d'amitié du 22 juillet 1908.
225	1er, 2e et 3e fasc. 1906.		**Bulgarie.** — Traité de commerce, de douane et de navigation du 1er août 1905.
310	11e et 12e fasc. 1908.		— Arrangement du 31 octobre/13 novembre 1908 relatif à la taxation au poids net légal ou au poids net réel des marchandises d'origine allemande.
393	1er, 2e et 3e fasc. 1913.		— Échange de notes du 29 septembre 1911, concernant la prolongation du traité de commerce du 1er août 1905 entre les deux pays.
99	8e fasc. 1894.		**Colombie.** — Traité d'amitié de commerce et de navigation du 23 juillet 1892.
31	5e et 6e fasc. 1884.		**Espagne.** — Traité de commerce et de navigation du 12 juillet 1883.
32	8e fasc. 1885.		— Traité de commerce du 10 mai 1885.
160	6e fasc. 1899.		— Accord commercial du 12 février 1899, entré en vigueur le 1er juillet 1899.
249	8e, 9e et 10e fasc. 1906.		— Accord commercial provisoire du 27 juin 1906.
272	1er, 2e et 3e fasc. 1907.		— Déclaration prorogeant au 30 juin 1907 le régime commercial en vigueur entre les deux pays.
395	1er, 2e et 3e fasc. 1913.		— Accord du 13 juin 1912 concernant le traitement réciproque des navires de commerce des deux pays au point de vue du jaugeage.
81	1er fasc. 1893.		**États-Unis.** — Traité de réciprocité conclu le 30 janvier 1892.
173	1er fasc. 1901.		— Convention de commerce du 10 juillet 1900, ratifiée le 13 juillet 1900.
226	1er, 2e et 3e fasc. 1906.		— Loi allemande du 26 février 1906 et Proclamation du Président des États-Unis du 27 février 1906 relatives aux relations commerciales de l'Allemagne et des États-Unis.
281	8e, 9e et 10e fasc. 1907.		— Convention commerciale du 22 avril/2 mai 1907.
332	11e et 12e fasc. 1909.		— Dénonciation, le 7 août 1909, de la convention commerciale du 22 avril/2 mai 1907.
363	4e et 5e fasc. 1911.		— Loi allemande du 5 février 1910 sur les relations commerciales avec les États-Unis, suivie d'une ordonnance d'application.
34	11e fasc. 1887.		**Grèce.** — Convention de commerce du 27 juin/9 juillet 1884.

375	10e fasc. 1911.	Allemagne (*suite*).	— Échange de notes en date du 24 février 1911 au sujet des échantillons importés par les voyageurs de commerce.
305	8e, 9e et 10e fasc. 1908.		**Haïti.** — Convention commerciale du 29 juillet 1908.
31	5e et 6e fasc. 1884.		**Italie.** — Traité de commerce et de navigation du 4 mai 1883.
73	4e fasc. 1892.		— Traité de commerce et de navigation du 6 décembre 1891, ratifié le 30 janvier 1892.
210	8e, 9e et 10e fasc. 1905.		— Traité additionnel du 3 décembre 1904 au traité de commerce et de navigation du 6 décembre 1891.
133	6e fasc. 1897.		**Japon.** — Traité de commerce et de navigation du 4 avril 1896.
159	4e fasc. 1899.		— Convention additionnelle au traité du 4 avril 1896.
352	7e, 8e, 9e fasc. 1910.		— Dénonciation du traité de commerce et de navigation du 4 avril 1896 et de la convention additionnelle du 26 décembre 1898 conclue entre l'Allemagne et le Japon.
378	10e fasc. 1911.		— Traité de commerce et de navigation et accord douanier du 24 juin 1911.
32	8e fasc. 1885.		**Madagascar.** — Convention de commerce du 15 mai 1883.
69	6e fasc. 1891.		**Maroc.** — Convention commerciale du 1er juin 1890.
301	8e, 9e, 10e fasc. 1908.		**Monténégro.** — Convention de commerce et de navigation du 18 juin 1907.
146	6e fasc. 1898.		**Orange (État libre d').** — Traité d'amitié et de commerce du 28 avril 1897, ratifié le 28 mars 1898.
396	1er, 2, 3e fasc. 1913.		**Panama.** — Dénonciation du traité de commerce du 23 juillet 1892 avec la Colombie.
365	4e, 5e fasc. 1911.		**Pays-Bas.** — Convention du 6 juin 1910 réglementant le trafic frontière de l'alcool et des produits alcooliques.
398	1er, 2e et 3e fasc. 1913.		— Convention du 9 novembre 1912 relative à l'admission temporaire en franchise des échantillons importés par les voyageurs de commerce.
339	6e fasc. 1910.		**Portugal.** — Traité de commerce et de navigation du 30 novembre 1898.
27	Décembre 1881.		**Roumanie.** — Traité de commerce du 14 novembre 1877.
52	2e fasc. 1890.		— Convention de commerce et de navigation du 14 novembre 1887 et convention additionnelle du 17 février/1er mars 1887.
93	5e fasc. 1894.		— Traité de commerce du 21 octobre 1893.
211	8e, 9e et 10e fasc. 1905.		— Convention additionnelle du 8 octobre /25 septembre 1904 au traité de commerce, de douane et de navigation du 21 octobre 1893.
95	6e fasc. 1894.		**Russie.** — Traité de commerce du 29 janvier/10 février 1894.

N°	Fascicule	Pays	Convention
209	1er, 2e et 3e fasc. 1905.	ALLEMAGNE (*suite*).	— Convention additionnelle du 15/28 juillet 1904 au traité de commerce et de navigation du 29 janvier/10 février 1894.
313	1er et 2e fasc. 1909.		**Salvador.** — Traité de commerce du 14 avril 1908.
30	4e fasc. 1883.		**Serbie.** — Traité de commerce conclu le 6 janvier 1883.
92	5e fasc. 1894.		— Traité de commerce du 9/21 août 1892.
223	1er, 2e et 3e fasc. 1906.		— Convention additionnelle du 29 octobre/16 novembre 1904 au traité de commerce et de douane du 9/21 août 1892.
242	8e, 9e et 10e fasc. 1906.		**Suède.** — Traité de commerce et de navigation du 8 mai 1906.
382	6e et 7e fasc. 1912.		— Traité de commerce et de navigation du 2 mai 1911.
25	Octobre 1881.		**Suisse.** — Traité de commerce du 23 mai 1881.
37	2e fasc. 1889.		— Convention du 11 novembre 1888, additionnelle au traité de commerce du 23 mai 1881, ratifié le 28 décembre 1888.
74	4e fasc. 1892.		— Traité de commerce du 10 décembre 1891, ratifié le 30 janvier 1892.
213	8e, 9e et 10e fasc. 1905.		— Traité additionnel du 12 novembre 1904 au traité de commerce et de douane du 10 décembre 1891. (Voir aux fascicules 11 et 12 de 1908, un supplément concernant un avis au sujet du traité de commerce du 12 novembre 1904.)
371	10e fasc. 1911.		— Traité d'établissement du 13 novembre 1909. — Traité du 31 octobre 1910 réglant certains droits des ressortissants de chacune des parties contractantes sur le territoire de l'autre.
130	4e fasc. 1897.		**Tunisie.** — Convention, arrangement et déclaration du 18 novembre 1896.
122	8e fasc. 1896.		**Turquie.** — Traité d'amitié, de commerce et de navigation du 26 août 1890.
283	8e, 9e et 10e fasc. 1907.		— Convention additionnelle du 25 avril 1907 au traité de commerce et de navigation du 26 août 1890.
387	6e et 7e fasc. 1912.		— Échange de notes des 10/15 août 1911 concernant les échantillons introduits par les voyageurs de commerce.
389	6e et 7e fasc. 1912.		— Échange de notes du 15 novembre 1911 concernant la prolongation du traité de commerce et de navigation du 26 août 1890 et de la convention additionnelle du 25 avril 1907.
106	4e fasc. 1895.		**Uruguay.** — Traité de commerce et de navigation du 20 juin 1892, ratifié le 1er juin 1894.
164	3e fasc. 1900.		— Convention du 5 juin 1899 ratifiée le 23 janvier 1900 et entrée en vigueur le 23 février.
328	11e et 12e fasc. 1909.		**Venezuela.** — Traité d'amitié, de commerce et de navigation du 26 janvier 1909.

N°	Fascicule	Pays	Objet
102	1er fasc. 1895.	ANGLETERRE.	**Allemagne** — Convention du 24 février 1894 pour l'établissement d'un système douanier unitaire pour Togo et le territoire de la Côte-d'Or à l'est du Volta.
227	1er, 2e et 3e fasc. 1906.		— Loi du 20 décembre 1905 relative aux relations commerciales de l'Allemagne avec l'Empire britannique.
334	11e et 12e fasc. 1909.		— Loi du 13 décembre 1909 relative aux relations commerciales de l'Empire britannique avec l'Allemagne.
396	6e et 7e fasc. 1912.		— Loi allemande du 20 décembre 1911 relative aux relations commerciales de l'Allemagne avec l'Empire britannique.
411	4e, 5e, 6e, 7e, 8e et 9e fasc. 1914.		— Loi allemande du 13 décembre 1913 relative aux relations commerciales de l'Allemagne avec l'Empire britannique, suivie d'une ordonnance d'exécution.
298	8e, 9e et 10e fasc. 1908.		**Belgique.** — Arrangement du 10 novembre 1906 au sujet des échantillons des voyageurs de commerce.
139	11e fasc. 1897.		**Bulgarie.** — Convention commerciale du 12/24 juillet 1897.
239	8e, 9e et 10e fasc. 1906.		— Convention de commerce, de douane et de navigation du 9 décembre 1905.
309	11e et 12e fasc. 1908.		— Arrangement du 31 octobre/13 novembre 1908 relatif à la taxation au poids net légal ou au poids net réel des marchandises d'origine britannique.
319	1er et 2e fasc. 1909.		— Arrangement additionnel du 27 janvier/9 février 1909 à la convention de commerce, de douane et de navigation du 9 décembre 1905.
198	8e, 9e et 10e fasc. 1904.		**Chine.** — Traite de commerce du 5 septembre 1902.
293	1er, 2e et 3e fasc. 1908.		**Égypte.** — Convention du 16 décembre 1907, suivie de la convention de commerce du 29 octobre 1889.
33	4e fasc. 1887.		**Équateur (République de l').** — Traité d'amitié, de commerce et de navigation du 19 février 1886.
81	1er fasc. 1893.		**États-Unis.** — Traité de réciprocité conclu entre l'Angleterre (Indes occidentales) et les États-Unis le 1er février 1892.
188	8e fasc. 1903.		— Traité du 31 mai 1902 relatif à l'établissement de droits d'importation à Zanzibar.
291	1er, 2e et 3e fasc. 1908		— Accord du 19 novembre 1907 relativement : 1° à l'admission en Angleterre des échantillons des voyageurs de commerce; 2° au droit d'importation des œuvres d'art britanniques à l'entrée aux États-Unis.
255	8e, 9e, 10e fasc. 1906.		**Éthiopie.** — Traité de commerce du 14 mai 1897.
33	4e fasc. 1887.		**Grèce.** — Traité de commerce et de navigation du 10 novembre 1886.
66	1er fasc. 1891.		— Convention du 28 mars 1890.

N°	Fascicule	Pays	Convention
217	8e, 9e et 10e fasc. 1905.	ANGLETERRE (*suite*).	— Arrangement commercial du 10/23 novembre 1904.
417	10e, 11e et 12e fasc. 1914.		— Déclaration du 3 avril/21 mars 1914, concernant le régime douanier des échantillons.
31	5e, 6e fasc. 1884.		**Italie.** — Traité de commerce et de navigation du 15 juin 1883.
314	1er, 2e fasc. 1909.		— Accord du 30 mai 1908 au sujet des échantillons des voyageurs de commerce.
150	7e fasc. 1898.		**Japon.** — Traité de commerce et de navigation du 16 juillet 1894, ratifié le 25 août 1894.
220	8e, 9e et 10e fasc. 1905.		— Convention du 29 août 1904 pour régler les relations commerciales entre le Japon et les Indes anglaises.
376	10e fasc. 1911.		— Traité de commerce et de navigation du 3 avril 1911.
400	4e, 5e, 6e, 7e, 8e, 9e fasc. 1914.		— Adhésion des colonies et pays de protectorat anglais à la convention de commerce et de navigation du 3 avril 1911 entre la Grande-Bretagne et le Japon.
45	8e fasc. 1889.		**Mexique.** — Traité d'amitié, de commerce et de navigation signé le 27 novembre 1888, ratifié le 11 février 1889.
250	8e, 9e et 10e fasc. 1906.		**Nicaragua.** — Traité d'amitie, de commerce et de navigation du 28 juillet 1905.
191	1er, 2e, 3e fasc. 1904.		**Perse.** — Convention commerciale du 9 février 1903.
53	2e fasc. 1890.		**Roumanie.** — Traité de commerce et de navigation du 24 mars/5 avril 1880, et traité additionnel du 14/26 novembre 1886.
295	8e, 9e et 10e fasc. 1908.		— Convention de commerce et de navigation du 18/31 octobre 1905.
42	8e fasc. 1889.		**Serbie.** — Traité d'amitié et de commerce du 26 janvier/7 février 1880.
65	1er fasc. 1891.		— Entente provisoire du 2/14 février 1890.
90	2e fasc. 1894.		— Traité de commerce du 28 juin/10 juillet 1893, ratifié le 4/16 octobre 1893.
279	8e, 9e et 10e fasc. 1907.		— Traité de commerce et de navigation du 17 février 1907.
299	8e, 9e et 10e fasc. 1908.		**Suisse.** — Arrangement du 20 février 1907 concernant la reconnaissance réciproque des signes distinctifs apposés sur les échantillons transportés par les voyageurs de commerce des deux pays.
413	10e, 11e, 12 fasc. 1914.		**Turquie.** — Arrangement du 6 novembre 1912, relatif à l'admission des échantillons.
171	9e fasc. 1900.		**Uruguay.** — Convention du 28 avril 1900, prorogeant le traité de commerce et de navigation du 22 mai 1886.
253	8e, 9e et 10e fasc. 1906.	**Australie** et **Afrique australe.**	— Convention douanière du 29 septembre 1906.
17	Janvier 1880.	AUTRICHE-HONGRIE.	**Allemagne.** — Traité de commerce du 16 décembre 1878.
20	Septembre 1880.		— Prorogation du traité de commerce du 16 décembre 1878 entre l'Autriche-Hongrie et

		AUTRICHE-HONGRIE (*suite*).	l'Allemagne, déclaration du 31 décembre 1879 et convention du 11 avril 1880.
24	Septembre 1881.		— Traité de commerce du 23 mai 1881.
71	4e fasc. 1892.		— Traité de commerce du 6 décembre 1891 et conventions annexes, ratifiés le 30 janvier 1892.
224	1er, 2e et 3e fasc. 1906.		— Convention additionnelle du 25 janvier 1905 au traité de commerce et de douane du 6 décembre 1891.
244	8e, 9e et 10e fasc. 1906.		— Convention sur les épizooties du 25 janvier 1905.
46	8e fasc. 1889.		**Belgique.** — Convention du 30 mars 1887 relative aux voyageurs de commerce et au régime des échantillons.
77	4e fasc. 1892.		— Traité de commerce et de navigation du 6 décembre 1891, ratifié le 30 janvier 1892.
232	1er, 2e et 3e fasc. 1906.		— Traité de commerce et de navigation du 12 février 1906.
135	7e fasc. 1897.		**Bulgarie.** — Convention de commerce du 9/21 décembre 1896.
89	1er fasc. 1894.		**Corée.** — Traité de commerce du 23 juin 1892.
34	11e fasc. 1887.		**Danemark.** — Convention de commerce du 14 mars 1887.
23	Juillet 1881.		**Espagne.** — Traité de commerce et de navigation du 3 juin 1880.
44	8e fasc. 1889.		— Convention signée le 27 décembrs 1887 prorogeant les traités de commerce du 3 juin 1880.
81	1er fasc. 1893.		**États-Unis.** — Traité de réciprocité conclu le 25 mai 1892.
360	4e et 5e fasc. 1911.		**Éthiopie.** — Traité de commerce et d'amitié du 25 mars 1905.
34	11e fasc. 1887.		**Grèce.** — Convention provisoire de commerce du 30 mars/11 avril 1887.
15	Juillet 1879.		**Italie.** — Traité de commerce et de navigation du 27 décembre 1878; convention du même jour, relative aux épizooties.
35	7e fasc. 1888.		— Traité de commerce et de navigation du 7 décembre 1887; convention additionnelle.
68	3e fasc. 1891.		— Déclaration du 27 décembre 1890 portant prorogation du traité de commerce et de navigation du 7 décembre 1887.
72	4e fasc. 1892.		— Traité de commerce et de navigation du 6 décembre 1891, ratifié le 30 janvier 1892.
192	1er, 2e et 3e fasc. 1904.		— Déclaration du 31 décembre 1903 prorogeant le traité de commerce et de navigation du 6 décembre 1891.
202	8e, 9e et 10e fasc. 1904.		— Déclaration du 24 septembre 1904 relative à un accord destiné à régler provisoirement leurs relations de commerce et de navigation.

235	1er, 2e et 3e fasc. 1906.	AUTRICHE-HONGRIE (*suite*).	— Traité de commerce et de navigation du 11 février 1906 et conventions du 11 février 1906.
308	11e et 12e fasc. 1908.		— Accord du 23 décembre 1908 pour l'importation des produits médicinaux.
157	12e fasc. 1898.		**Japon.** — Traité de commerce et de navigation du 5 décembre 1897, ratifié le 30 novembre 1898.
403	4e, 5e, 6e, 7e, 8e et 9e fasc. 1914.		— Traité de commerce et de navigation du 28 octobre 1912.
381	6e et 7e fasc. 1912.		**Monténégro.** — Traité de commerce et de navigation du 6 février/24 janvier 1911.
64	5e fasc. 1890.		**Pays-Bas.** — Convention du 12 décembre 1888, additionnelle au traité de commerce et de navigation du 26 mars 1867, pour l'admission en franchise des échantillons importés dans les deux pays par commis voyageurs.
385	6e et 7e fasc. 1912.		**Portugal.** — Échange de notes du 8 juillet 1911 établissant un *modus vivendi* entre les deux pays, et du 8 août 1912 fixant la mise en vigueur de ce *modus vivendi*.
98	8e fasc. 1894.		**Roumanie.** — Convention de commerce du 9/21 décembre 1893.
338	1er et 2e fasc. 1910.		— Traité additionnel du 23 avril 1909 à la convention de commerce du 21 décembre 1893.
101	11e et 12e fasc. 1894.		**Russie.** — Convention de commerce du 6/18 mai 1894.
231	1er, 2e et 3e fasc. 1906.		— Traité de commerce et de navigation du 15 février 1906.
26	Décembre 1881.		**Serbie.** — Traité de commerce du 24 avril/6 mai 1881.
83	10e fasc. 1893.		— Traité de commerce du 9 août 1892, ratifié le 30 juin 1893; convention concernant les épizooties.
303	8e, 9e et 10e fasc. 1908.		— Traité de commerce du 1er/14 mars 1908.
366	4e et 5e fasc. 1911.		— Traité de commerce du 27 juillet 1910.
399	4e, 5e, 6e, 7e, 8e et 9e fasc. 1914.		**Suède.** — Déclaration du 22 juin 1911, interprétant et complétant l'article 6 du traité de commerce et de navigation du 3 novembre 1873, article modifié par la déclaration du 25 avril 1892, entre l'Autriche-Hongrie et la Suède et la Norvège.
37	2e fasc. 1889.		**Suisse.** — Traité du 23 novembre 1888, ratifié le 28 décembre 1888.
75	4e fasc. 1892.		— Traité de commerce du 10 décembre 1891, ratifié le 30 janvier 1892.
230	1er, 2e et 3e fasc. 1906.		— Accord commercial provisoire du 18 décembre 1905.
243	8e, 9e et 10e fasc. 1906.		— Traité de commerce du 9 mars 1906; convention sur les opérations douanières dans le service des chemins de fer du 9 mars 1906; convention concernant la police des épizooties, du 9 mars 1906.

130	4ᵉ fasc. 1897.	AUTRICHE-HONGRIE (*suite*).	**Tunisie.** — Convention, arrangement et déclaration du 20 juillet 1896.
47	8ᵉ fasc. 1889.		**Zanzibar.** — Traité de commerce et de navigation conclu le 11 août 1887, ratifié le 29 décembre 1888.
76	4ᵉ fasc. 1892.	BELGIQUE.	**Allemagne.** — Traité de commerce du 6 décembre 1891, ratifié le 30 janvier 1892.
172	9ᵉ fasc. 1900.		— Convention du 7 avril 1900 pour le règlement du trafic des fabriques à la frontière belge-allemande.
182	2ᵉ fasc. 1903.		— Arrangement du 1ᵉʳ août 1902, pour le règlement du trafic de l'alcool et des spiritueux à la frontière belge-allemande.
212	8ᵉ, 9ᵉ et 10ᵉ fasc. 1905.		— Traité additionnel du 22 juin 1904 au traité de commerce du 6 décembre 1891.
384	6ᵉ et 7ᵉ fasc. 1912.		— Arrangement du 27 juin 1911 pour régler le mouvement des alcools et des spiritueux franchissant la frontière belgo-allemande.
298	8ᵉ, 9ᵉ et 10ᵉ fasc. 1908.		**Angleterre.** — Arrangement du 10 novembre 1906 au sujet des échantillons des voyageurs de commerce.
46	8ᵉ fasc. 1889.		**Autriche-Hongrie.** — Convention du 30 mars 1887, relative aux voyageurs de commerce et au régime des échantillons.
77	4ᵉ fasc. 1892.		— Traité de commerce et de navigation du 6 décembre 1891, ratifié le 30 janvier 1892.
232	1ᵉʳ, 2ᵉ et 3ᵉ fasc. 1906.		— Traité de commerce et de navigation du 12 février 1906.
405	4ᵉ, 5ᵉ, 6ᵉ, 7ᵉ, 8ᵉ et 9ᵉ fasc. 1914.		**Bolivie.** — Traité d'amitié et de commerce du 18 avril 1912.
316	1ᵉʳ et 2ᵉ fasc. 1909.		**Bulgarie.** — Traité de commerce et de navigation du 16/29 août 1908.
346	7ᵉ, 8ᵉ et 9ᵉ fasc. 1910.		**Canada.** — Mémorandum du Département des douanes aux receveurs des douanes du Canada prescrivant l'extension partielle du tarif intermédiaire à divers produits originaires de Belgique, de Hollande et d'Italie.
350	7ᵉ, 8ᵉ et 9ᵉ fasc. 1910.		— Avis faisant connaître l'application aux marchandises belges du tarif canadien intermédiaire.
180	12ᵉ fasc. 1901.		**Corée.** — Traité d'amitié, de commerce et de navigation du 23 mars 1901.
109	9ᵉ fasc. 1895.		**Danemark.** — Traité du 18 juin 1895.
282	8ᵉ, 9ᵉ et 10ᵉ fasc. 1907.		— Déclaration du 22 avril 1907 concernant la protection réciproque des dessins et modèles industriels.
341	7ᵉ, 8ᵉ et 9ᵉ fasc. 1910.		— Convention consulaire du 26 avril 1909 dont les ratifications ont été échangées le 27 juillet 1910.
16	Octobre 1879.		**Espagne.** — Traité de commerce et de navigation du 4 mai 1878.
118	4ᵉ fasc. 1896.		**État libre d'Orange.** — Traité d'amitié et de commerce du 27 décembre 1894.

297	8e, 9e et 10e fasc. 1908.		**Éthiopie.** — Traité de commerce du 6 septembre 1906.
111	9e fasc. 1895.		**Grèce.** — Traité du 13/25 mai 1895.
218	8e, 9e et 10e fasc. 1905.		— Arrangement commercial du 19 octobre/1er novembre 1904.
339	7e, 8e et 9e fasc. 1910.		**Honduras.** — Traité d'amitié, de commerce et de navigation du 25 mars 1909, et déclaration additionnelle du 30 août 1909.
31	5e et 6e fasc. 1884.		**Italie.** — Traité de commerce et de navigation conclu le 11 décembre 1882.
304	8e, 9e et 10e fasc. 1908.		— Déclaration du 4 mai 1908, relative à l'admission réciproque des produits médicinaux et des spécialités pharmaceutiques.
130	3e fasc. 1897.		**Japon.** — Traité du 22 juin 1896.
354	7e, 8e et 9e fasc. 1910.		— Dénonciation du traité ee commerce et de navigation conclu le 22 juin 1896 entre la Belgique et le Japon.
184	8e fasc. 1903.		**Luxembourg (Grand-Duché de).** — Arrangement du 2 avril 1903 au sujet du mouvement des alcools et spiritueux à la frontière.
124	8e fasc. 1896.		**Mexique.** — Traité d'amitié, de commerce et de navigation du 7 juin 1895.
222	8e, 9e et 10e fasc. 1905.		**Monténégro.** — Arrangement commercial du 9 décembre 1904.
110	9e fasc. 1895.		**Norvège.** — Traité du 11 juin 1895.
372	10e fasc. 1911.	Belgique (*suite.*)	— Traité de commerce et de navigation du 27 juin 1910.
107	4e fasc. 1895.		**Paraguay.** — Convention de commerce et de navigation du 15 février 1894, ratifiée le 8 décembre 1894.
153	7e fasc. 1898.		**Portugal.** — Convention commerciale provisoire du 11 décembre 1897.
418	10e, 11e et 12e fasc. 1914.		— Accord relatif aux échantillons des voyageurs de commerce.
67	1er fasc. 1891.		**République Sud-Africaine.** — Traité du 6 février 1876 et arrangement additionnel du 21 avril 1888.
22	Avril 1881.		**Roumanie.** — Traité de commerce du 14 août 1880.
28	Décembre 1881.		— Traité de commerce et de navigation du 14 août 1880.
97	7e fasc. 1894.		— Convention de commerce du 10/22 janvier 1894.
264	1er, 2e et 3e fasc. 1907.		— Convention de commerce du 23 mai/5 juin 1906.
262	1er, 2e et 3e fasc. 1907.		**Salvador.** — Convention commerciale provisoire du 21 mars 1906.
84	12e fasc. 1893.		**Serbie.** — Arrangement commercial provisoire du 28 juin/10 juillet 1893.
284	8e, 9e et 10e fasc. 1907.		— Traité de commerce du 24/11 avril 1907.
147	6e fasc. 1898.		**Suède.** — Traité de commerce et de navigation du 11 juin 1895, ratifié le 21 juin 1895.

59	2ᵉ fasc. 1890.	Belgique (*suite*).	**Suisse.** — Traité de commerce du 3 juillet 1889, ratifié le 14 décembre 1889.
33	4ᵉ fasc. 1887.		**Zanzibar.** — Convention de commerce et de navigation conclue le 30 mai 1885.
335	1ᵉʳ et 2ᵉ fasc. 1910.	Bolivie	**Allemagne.** — Traité de commerce et d'amitié du 22 juillet 1908.
405	4ᵉ 5ᵉ, 6ᵉ 7ᵉ, 8ᵉ et 9ᵉ fasc. 1914.		**Belgique.** — Traité d'amitié et de commerce du 18 avril 1912.
51	8ᵉ fasc. 1889.		**Brésil.** — Traité d'amitié, de commerce et de navigation conclu le 18 juillet 1887, approuvé par la Bolivie le 29 novembre 1888, promulgué par la Bolivie le 3 décembre 1888.
125	8ᵉ fasc. 1896.		**Chili.** — Traité de commerce du 18 mai 1895.
215	8ᵉ, 9ᵉ et 10ᵉ fasc. 1905.		— Dispositions commerciales du traité de paix et d'amitié du 20 octobre 1904.
178	9ᵉ fasc. 1901.		**Pérou.** — Accord commercial conclu le 1ᵉʳ mars 1901.
233	1ᵉʳ, 2ᵉ et 3ᵉ fasc. 1906.		— Traité de commerce et de douane du 27 novembre 1905.
302	8ᵉ, 9ᵉ et 10ᵉ fasc. 1908.		— Convention douanière du 30 janvier 1908.
51	8ᵉ fasc. 1889.	Brésil	**Bolivie.** — Traité d'amitié, de commerce et de navigation, conclu le 18 juillet 1887, approuvé par la Bolivie le 29 novembre 1888, promulgué par la Bolivie le 3 décembre 1888.
358	10ᵉ fasc. 1910.		**Colombie.** — Traité de commerce et de navigation fluviale du 21 août 1908, dont les ratifications ont été échangées le 8 août 1910.
81	1ᵉʳ fasc. 1893.		**États-Unis.** — Traité de réciprocité conclu le 31 janvier 1891.
265	1ᵉʳ, 2ᵉ et 3ᵉ fasc. 1907.		**Italie.** — Notes prorogeant jusqu'au 31 décembre 1908 l'accord commercial provisoire du 5 juillet 1900.
307	11ᵉ et 12ᵉ fasc. 1908.		— Notes prorogeant l'accord commercial provisoire du 5 juillet 1900.
349	7ᵉ, 8ᵉ et 9ᵉ fasc. 1910.		— Prorogation jusqu'au 31 décembre 1912 de l'accord commercial provisoire du 5 juillet 1900.
406	4ᵉ, 5ᵉ, 6ᵉ 7ᵉ, 8ᵉ et 9ᵉ fasc. 1914.		— Prorogation de l'accord commercial du 5 juillet 1900.
156	8ᵉ fasc. 1898.		**Japon.** — Traité de commerce et de navigation conclu le 5 novembre 1895, ratifié le 12 février 1897.
225	1ᵉʳ, 2ᵉ et 3ᵉ fasc. 1906.	Bulgarie	**Allemagne.** — Traité de commerce, de douane et de navigation du 1ᵉʳ août 1905.
310	11ᵉ et 12ᵉ fasc. 1908.		— Arrangement du 31 octobre/13 novembre 1908, relatif à la taxation au poids net légal ou au poids net réel des marchandises d'origine allemande.
393	1ᵉʳ, 2ᵉ et 3ᵉ fasc. 1913.		— Échange de notes du 29 septembre 1911, concernant la prolongation du traité de commerce du 1ᵉʳ août 1905 entre les deux pays.
139	9ᵉ fasc. 1897.		**Angleterre.** — Convention commerciale du 12/24 juillet 1897.
239	8ᵉ, 9ᵉ et 10ᵉ fasc. 1906.		— Convention de commerce, de douane et de navigation du 9 décembre 1905.

309	11ᵉ et 12ᵉ fasc. 1908.	Bulgarie (*suite*).	— Arrangement du 31 octobre/13 novembre 1908 relatif à la taxation au poids net légal ou au poids net réel des marchandises d'origine britannique.
319	1ᵉʳ et 2ᵉ fasc. 1909.		— Arrangement additionnel du 27 janvier/9 février 1909 à la convention de commerce, de douane et de navigation du 9 décembre 1905.
135	7ᵉ fasc. 1897.		**Autriche-Hongrie.** — Convention de commerce du 9/21 décembre 1896.
316	1ᵉʳ et 2ᵉ fasc. 1909.		**Belgique.** — Traité de commerce et de navigation du 16/29 août 1908.
380	3ᵉ fasc. 1912.		**Danemark.** — Accord réciproque pour l'année 1911 du traitement de la nation la plus favorisée.
327	11ᵉ et 12ᵉ fasc. 1909.		**Espagne.** — Échange de notes du 22 septembre/5 octobre 1908 pour régler les relations commerciales entre les deux pays.
144	4ᵉ fasc. 1898.		**Italie.** — Arrangement commercial du 28 février/12 mars 1897.
238	8ᵉ, 9ᵉ et 10ᵉ fasc. 1906.		— Traité de commerce, de douane et de navigation du 31 décembre 1905/13 janvier 1906.
311	11ᵉ et 12ᵉ fasc. 1908.		— Arrangement du 31 octobre/13 novembre 1908 relatif à la taxation au poids net légal ou au poids net réel des marchandises d'origine italienne.
348	7ᵉ, 8ᵉ et 9ᵉ fasc. 1910.		— Échange de lettres (10 mars-21 juillet 1910) concernant le traitement douanier applicable au mobilier strictement nécessaire aux sujets de l'un des deux pays allant s'établir dans l'autre pays.
408	4ᵉ, 5ᵉ, 6ᵉ 7ᵉ, 8ᵉ et 9ᵉ fasc. 1914.		— Échange de notes relatif à la prorogation du traité de commerce du 31 décembre 1905.
140	11ᵉ fasc. 1897.		**Pays-Bas.** — Convention douanière et commerciale entre le royaume des Pays-Bas et la principauté de Bulgarie du 12/24 juin 1897.
347	7ᵉ, 8ᵉ et 9ᵉ fasc. 1910.		**Portugal.** — Arrangement commercial du 4 juin 1910 ratifié le 16 juin 1910.
292	1ᵉʳ, 2ᵉ et 3ᵉ fasc. 1908.		**Roumanie.** — Traité de commerce et de navigation du 20 novembre 1907.
141	11ᵉ fasc. 1897.		**Russie.** — Convention de commerce du 12/24 juillet 1897.
234	1ᵉʳ, 2ᵉ et 3ᵉ fasc. 1906.		— Traité de commerce et de navigation du 23 février 1905.
136	7ᵉ fasc. 1897.		**Serbie.** — Traité de commerce du 16 février 1897.
263	1ᵉʳ, 2ᵉ et 3ᵉ fasc. 1907.		**Suède.** — Notes échangées le 27 avril/10 mai 1906 pour régler les relations commerciales et maritimes entre les deux pays.
257	1ᵉʳ, 2ᵉ et 3ᵉ fasc. 1907.		**Turquie.** — Convention de commerce du 29 novembre 1900.

N°	Fascicule	Pays	Objet
258	1er, 2e et 3e fasc. 1907.	Bulgarie (*suite*).	— Arrangement commercial et douanier du 30 décembre 1906/12 janvier 1907.
368	4e et 5e fasc. 1911.		— Convention provisoire de commerce et de navigation du 6/19 février 1911.
346	7e, 8e et 9e fasc. 1910.	Canada. . . .	**Belgique.** — Mémorandum du Département des douanes aux receveurs des douanes du Canada prescrivant l'extension partielle du tarif intermédiaire à divers produits originaires de Belgique, de Hollande et d'Italie.
350	7e. 8e et 9e fasc. 1910.		— Avis faisant connaître l'application aux marchandises belges du tarif canadien intermédiaire.
337	1er et 2e fasc. 1910.		**États-Unis.** — Arrangement douanier du 26 mars 1910.
404	4e, 5e, 6e, 7e, 8e et 9e fasc. 1914.		**Indes occidentales britanniques.** — Convention de commerce du 9 avril 1912.
345	7e, 8e et 9e fasc. 1910.		**Italie.** — Accord commercial provisoire du 6 juin 1910.
346	7e, 8e et 9e fasc. 1910.		— Mémorandum du Département des douanes aux receveurs des douanes du Canada prescrivant l'extension partielle du tarif intermédiaire à divers produits originaires de Belgique, de Hollande et d'Italie.
240	8e, 9e et 10e fasc. 1906.		**Japon.** — Convention du 31 janvier 1906 entre l'Angleterre et le Japon en vue de rendre applicables au Japon et au Canada les dispositions du traité d'amitié et de commerce anglo-japonais du 16 juillet 1894.
346	7e, 8e et 9e fasc. 1910.		**Pays-Bas.** — Mémorandum du Département des douanes aux receveurs des douanes du Canada prescrivant l'extension partielle du tarif intermédiaire à divers produits originaires de Belgique, de Hollande et d'Italie.
194	1er, 2e et 3e fasc. 1904.	Cap de Bonne-Espérance.	**Natal.** — Convention d'union douanière conclue en 1903.
246	8e, 9e et 10e fasc. 1906.		— Convention d'union douanière conclue en mars 1906.
158	3e fasc. 1899.		**Orange (État libre d').** — Union douanière du 12 décembre 1898.
194	1er, 2e et 3e fasc. 1904.		**Orange (Colonie du Fleuve).** — Convention d'union douanière conclue en 1903.
246	8e, 9e et 10e fasc. 1906.		— Convention d'union douanière conclue en mars 1906.
194	1er, 2e et 3e fasc. 1904.		**Rhodésia du Sud.** — Convention d'union douanière conclue en 1903.
246	8e, 9e et 10e fasc. 1906.		— Convention d'union douanière conclue en mars 1906.
194	1er, 2e et 3e fasc. 1904.		**Transvaal.** — Convention d'union douanière conclue en 1903.
246	8e, 9e et 10e fasc. 1906.		— Convention d'union douanière conclue en mars 1906.
125	8e fasc. 1896.	Chili.	**Bolivie.** — Traité de commerce du 18 mai 1895.
215	8e, 9e et 10e fasc. 1905.		— Dispositions commerciales du traité de paix et d'amitié du 20 octobre 1904.

N°	Fascicule	Pays	Conventions
294	8e, 9e et 10e fasc. 1908.	CHILI (*suite*).	**Danemark.** — Traité de commerce et de navigation du 4 février 1899 et article additionnel du 30 novembre 1905.
370	10e fasc. 1911.		**Italie.** — Traité de commerce et de navigation du 2 juin 1898.
256	1er, 2e et 3e fasc. 1907.		**Japon.** — Traité de commerce et de navigation du 25 septembre 1897, complété par un article additionnel le 16 octobre 1899.
198	8e, 9e et 10e fasc. 1904.	CHINE	**Angleterre.** — Traité de commerce du 5 septembre 1902.
200	8e, 9e et 10e fasc. 1904.		**États-Unis.** — Traité de commerce du 8 octobre 1903.
132	5e fasc. 1897.		**Japon.** — Traité du 21 juillet 1896.
199	8e, 9e et 10e fasc. 1904.		— Traité supplémentaire de commerce et de navigation du 8 octobre 1903.
415	10e, 11e et 12e fasc. 1914.		— Règlement douanier du 29 mai 1913 relatif à la Corée et à la Mandchourie.
36	9e fasc. 1888.		**Portugal.** — Traité d'amitié et de commerce du 1er décembre 1887 et conventions additionnelles relatives à l'opium.
391	1er, 2e et 3e fasc. 1913.		**Suède.** — Traité d'amitié, de commerce et de navigation du 2 juillet 1908, ratifié le 14 juin 1909.
99	8e fasc. 1894.	COLOMBIE	**Allemagne.** — Traité d'amitié, de commerce et de navigation du 23 juillet 1892.
358	10e fasc. 1910.		**Brésil.** — Traité de commerce et de navigation fluviale du 21 août 1908, dont les ratifications ont été échangées le 8 août 1910.
112	1er fasc. 1896.		**Espagne** — Traité d'amitié, additionnel au traité du 30 janvier 1881, conclu le 28 avril 1894.
105	3e fasc. 1895.		**Italie.** — Traité d'amitié, de commerce et de navigation du 27 octobre 1892, mis en vigueur le 26 août 1894.
331	11e et 12e fasc. 1909.		— Convention du 16 avril 1909 modifiant l'article 22 du traité d'amitié, de commerce et de navigation du 27 octobre 1892.
306	11e et 12e fasc. 1908.		**Japon.** — Traité d'amitié, de commerce et de navigation du 25 mai 1908.
326	11e et 12e fasc. 1909.		**Suisse.** — Traité d'amitié, d'établissement et de commerce du 14 mars 1908.
61	3e fasc. 1890.	**Congo (État indépendant du) et Suisse.**	— Traité d'amitié, d'établissement et de commerce du 16 novembre 1889, ratifié le 4 janvier 1890.
89	1er fasc. 1894.	CORÉE	**Autriche-Hongrie.** — Traité de commerce du 23 juin 1892.
180	12e fasc. 1901.		**Belgique.** — Traité d'amitié, de commerce et navigation du 23 mars 1901.
196	1er, 2e et 3e fasc. 1904.		**Danemark.** — Traité d'amitié, de commerce et de navigation du 15 juillet 1902.
60	3e fasc. 1890.		**Russie.** — Traité de commerce du 25 juin/7 juillet 1884, ratifié le 2 avril 1885; règlement pour le commerce des sujets russes en Corée.

N°	Fascicule	Pays	Conventions
195	1er, 2e et 3e fasc. 1904.	CUBA.	**États-Unis.** — Traité de réciprocité commerciale du 11 décembre 1902.
206	1er, 2e et 3e fasc. 1905.		**Italie.** — Traité d'amitié, de commerce et de navigation du 29 décembre 1903.
34	11e fasc. 1887.	DANEMARK.	**Autriche-Hongrie.** — Convention de commerce du 14 mars 1887.
109	9e fasc. 1895.		**Belgique.** — Traité du 18 juin 1895.
282	8e, 9e et 10e fasc. 1907.		— Déclaration du 22 avril 1907, concernant la protection réciproque des dessins et modèles industriels.
341	7e, 8e et 9e fasc. 1910.		— Convention consulaire du 26 avril 1909 dont les ratifications ont été échangées le 27 juillet 1910.
380	3e fasc. 1912.		**Bulgarie.** — Accord réciproque pour l'année 1911 du traitement de la nation la plus favorisée.
294	8e, 9e et 10e fasc. 1908.		**Chili.** — Traité de commerce et de navigation du 4 février 1899 et article additionnel du 30 novembre 1905.
196	1er, 2e et 3e fasc. 1904.		**Corée.** — Traité d'amitié, de commerce et de navigation du 15 juillet 1902.
21	Novembre 1880.		**Espagne.** — Traité de commerce et de navigation du 8 septembre 1872.
103	1er fasc. 1895.		— Conventien de commerce et de navigation du 4 juillet 1893.
127	9e fasc. 1896.		**Japon.** — Traité de commerce et de navigation du 19 octobre 1895.
412	10e, 11e et 12e fasc. 1914.		— Traité de commerce et de navigation du 12 février 1912, entré en vigueur le 7 mai de la même année.
364	4e et 5e fasc. 1911.		**Mexique.** — Convention de commerce et d'amitié du 3 mai 1910.
36	9e fasc. 1888.		**Portugal.** — Traité de commerce du 20 décembre 1887.
143	1er fasc. 1898.		— Déclaration provisoire relative au commerce, en date du 14 décembre 1896, ratifiée le 4 décembre 1897.
344	7e, 8e et 9e fasc. 1910.		**Roumanie.** — Convention de commerce et de navigation du 29 mars/11 avril 1910, dont les ratifications ont été échangées à Vienne le 21 juin 1910.
108	7e fasc. 1895.		**Russie.** — Traité de commerce et de navigation du 18 février/2 mars 1895.
356	7e, 8e et 9e fasc. 1910.		**Serbie.** — Déclaration de commerce du 30 novembre 1909.
130	4e fasc. 1897.		**Tunisie.** — Convention, arrangement et déclaration du 21 janvier 1897.
293	1er, 2e et 3e fasc. 1908.	ÉGYPTE.	**Angleterre.** — Convention du 16 décembre 1907, suivie de la convention de commerce du 29 octobre 1889.
241	8e, 9e et 10e fasc. 1906.		**Grèce.** — Convention commerciale du 4 juin 1906.
312	1er et 2e fasc. 1909.		**Italie.** — Convention de commerce et de navigation du 14 juillet 1906.

N°	Fascicule	Pays	Conventions
216	8e, 9e et 10e fasc. 1905.	ÉGYPTE (*suite*).	**Monténégro.** — Arrangement commercial promulgué le 24 juillet 1905.
329	11e et 12e fasc. 1909.		**Russie.** — Convention de commerce et de navigation du 28 février/13 mars 1909.
33	4e fasc. 1887.	ÉQUATEUR (République de l').	**Angleterre.** — Traité d'amitié, de commerce et de navigation du 19 février 1886.
252	8e, 9e et 10e fasc. 1906.		**Italie.** — Traité d'amitié, de commerce et de navigation du 12 août 1900.
80	11e fasc. 1892.		**Salvador.** — Traité d'amitié, de commerce et de navigation du 29 mars 1890.
31	5e et 6e fasc. 1884.	ESPAGNE.	**Allemagne.** — Traité de commerce et de navigation du 12 juillet 1883.
32	8e fasc. 1885.		— Traité de commerce du 10 mai 1885.
160	6e fasc. 1899.		— Accord commercial du 12 février 1899, entré en vigueur le 1er juillet 1899.
249	8e, 9e et 10e fasc. 1906.		— Accord commercial provisoire du 27 juin 1906.
272	1er, 2e et 3e fasc. 1907.		— Déclaration prorogeant au 30 juin 1907 le régime commercial en vigueur entre les deux pays.
395	1er, 2e et 3e fasc. 1913.		— Accord du 13 juin 1912 concernant le traitement réciproque des navires de commerce des deux pays au point de vue du jaugeage.
23	Juillet 1881.		**Autriche-Hongrie.** — Traité de commerce et de navigation du 3 juin 1880.
44	8e fasc. 1889.		— Convention signée le 27 décembre 1887, prorogeant les traités de commerce du 3 juin 1880.
16	Octobre 1879.		**Belgique.** — Traité de commerce et de navigation du 4 mai 1878.
327	11e et 12e fasc. 1909.		**Bulgarie.** — Échange de notes du 22 septembre/5 octobre 1908 pour régler les relations commerciales entre les deux pays.
112	1er fasc. 1896.		**Colombie.** — Traité d'amitié, additionnel au traité du 30 janvier 1881, conclu le 28 avril 1894.
21	Novembre 1880.		**Danemark.** — Traité de commerce et de navigation du 8 septembre 1872.
103	1er fasc. 1895.		— Convention de commerce et de navigation du 4 juillet 1893.
31	5e et 6e fasc. 1884.		**États-Unis.** — Convention et traité du 2 janvier 1884, concernant les provinces espagnoles de Cuba et de Porto-Rico.
81	1er fasc. 1893.		— Traité de réciprocité du 16 juin 1891 concernant les Antilles espagnoles.
189	8e fasc. 1903.		— Traité d'amitié et de relations générales du 3 juillet 1902.
245	8e, 9e et 10e fasc. 1906.		— Convention de réciprocité de tarifs du 1er août 1906.
268	1er, 2e et 3e fasc. 1907.		— Échange de notes du 20 décembre 1906, pour fixer l'interprétation de la convention hispano-américaine du 1er août 1906.
320	1er et 2e fasc. 1909.		— Notes échangées le 20 février 1909 au sujet des vins mousseux espagnols.

N°	Fascicule	Pays	Convention
166	8e fasc. 1900.	ESPAGNE (*suite*).	**Grèce**. — Convention de navigation conclue le 6/18 novembre 1899 et entrée en vigueur en Grèce le 3 janvier 1900, et en Espagne le 31 janvier 1900.
205	1er, 2e et 3e fasc. 1905.		— Convention de commerce et de navigation du 23 septembre 1903.
126	9e fasc. 1896.		**Honduras**. — Traité d'amitié et de paix conclu le 17 novembre 1894.
32	8e fasc. 1885.		**Italie**. — Traité de commerce et de navigation du 2 juin 1884.
36	9e fasc. 1888.		— Traité de commerce et de navigation du 26 février 1888.
229	1er, 2e et 3e fasc. 1906.		— *Modus vivendi* du 8 novembre 1905.
420	10e, 11e et 12e fasc. 1914.		— Convention de commerce et de navigation, conclue le 30 mars 1914 et ratifiée le 13 juillet de la même année.
151	7e fasc. 1898.		**Japon**. — Traité de commerce et de navigation du 2 janvier 1897, ratifié le 9 septembre 1897.
176	7e fasc. 1901.		— Convention de commerce du 28 mars 1900.
87	12e fasc. 1893.		**Norvège**. — Traité de commerce du 27 juin 1892.
197	1er, 2e et 3e fasc. 1904.		— Convention du 25 août 1903, modificative du traité de commerce hispano-norvégien du 27 juin 1892.
321	1er et 2e fasc. 1909.		— Déclaration du 11 mars 1909 portant modification à la convention additionnelle du 25 août 1903.
36	9e fasc. 1888.		**Pays-Bas**. — Convention de commerce et de navigation du 8 juin 1887.
91	2e fasc. 1894.		— Déclaration entre l'Espagne et les Pays-Bas signée le 12 juillet 1892, ratifiée le 8 décembre 1893 et mise en vigueur le 1er janvier 1894.
169	8e fasc. 1900.		— Déclaration entre l'Espagne et les Pays-Bas, signée le 13 novembre 1899, ratifiée et mise en vigueur le 25 mai 1900.
85	11e fasc. 1893.		**Portugal**. — Traité de commerce du 27 mars 1893, ratifié le 5 septembre 1893.
397	1er, 2e et 3e fasc. 1913.		— Dénonciation du traité de commerce du 27 mars 1893.
318	1er et 2e fasc. 1909.		**Roumanie**. — Convention de commerce du 1er décembre 1908.
43	8e fasc. 1889.		**Russie**. — Traité de commerce et de navigation signé le 20 juin/2 juillet 1887, ratifié le 1er/13 juin 1888.
			— Annexe : Stipulations spéciales relatives au commerce entre la Finlande et l'Espagne.
401	4e, 5e, 6e, 7e, 8e et 9e fasc. 1914.		— Échange de notes du 1er/14 février 1912, touchant le traitement de faveur à accorder aux navires de chacun des deux pays dans les ports de l'autre.
317	1er et 2e fasc. 1909.		**Serbie**. — Convention commerciale du 5 novembre 1908.

31	5ᵉ et 6ᵉ fasc. 1884.	ESPAGNE (*suite*).	**Suède et Norvège.** — Traité de commerce et de navigation du 15 mars 1883.
88	12ᵉ fasc. 1893.		**Suède.** — Traité de commerce du 27 juin 1892.
31	5ᵉ et 6ᵉ fasc. 1884.		**Suisse.** — Traité de commerce du 14 mars 1883.
86	12ᵉ fasc. 1893.		— Convention de commerce du 13 juillet 1892.
221	8ᵉ, 9ᵉ et 10ᵉ fasc. 1905.		— Arrangement commercial provisoire du 29 août 1905.
254	8ᵉ, 9ᵉ et 10ᵉ fasc. 1906.		— Traité de commerce du 1ᵉʳ septembre 1906.
130	4ᵉ fasc. 1897.		**Tunisie.** — Convention, arrangement et déclaration du 12 janvier 1897.
49	8ᵉ fasc. 1889.	**Établissements des Détroits** (Possessions anglaises d'Asie) et **États de Pahang.** — Conventions approuvées par le Gouvernement britannique.	
		État libre d'Orange. (Voir Orange [État libre d'].)	
81	1ᵉʳ fasc. 1893.	ÉTATS-UNIS.	**Allemagne.** — Traité de réciprocité conclu le 30 janvier 1892.
173	1ᵉʳ fasc. 1901.		— Convention de commerce du 10 juillet 1900, ratifiée le 13 juillet 1900.
226	1ᵉʳ, 2ᵉ et 3ᵉ fasc. 1906.		— Loi allemande du 26 février 1906 et proclamation du Président des États-Unis du 27 février 1906 relatives aux relations commerciales de l'Allemagne et des États-Unis.
281	8ᵉ, 9ᵉ et 10ᵉ fasc. 1907.		— Convention commerciale du 22 avril/2 mai 1907.
332	11ᵉ et 12ᵉ fasc. 1909.		— Dénonciation, le 7 août 1909, de la convention commerciale du 22 avril/2 mai 1907.
363	4ᵉ et 5ᵉ fasc. 1911.		— Loi allemande du 5 février 1910 sur les relations commerciales avec les États-Unis, suivie d'une ordonnance d'application.
81	1ᵉʳ fasc. 1893.		**Angleterre (Indes occidentales).** — Traité de réciprocité conclu le 1ᵉʳ février 1892.
188	8ᵉ fasc. 1903.		**Angleterre (Grande-Bretagne).** — Traité du 31 mai 1902 relatif à l'établissement de droits d'importation à Zanzibar.
291	1ᵉʳ, 2ᵉ et 3ᵉ fasc. 1908.		— Accord du 19 novembre 1907 relativement : 1° A l'admission en Angleterre des échantillons des voyageurs de commerce ; 2° Au droit d'importation des œuvres d'art britanniques à l'entrée aux États-Unis.
81	1ᵉʳ fasc. 1893.		**Autriche.** — Traité de réciprocité conclu le 25 mai 1892.
81	1ᵉʳ fasc. 1893.		**Brésil.** — Traité de réciprocité conclu le 31 janvier 1891.
337	1ᵉʳ et 2ᵉ fasc. 1910.		**Canada.** — Arrangement douanier du 26 mars 1910.
200	8ᵉ, 9ᵉ et 10ᵉ fasc. 1904.		**Chine.** — Traité de commerce du 8 octobre 1903.
195	1ᵉʳ, 2ᵉ et 3ᵉ fasc. 1904.		**Cuba.** — Traité de réciprocité commerciale du 11 décembre 1902.
31	5ᵉ et 6ᵉ fasc. 1884.		**Espagne.** — Convention et traité du 2 janvier 1884 concernant les provinces espagnoles de Cuba et de Porto-Rico.

81	1er fasc. 1893.	ÉTATS-UNIS (*suite*).	— Traité de réciprocité conclu le 16 juin 1891 concernant les Antilles espagnoles.
189	8e fasc. 1903.		— Traité d'amitié et de relations générales du 3 juillet 1902.
245	8e, 9e et 10e fasc. 1906.		— Convention de réciprocité de tarifs du 1er août 1906.
268	1er, 2e et 3e fasc. 1907.		— Échange de notes du 20 décembre 1906, pour fixer l'interprétation de la convention hispano-américaine du 1er août 1906.
320	1er et 2e fasc. 1909.		— Notes échangées le 20 février 1909 au sujet des vins mousseux espagnols.
204	8e, 9e et 10e fasc. 1904.		**Éthiopie.** — Traité de commerce du 27 décembre 1903.
81	1er fasc. 1893.		**Guatemala.** — Traité de réciprocité conclu le 30 décembre 1891.
81	1er fasc. 1893.		**Honduras.** — Traité de réciprocité conclu le 29 avril 1892.
50	8e fasc. 1889.		**Îles Havai.** — Convention de commerce du 30 janvier 1875, ratifiée le 30 juin 1875, mise en vigueur le 15 août 1876; convention supplémentaire conclue le 6 décembre 1884.
330	11e et 12e fasc. 1909.		**Italie.** — Accord additionnel du 2 mars 1909 concernant le traitement douanier des vins mousseux italiens et des faucheuses et faneuses de provenance américaine.
134	6e fasc. 1897.		**Japon.** — Traité de commerce et de navigation du 22 novembre 1894.
81	1er fasc. 1893.		**Nicaragua.** — Traité de réciprocité conclu le 11 mars 1892.
207	1er, 2e et 3e fasc. 1905.		**Panama (République de).** — Décrets des 3 et 6 décembre 1904 constituant l'accord intervenu pour régler les relations commerciales entre la Zone du Canal de Panama et la nouvelle République.
410	4e, 5e, 6e, 7e, 8e et 9e fasc. 1914.		— Échange de notes autorisant les Consuls à prendre note des déclarations de valeur des marchandises faites par les expéditeurs devant les douanes.
300	8e, 9e et 10e fasc. 1908.		**Pays-Bas.** — Convention commerciale du 16 mai 1907.
62	5e fasc. 1890.		**Pérou.** — Traité d'amitié, de commerce et de navigation du 31 octobre 1887, ratifié le 1er octobre 1888.
170	8e fasc. 1900.		**Portugal.** — Convention commerciale de réciprocité du 22 mai 1899, ratifiée le 12 juin 1900.
259	1er, 2e et 3e fasc. 1907.		— Acte additionnel du 19 novembre 1902 à la convention commerciale du 22 mai 1899.
333	11e et 12e fasc. 1909.		— Dénonciation, le 7 août 1909, des accords des 22 mai 1899 et 19 novembre 1902.
351	7e, 8e et 9e fasc. 1910.		— Arrangement commercial du 5 août 1910.
367	4e et 5e fasc. 1911.		— Échange de notes (septembre 1910) par lesquelles les deux nations s'accordent réciproquement le régime de la nation la plus favorisée.

81	1er fasc. 1893.	États-Unis (*suite*).	**République Dominicaine.** — Traité de réciprocité conclu le 4 juin 1891.
277	8e, 9e et 10e fasc. 1907.		— Convention douanière du 8 février 1907.
323	11e et 12e fasc. 1909.		**Russie.** — Accord du 25/12 juin 1904 en vue de régler la situation des sociétés par actions et autres associations commerciales.
81	1er fasc. 1893.		**Salvador.** — Traité de réciprocité conclu le 30 décembre 1891.
177	9e fasc. 1901.		**Suisse.** — Dénonciation des clauses commerciales du traité du 25 novembre 1850.
236	1er, 2e et 3e fasc. 1906.		— Proclamation du Président des États-Unis en date du 1er janvier 1906 et arrêté fédéral du 30 juin 1905.
255	8e, 9e et 10e fasc. 1906.	Éthiopie....	**Angleterre.** — Traité de commerce du 14 mai 1897.
360	4e et 5e fasc. 1911.		**Autriche-Hongrie.** — Traité de commerce et d'amitié du 21 mars 1905.
297	8e, 9e et 10e fasc. 1908.		**Belgique.** — Traité de commerce du 6 septembre 1906.
204	8e, 9e et 10e fasc. 1904.		**États-Unis.** — Traité de commerce du 27 décembre 1903.
274	8., 9e et 10e fasc. 1907.		**Italie.** — Traité de commerce et d'amitié du 21 juillet 1906.
		Finlande. (Voir Espagne et Russie.)	
		Grande-Bretagne. (Voir ci-dessus Angleterre.)	
34	11e fasc. 1887.	Grèce.....	**Allemagne.** — Convention de commerce du 27 juin/9 juillet 1884.
375	10e fasc. 1911.		— Échange de notes en date du 24 février 1911 au sujet des échantillons importés par les voyageurs de commerce.
33	4e fasc. 1887.		**Angleterre.** — Traité de commerce et de navigation du 10 novembre 1886.
66	1er fasc. 1891.		— Convention du 28 mars 1890.
217	8e, 9e et 10e fasc. 1905.		— Arrangement commercial du 10/23 novembre 1904.
417	10e, 11e et 12e fasc. 1914.		— Déclaration du 3 avril/21 mars 1914, concernant le régime douanier des échantillons.
34	11e fasc. 1887.		**Autriche.** — Convention provisoire de commerce du 30 mars/11 avril 1887.
111	9e fasc. 1895.		**Belgique.** — Traité du 13/25 mai 1895.
218	8e, 9e et 10e fasc. 1905.		— Arrangement commercial du 19 octobre/1er novembre 1904.
241	8e, 9e et 10e fasc. 1906.		**Égypte.** — Convention commerciale du 4 juin 1906.
166	8e fasc. 1900.		**Espagne.** — Convention de navigation conclue le 6/18 novembre 1899 et entrée en vigueur en Grèce le 3 janvier 1900, et en Espagne le 31 janvier 1900.
205	1er, 2e et 3e fasc. 1905.		— Convention de commerce et de navigation du 23 septembre 1903.
39	8e fasc. 1889.		**Italie.** — Traité de commerce et de navigation conclu le 20 mars/1er avril 1889, et ratifié

		Grèce (*suite*).	le 16 avril 1889; en vigueur à partir du 26 avril 1889.
163	3e fasc. 1900.		— Convention de commerce conclue le 18/30 décembre 1899 et entrée en vigueur le 1er janvier 1900 (nouveau style).
165	3e fasc. 1900		**Japon.** — Traité d'amitié, de commerce et de navigation du 20 mai 1899, ratifié le 9/21 septembre 1899.
148	6e fasc. 1898.		**Monténégro.** — Convention de commerce et de navigation du 11/23 décembre 1896, ratifiée le 5 juin 1897.
322	1er et 2e fasc. 1909.		— Convention commerciale du 14 mars 1908.
214	8e, 9e et 10e fasc. 1905.		**Pays-Bas.** — Protocole du 2/15 octobre 1903 sur la réglementation des sociétés commerciales anonymes grecques et néerlandaises.
18	Mars 1880.		**Portugal.** — Traité de commerce et de navigation du 12 janvier 1877.
56	2e fasc. 1890.		**Roumanie.** — Convention de commerce et de navigation du 6/18 avril 1878.
174	3e fasc. 1901.		— Convention de commerce du 19 décembre 1900 (vieux style), ratifiée le 22 janvier 1901 (vieux style).
416	10e, 11e et 12e fasc. 1914.		— Convention commerciale du 4 mars 1914, entrée en vigueur le 4 juin de la même année.
113	1er fasc. 1896.		**Serbie.** — Arrangement provisoire du 17 juin 1894.
63	5e fasc. 1890.		**Suisse.** — Convention provisoire de commerce du 10 juin 1887.
185	8e fasc. 1903.		**Turquie.** — Convention commerciale du 12 avril 1903.
81	1er fasc. 1893.	**Guatémala** et **États-Unis.** — Traité de réciprocité conclu le 30 décembre 1891.	
305	8e, 9e et 10e fasc. 1908.	**Haïti** et **Allemagne.** — Convention commerciale du 29 juillet 1908.	
339	7e, 8e et 9e fasc. 1910.	Honduras...	**Belgique.** — Traité d'amitié, de commerce et de navigation du 25 mars 1909 et déclaration additionnelle du 30 août 1909.
126	9e fasc. 1896.		**Espagne.** — Traité d'amitié et de paix conclu le 17 novembre 1894.
81	1er fasc. 1893.		**États-Unis.** — Traité de réciprocité conclu le 29 avril 1892.
355	7e, 8e et 9e fasc. 1910.		**Mexique.** — Traité d'amitié, de commerce et de navigatiou du 24 mars 1908, ratifié le 30 septembre 1910.
50	8e fasc. 1889.	**Îles Havaï** et **États-Unis.** — Convention de commerce du 30 janvier 1875, ratifiée le 30 juin 1875, mise en vigueur le 15 août 1876, convention supplémentaire conclue le 6 décembre 1884.	
404	4e, 5e. 6e, 7e, 8e et 9e fasc. 1914.	**Indes occidentales britanniques** et **Canada.** — Convention de commerce du 9 avril 1912.	
		Indes occidentales espagnoles (Cuba et Porto-Rico). (Voir ci-dessus Espagne, États-Unis et Cuba.)	
31	5e et 6e fasc. 1884.	Italie.....	**Allemagne.** — Traité de commerce et de navigation conclu le 4 mai 1883.

N°	Fascicule	Pays	Acte
73	4ᵉ fasc. 1892.	Italie (*suite*).	— Traité de commerce et de navigation du 6 décembre 1891, ratifié le 30 janvier 1892.
210	8ᵉ, 9ᵉ et 10ᵉ fasc. 1905.		— Traité additionnel du 3 décembre 1904 au traité de commerce et de navigation du 6 décembre 1891.
31	5ᵉ et 6ᵉ fasc. 1884.		**Angleterre.** — Traité de commerce et de navigation conclue le 15 juin 1883.
314	1ᵉʳ et 2ᵉ fasc. 1909.		— Accord du 30 mai 1908 au sujet des échantillons des voyageurs de commerce.
15	Juillet 1879.		**Autriche.** — Traité de commerce et de navigation du 27 novembre 1878; convention entre les mêmes États en date du même jour, relative aux épizooties.
35	7ᵉ fasc. 1888.		— Traité de commerce et de navigation du 7 décembre 1887; convention additionnelle.
68	3ᵉ fasc. 1891.		— Déclaration du 27 décembre 1890 portant prorogation du traité de commerce et de navigation du 7 décembre 1887.
72	4ᵉ fasc. 1892.		— Traité de commerce et de navigation du 6 décembre 1891, ratifié le 30 janvier 1892.
192	1ᵉʳ, 2ᵉ et 3ᵉ fasc. 1904.		— Déclaration du 31 décembre 1903, prorogeant le traité de commerce et de navigation du 6 décembre 1891.
202	8ᵉ, 9ᵉ et 10ᵉ fasc. 1904.		— Déclaration du 24 septembre 1904, relative à un accord destiné à régler provisoirement leurs relations de commerce et de navigation.
235	1ᵉʳ, 2ᵉ et 3ᵉ fasc. 1906.		— Traité de commerce et de navigation du 11 février 1906 et conventions du 11 février 1906.
308	11ᵉ et 12ᵉ fasc. 1908.		— Accord du 23 décembre 1908 pour l'importation des produits médicinaux.
31	5ᵉ et 6ᵉ fasc. 1884.		**Belgique.** — Traité de commerce et de navigation conclu le 11 décembre 1882.
304	8ᵉ, 9ᵉ et 10ᵉ fasc. 1908.		— Déclaration du 4 mai 1908 relative à l'admission réciproque des produits médicinaux et des spécialités pharmaceutiques.
265	1ᵉʳ, 2ᵉ et 3ᵉ fasc. 1907.		**Brésil.** — Note prorogeant jusqu'au 31 décembre 1908 l'accord commercial provisoire du 5 juillet 1900.
307	11ᵉ et 12ᵉ fasc. 1908.		— Notes prorogeant l'accord provisoire du 5 juillet 1900.
349	7ᵉ, 8ᵉ et 9ᵉ fasc. 1910.		— Prorogation jusqu'au 31 décembre 1912 de l'accord commercial provisoire du 5 juillet 1900.
406	4ᵉ, 5ᵉ, 6ᵉ, 7ᵉ, 8ᵉ et 9ᵉ fasc. 1914.		— Prorogation de l'accord commercial du 5 juillet 1900.
144	4ᵉ fasc. 1898.		**Bulgarie.** — Arrangement commercial du 28 février/12 mars 1897.
238	8ᵉ, 9ᵉ et 10ᵉ fasc. 1906.		— Traité de commerce, de douane et de navigation du 31 décembre 1905/13 janvier 1906.
311	11ᵉ et 12ᵉ fasc. 1908.		— Arrangement du 31 octobre/13 novembre 1908 relatif à la taxation au poids net légal

		Italie (*suite*).	ou au poids net réel des marchandises d'origine italienne.
348	7e, 8e et 9e fasc. 1910.		— Échange de lettres (10 mars-21 juillet 1910) concernant le traitement douanier applicable au mobilier strictement nécessaire aux sujets de l'un des deux pays allant s'établir dans l'autre pays.
408	4e 5e, 6e, 7e 8e et 9e fasc. 1914.		— Échange de notes relatif à la prorogation du traité de commerce du 31 décembre 1905.
345	7e, 8e et 9e fasc. 1910.		**Canada.** — Accord commercial provisoire du 6 juin 1910.
346	7e, 8e et 9e fasc. 1910.		— Mémorandum du Département des Douanes aux receveurs des douanes du Canada prescrivant l'extension partielle du tarif intermédiaire à divers produits originaires de Belgique, de Hollande et d'Italie.
370	10e fasc. 1911.		**Chili.** — Traité de commerce et de navigation du 2 juin 1898.
105	3e fasc. 1895.		**Colombie.** — Traité d'amitié, de commerce et de navigation du 27 octobre 1892, mis en vigueur le 26 août 1894.
331	11e et 12e fasc. 1909.		— Convention du 16 avril 1909 modifiant l'article 22 du traité d'amitié, de commerce et de navigation, du 27 octobre 1892.
206	1er, 2e et 3e fasc. 1905.		**Cuba.** — Traité d'amitié, de commerce et de navigation du 29 décembre 1903.
312	1er et 2e fasc. 1909.		**Égypte.** — Convention de commerce et de navigation du 14 juillet 1906.
252	8e, 9e et 10e fesc. 1906.		**Équateur.** — Traité d'amitié, de commerce et de navigation du 12 août 1900.
32	8e fasc. 1885.		**Espagne.** — Traité de commerce et de navigation du 2 juin 1884.
36	9e fasc. 1888.		— Traité de commerce et de navigation du 26 février 1888.
229	1er, 2e et 3e fasc. 1906.		— *Modus vivendi* du 8 novembre 1905.
420	10e, 11e et 12e fasc. 1914.		— Convention de commerce et de navigation conclue le 30 mars 1914 et ratifiée le 13 juillet de la même année.
330	11e et 12e fasc. 1909.		**États-Unis.** — Accord additionnel du 2 mars 1909 concernant le traitement douanier des vins mousseux italiens et des faucheuses et faneuses de provenance américaine.
274	8e, 9e et 10e fasc. 1907.		**Éthiopie.** — Traité de commerce et d'amitié du 21 juillet 1906.
39	8e fasc. 1889.		**Grèce.** — Traité de commerce et de navigation conclu le 20 mars/1er avril 1889, et ratifié le 16 avril 1889, en vigueur à partir du 26 avril 1889.
163	3e fasc. 1900.		— Convention de commerce conclue le 18/30 décembre 1899 et entrée en vigueur le 1er janvier 1900 (nouveau style).
137	8e fasc. 1897.		**Japon.** — Traité de commerce et de navigation du 1er décembre 1894.
386	6e et 7e fasc. 1912.		— Échange de notes du 12 juillet 1911 établis-

		ITALIE (*suite*).	sant un accord provisoire de commerce, douanes et navigation.
407	4ᵉ, 5ᵉ, 6ᵉ, 7ᵉ, 8ᵉ et 9ᵉ fasc. 1914.		— Traité de commerce et de navigation du 25 novembre 1912.
32	8ᵉ fasc. 1885.		**Madagascar**. — Convention d'amitié, de commerce et de navigation du 6 juillet 1883.
79	7ᵉ fasc. 1892.		**Mexique**. — Traité de commerce et de navigation du 16 avril 1890, ratifié le 23 juillet 1891.
325	11ᵉ et 12ᵉ fasc. 1909.		— Traité général d'arbitrage du 16 octobre 1907.
31	5ᵉ et 6ᵉ fasc. 1884.		**Monténégro**. — Traité de commerce et de navigation conclu le 16/28 mars 1883.
174	5ᵉ fasc. 1901.		— Prorogation du traité de commerce du 16/28 mars 1883.
251	8ᵉ, 9ᵉ et 10ᵉ fasc. 1906.		**Nicaragua**. — Traité d'amitié, de commerce et de navigation du 25 janvier 1906.
104	1ᵉʳ fasc. 1895.		**Paraguay**. Traité de commerce et de navigation du 22 août 1893.
324	11ᵉ et 12ᵉ fasc. 1909.		**Pérou**. — Traité général d'arbitrage du 18 avril 1905.
369	4ᵉ et 5ᵉ fasc. 1911.		**Portugal**. — *Modus vivendi* commercial du 9 mai 1911.
383	6ᵉ et 7ᵉ fasc. 1912.		— Accord commercial provisoire du 9 mai 1911.
119	5ᵉ fasc. 1896.		**République Argentine**. — Traité de commerce du 1ᵉʳ juin 1894; protocole du 31 janvier 1895.
201	8ᵉ, 9ᵉ et 10ᵉ fasc. 1904.		**République Dominicaine**. — Déclaration du 15 juillet 1903.
48	8ᵉ fasc. 1889.		**République Sud-Africaine (Transvaal)**. — Traité d'amitié et de commerce conclu le 6 octobre 1886, ratifié le 10 septembre 1888, en vigueur le 29 septembre 1888.
54	2ᵉ fasc. 1890.		**Roumanie**. — Convention de commerce et de navigation du 23 mars 1878.
267	1ᵉʳ, 2ᵉ et 3ᵉ fasc. 1907.		— Traité de commerce, de douane et de navigation du 22 novembre/5 décembre 1906.
31	5ᵉ et 6ᵉ fasc. 1884.		**Russie**. — Traité de commerce et de navigation et déclaration du 29 mars 1884, relative aux certificats de jaugeage des navires.
289	1ᵉʳ, 2ᵉ et 3ᵉ fasc. 1908.		— Traité de commerce et de navigation du 15/28 juin 1907.
22	Avril 1881.		**Serbie**. — Traité de commerce et déclaration du 28 avril/10 mai 1880 échangee entre l'Italie et la Serbie.
270	1ᵉʳ, 2ᵉ et 3ᵉ fasc. 1907.		— Traité de commerce du 1ᵉʳ/14 janvier 1907.
271	1ᵉʳ, 2ᵉ et 3ᵉ fasc. 1907.		— Convention contre les épizooties du 14 janvier 1907.
31	5ᵉ et 6ᵉ fasc. 1884.		**Suède et Norvège**. — Traité de commerce et de navigation et déclaration du 28 mars 1883.
31	5ᵉ et 6ᵉ fasc. 1884.		**Suisse**. — Traité de commerce du 22 mars 1883.
38	6ᵉ fasc. 1889.		— Traité de commerce du 23 janvier 1889.
78	7ᵉ fasc. 1892.		— Traité de commerce du 19 avril 1892, ratifié le 18 juin 1892.
208	1ᵉʳ, 2ᵉ et 3ᵉ fasc. 1905.		— Traité de commerce du 13 juillet 1904.

290	1er, 2e et 3e fasc. 1908.	Italie (*suite*).	— Échange de notes du 16/29 novembre 1907 pour régler au point de vue sanitaire l'importation réciproque des produits médicinaux.
315	1er et 2e fasc. 1909.	Italie (*suite*).	— Déclaration du 24 juillet 1908 au sujet des industries ambulantes et du colportage.
		Italie (*suite*).	**Transvaal.** — (Voir ci-dessns République Sud-Africaine.)
130	4e fasc. 1897.	Italie (*suite*).	**Tunisie.** — Convention, arrangement et déclaration du 28 septembre 1896.
414	10e, 11e et 12e fasc. 1914.	Italie (*suite*).	**Turquie.** — Traité de paix du 18 octobre 1912.
33	4e fasc. 1887.	Italie (*suite*).	**Zanzibar.** — Traité de commerce du 30 décembre 1886.
133	6e fasc. 1897.	Japon	**Allemagne.** — Traité de commerce et de navigation du 4 avril 1896.
159	4e fasc. 1899.	Japon	— Convention additionnelle au traité du 4 avril 1896.
352	7e, 8e et 9e fasc. 1910.	Japon	— Dénonciation du traité de commerce et de navigation du 4 avril 1896 et de la convention additionnelle du 26 décembre 1898, conclue entre l'Allemagne et le Japon.
378	10e fasc. 1911.	Japon	— Traité de commerce et de navigation et accord douanier du 24 juin 1911.
150	7e fasc. 1898.	Japon	**Angleterre.** — Traité de commerce et de navigation du 16 juillet 1894, ratifié le 25 août 1894.
220	8e, 9e et 10e fasc. 1905.	Japon	— Convention du 29 août 1904 pour régler les relations commerciales entre le Japon et les Indes anglaises.
376	10e fasc. 1911.	Japon	— Traité de commerce et de navigation du 3 avril 1911.
400	4e, 5e, 6e, 7e, 8e et 9e fasc. 1914.	Japon	— Adhésion des Colonies et Pays de protectorat anglais à la convention de commerce et de navigation du 3 avril 1911 entre la Grande-Bretagne et le Japon.
157	12e fasc. 1898.	Japon	**Autriche.** — Traité de commerce et de navigation du 5 décembre 1897, ratifié le 30 novembre 1898.
403	4e, 5e, 6e, 7e, 8e et 9e fasc. 1914.	Japon	— Traité de commerce et de navigation du 28 octobre 1912.
130	3e fasc. 1897.	Japon	**Belgique.** — Traité du 22 juin 1896.
354	7e, 8e et 9e fasc. 1910.	Japon	— Dénonciation du traité de commerce et de navigation conclu le 22 juin 1896 entre la Belgique et le Japon.
156	8e fasc. 1898.	Japon	**Brésil.** — Traité de commerce et de navigation conclu le 5 novembre 1895, ratifié le 12 février 1897.
240	8e, 9e et 10e fasc. 1906.	Japon	**Canada.** — Convention du 31 janvier 1906 entre l'Angleterre et le Japon en vue de rendre applicables au Japon et au Canada les dispositions du traité d'amitié et de commerce anglo-japonais du 16 juillet 1894.
256	1er, 2e et 3e fasc. 1907.	Japon	**Chili.** — Traité de commerce et de navigation

N°	Fascicule	Pays	Conventions
		JAPON (*suite*).	du 25 septembre 1897, complété par un article additionnel le 16 octobre 1899.
132	5ᵉ fasc. 1897.		**Chine.** — Traité du 21 juillet 1896.
199	8ᵉ, 9ᵉ et 10ᵉ fasc. 1904.		— Traité supplémentaire de commerce et de navigation du 8 octobre 1903.
415	10ᵉ, 11ᵉ et 12ᵉ fasc. 1914.		— Règlement douanier du 29 mai 1913, relatif à la Corée et à la Mandchourie.
306	11ᵉ et 12ᵉ fasc. 1908.		**Colombie.** — Traité d'amitié, de commerce et de navigation du 25 mai 1908.
127	9ᵉ fasc. 1896.		**Danemark.** — Traité de commerce et de navigation du 19 octobre 1895.
412	10ᵉ, 11ᵉ et 12ᵉ fasc. 1914.		— Traité de commerce et de navigation du 12 février 1912, entré en vigueur le 7 mai de la même année.
151	7ᵉ fasc. 1898.		**Espagne.** — Traité de commerce et de navigation du 2 janvier 1897, ratifié le 9 septembre 1897.
176	7ᵉ fasc. 1901.		— Convention de commerce du 28 mars 1900.
134	6ᵉ fasc. 1897.		**États-Unis.** — Traité de commerce et de navigation du 22 novembre 1894.
165	3ᵉ fasc. 1900.		**Grèce.** — Traité d'amitié, de commerce et de navigation du 20 mai 1899, ratifié le 9/21 septembre 1899.
137	8ᵉ fasc. 1897.		**Italie.** — Traité de commerce et de navigation du 1ᵉʳ décembre 1894.
386	6ᵉ et 7ᵉ fasc. 1912.		— Échange de notes du 12 juillet 1911 établissant un accord provisoire de commerce, douanes et navigation.
407	4ᵉ, 5ᵉ, 6ᵉ, 7ᵉ, 8ᵉ et 9ᵉ fasc. 1914.		— Traité de commerce et de navigation du 25 novembre 1912.
203	8ᵉ, 9ᵉ et 10ᵉ fasc. 1904.		**Pays-Bas.** — Traité de commerce et de navigation du 8 septembre 1896.
402	4ᵉ, 5ᵉ, 6ᵉ, 7ᵉ, 8ᵉ et 9ᵉ fasc. 1914.		— Traité de commerce et de navigation du 6 juillet 1912.
152	7ᵉ fasc. 1898.		**Portugal.** — Traité de commerce et de navigation conclu le 26 janvier 1897 ratifié le 30 août 1897.
353	7ᵉ, 8ᵉ et 9ᵉ fasc. 1910.		— Dénonciation du traité de commerce et de navigation conclu le 26 janvier 1897 entre le Portugal et le Japon.
179	12ᵉ fasc. 1901.		**République Argentine.** — Traité d'amitié, de commerce et de navigation du 3 février 1898.
154	8ᵉ fasc. 1898.		**Russie.** — Traité de commerce et de navigation du 27 mai 1895, ratifié le 6 juin 1895.
286	8ᵉ, 9ᵉ et 10ᵉ fasc. 1907.		— I. Traité de commerce et de navigation du 15/28 juillet 1907. II. Convention de pêche du 15/28 juillet 1907.
392	1ᵉʳ, 2ᵉ et 3ᵉ fasc. 1913.		— Conventions du 23 juin 1911, pour la protection réciproque de la propriété industrielle et commerciale et de la propriété industrielle en Chine, ratifiées le 4 novembre 1912.

N°	Fascicule	Pays	Convention
155	8e fasc. 1898.	JAPON (*suite*).	**Suède.** — Traité de commerce et de navigation conclu le 2 mai 1896, ratifié le 1er mai 1897.
377	10e fasc. 1911.		— Traité de commerce et de navigation du 19 mai 1911.
149	6e fasc. 1898.		**Suisse.** — Traité d'amitié, d'établissement et de commerce du 10 novembre 1896, ratifié en 1897.
388	6e et 7e fasc. 1912.		— Traité d'établissement et de commerce du 4 octobre 1911.
184	8e fasc. 1903.	**Luxembourg** (Grand duché de) et **Belgique**. — Arrangement du 2 avril 1903 au sujet du mouvement des alcools et spiritueux à la frontière.	
32	8e fasc. 1885.	MADAGASCAR.	**Allemagne.** — Traité de commerce et de navigation du 15 mai 1883.
32	8e fasc. 1885.		**Italie.** — Traité de commerce et de navigation du 6 juillet 1883.
69	6e fasc. 1891.	**Maroc et Allemagne.** — Convention commerciale du 1er juin 1890.	
45	8e fasc. 1889.	MEXIQUE.	**Angleterre.** — Traité d'amitié, de commerce et de navigation signé le 27 novembre 1888, ratifié le 11 février 1889.
124	8e fasc. 1896.		**Belgique.** — Traité d'amitié, de commerce et de navigation du 7 juin 1895.
364	4e et 5e fasc. 1911.		**Danemark.** — Convention de commerce et d'amitié du 3 mai 1910.
355	7e, 8e et 9e fasc. 1910.		**Honduras.** — Traité d'amitié, de commerce et de navigation du 24 mars 1908, ratifié le 30 septembre 1910.
79	7e fasc. 1892.		**Italie.** — Traité de commerce et de navigation du 16 avril 1890, ratifié le 23 juillet 1891.
325	11e et 12e fasc. 1909.		— Traité général d'arbitrage du 16 octobre 1907.
193	1er, 2e et 3e fasc. 1904.		**Nicaragua.** — Traité d'amitié et de commerce du 6 novembre 1900.
162	11e fasc. 1899.		**Pays-Bas.** — Traité de commerce et d'amitié du 22 septembre 1897, ratifié le 12 juillet 1899.
187	8e fasc. 1903.		**Perse.** — Traité d'amitié et de commerce du 14 mai 1902.
70	11e et 12e fasc. 1891 et 1er fasc. 1892.		**République Dominicaine.** — Traité d'amitié, de commerce et de navigation du 29 mars 1890, promulgué le 19 juillet 1891.
359	10e fasc. 1910.		**Russie.** — Convention spéciale de commerce du 2 octobre/19 septembre 1909, ratifiée le 27 avril 1910.
94	5e fasc. 1894.		**Salvador.** — Traité de commerce et de navigation du 24 avril 1893.
301	8e, 9e et 10e fasc. 1908.	MONTÉNÉGRO.	**Allemagne.** — Convention de commerce et de navigation du 18 juin 1907.
381	6e et 7e fasc. 1912.		**Autriche-Hongrie.** — Traité de commerce et de navigation du 6 février/24 janvier 1911.
222	8e, 9e et 10e fasc. 1905.		**Belgique.** — Arrangement commercial du 9 décembre 1904.

N°	Fascicule	Pays	Convention
216	8e, 9e et 10e fasc. 1905.	Monténégro (*suite*).	**Égypte.** — Arrangement commercial promulgué le 24 juillet 1905.
148	6e fasc. 1898.		**Grèce.** — Convention de commerce et de navigation du 11/23 décembre 1896, ratifiée le 5 juin 1897.
322	1er et 2e fasc. 1909.		— Convention commerciale du 14 mars 1908.
31	5e et 6e fasc. 1884.		**Italie.** — Traité de commerce et de navigation conclu le 16/28 mars 1883.
174	5e fasc. 1901.		— Prorogation du traité de commerce du 16/28 mars 1883.
340	7e, 8e et 9e fasc. 1910.		**Pays-Bas.** — Convention de commerce et de navigation du 25 novembre/8 décembre 1908, ratifiée le 20 mars 1910.
361	4e et 5e fasc. 1911.		— Convention commerciale du 25 novembre/29 décembre 1908.
342	7e, 8e et 9e fasc. 1910.		**Russie.** — Convention de commerce et de navigation du 15 décembre 1909, ratifiée le 7 février 1910.
362	4e et 5e fasc. 1911.		— Convention commerciale du 15 décembre 1909.
117	4e fasc. 1896.		**Serbie.** — Convention commerciale du 30 novembre/12 décembre 1895.
273	8e, 9e et 10e fasc. 1907.		— Traité de commerce du 1er janvier 1905.
374	10e fasc. 1911.		**Suisse.** — Traité de commerce du 31 décembre 1910.
194	1er, 2e et 3e fasc. 1904.	Natal.	**Cap de Bonne-Espérance.** — Convention d'union douanière conclue en 1903.
246	8e, 9e et 10e fasc. 1906.		— Convention d'union douanière conclue en mars 1906.
194	1er, 2e et 3e fasc. 1904.		**Orange.** (Colonie du Fleuve). — Convention d'union douanière conclue en 1903.
246	8e, 9e et 10e fasc. 1906.		— Convention d'union douanière conclue en mars 1906.
194	1er, 2e et 3e fasc. 1904.		**Rhodésia du Sud.** — Convention d'union douanière conclue en 1903.
246	8e, 9e et 10e fasc. 1906.		— Convention d'union douanière conclue en mars 1906.
194	1er, 2e et 3e fasc. 1904.		**Transvaal.** — Convention d'union douanière conclue en 1903.
246	8e, 9e et 10e fasc. 1906.		— Convention d'union douanière conclue en mars 1906.
250	8e, 9e et 10e fasc. 1906.	Nicaragua...	**Angleterre.** — Traité d'amitié, de commerce et de navigation du 28 juillet 1905.
81	1er fasc. 1893.		**États-Unis.** — Traité de réciprocité conclu le 11 mars 1892.
251	8e, 9e et 10e fasc. 1906.		**Italie.** — Traité d'amitié, de commerce et de navigation du 25 janvier 1906.
193	1er, 2e et 3e fasc. 1904.		**Mexique.** — Traité d'amitié et de commerce du 6 novembre 1900.
110	9e fasc. 1895.	Norvège....	**Belgique.** — Traité du 11 juin 1895.
372	10° fasc. 1911.		— Traité de commerce et de navigation du 27 juin 1910.

87	12e fasc. 1893.	NORVÈGE (*suite*).	**Espagne.** — Traité de commerce du 27 juin 1892.
197	1er, 2e et 3e fasc. 1904.		— Convention du 25 août 1903, modificative du traité de commerce hispano-norvégien du 27 juin 1892.
321	1er et 2e fasc. 1909.		— Déclaration du 11 mars 1909 portant modification à la convention additionnelle du 25 août 1903.
394	1er, 2e et 3e fasc. 1913.		**Pays-Bas.** — Traité de commerce et de navigation conclu le 20 mai 1912.
116	4e fasc. 1896.		**Portugal.** — Traité de commerce du 31 décembre 1895.
129	2e fasc. 1897.		— Traité de commerce et de navigation conclu le 31 décembre 1895, ratifié le 3 septembre 1896.
190	8e fasc. 1903.		— Convention du 11 avril 1903, additionnelle au traité de commerce du 31 décembre 1895.
419	10e, 11e et 12e fasc. 1914.		— Accord relatif aux échantillons des voyageurs de commerce.
379	3e fasc. 1912.		**Roumanie.** — Convention de commerce et de navigation du 18/31 mars 1910.
228	1er, 2e et 3e fasc. 1906.		**Suède.** — Convention du 26 octobre 1905 sur le trafic en transit.
100	9e fasc. 1894.		**Suisse.** — Traité de commerce et d'établissement du 22 mars 1894.
285	8e, 9e et 10e fasc. 1907.		**Turquie.** — Arrangement commercial du 13 juin 1907.
269	1er, 2e et 3e fasc. 1907.		**Nouvelle-Zélande** et **Afrique Australe.** — Convention de réciprocité douanière du 28 décembre 1906.
146	6e fasc. 1898.	ORANGE (État libre d')	**Allemagne.** — Traité d'amitié et de commerce du 28 avril 1897, ratifié le 28 mars 1898.
158	3e fasc. 1899.		**Cap de Bonne-Espérance.** — Union douanière du 12 décembre 1898.
118	4e fasc. 1896.		**Belgique.** — Traité d'amitié et de commerce du 27 décembre 1894.
194	1er, 2e et 3e fasc. 1904.	ORANGE (Colonie du Fleuve).	**Cap de Bonne-Espérance.** — Convention d'union douanière conclue en 1903.
246	8e, 9e et 10e fasc. 1906.		— Convention d'union douanière conclue en mars 1906.
194	1er, 2e et 3e fasc. 1904.		**Natal.** — Convention d'union douanière conclue en 1903.
246	8e, 9e et 10e fasc. 1906.		— Convention d'union douanière conclue en mars 1906.
194	1er, 2e et 3e fasc. 1904.		**Rhodésia du Sud.** — Convention d'union douanière conclue en 1903.
246	8e, 9e et 10e fasc. 1906.		— Convention d'union douanière conclue en mars 1906.
194	1er, 2e et 3e fasc. 1904.		**Transvaal.** — Convention d'union douanière conclue en 1903.
246	8e, 9e et 10e fasc. 1906.		— Convention d'union douanière conclue en mars 1906.
49	8e fasc. 1889.		**Pahang (États de)** et **Établissements des détroits** (Possessions anglaises d'Asie). — Conventions approuvées par le Gouvernement britannique.

396	1er, 2e et 3e fasc. 1913.	Panama (République de).	**Allemagne.** — Dénonciation du traité de commerce du 23 juillet 1892 avec la Colombie.
207	1er, 2e et 3e fasc. 1905.		**États-Unis.** — Décrets des 3 et 6 décembre 1904 constituant l'accord intervenu pour régler les relations commerciales entre la Zone du canal de Panama et la Nouvelle République.
410	4e, 5e, 6e, 7e, 8e et 9e fasc. 1914.		— Échange de notes autorisant les consuls à prendre note des déclarations de valeur des marchandises faites par les expéditeurs devant les douanes.
107	4e fasc. 1895.	Paraguay.	**Belgique.** — Convention de commerce et de navigation du 15 février 1894, ratifiée le 8 décembre 1894.
104	1er fasc. 1895.		**Italie.** — Traité de commerce et de navigation du 22 août 1893.
365	4e et 5e fasc. 1911.	Pays-Bas.	**Allemagne.** — Convention du 6 juin 1910 réglementant le trafic frontière de l'alcool et des produits alcooliques.
398	1er, 2e et 3e fasc. 1913.		— Convention du 9 novembre 1912, relative à l'admission temporaire en franchise des échantillons importés par les voyageurs de commerce.
64	5e fasc. 1890.		**Autriche-Hongrie.** — Convention du 12 décembre 1888, additionnelle au traité de commerce et de navigation du 26 mars 1867, pour l'admission en franchise des échantillons importés dans les deux pays par commis voyageurs.
140	11e fasc. 1897.		**Bulgarie.** — Convention douanière et commerciale entre le royaume des Pays-Bas et la principauté de Bulgarie du 12/24 juin 1897.
346	7e, 8e et 9e fasc. 1910.		**Canada.** — Mémorandum du Département des douanes aux receveurs des douanes du Canada prescrivant l'extension partielle du tarif intermédiaire à divers produits originaires de Belgique, de Hollande et d'Italie.
36	9e fasc. 1888.		**Espagne.** — Convention de commerce et de navigation du 8 juin 1887.
91	2e fasc. 1894.		— Déclaration entre l'Espagne et les Pays-Bas, signée le 12 juillet 1892, ratifiée le 8 décembre 1893 et mise en vigueur le 1er janvier 1894.
169	8e fasc. 1900.		— Déclaration entre l'Espagne et les Pays-Bas, signée le 13 novembre 1899, ratifiée et mise en vigueur le 25 mai 1900.
300	8e, 9e et 10e fasc. 1908.		**États-Unis.** — Convention commerciale du 16 mai 1907.
214	8e, 9e et 10e fasc. 1905.		**Grèce.** — Protocole du 2/15 octobre 1903 sur la réglementation des sociétés commerciales anonymes grecques et néerlandaises.
203	8e, 9e et 10e fasc. 1904.		**Japon.** — Traité de commerce et de navigation du 8 septembre 1896.
402	4e, 5e, 6e, 7e, 8e et 9e fasc. 1914.		— Traité de commerce et de navigation du 6 juillet 1912.
162	11e fasc. 1899.		**Mexique.** — Traité de commerce et d'amitié du 22 septembre 1897, ratifié le 12 juillet 1899.

N°	Fascicule	Pays	Convention
340	7e, 8e et 9e fasc. 1910.	PAYS-BAS (*suite*).	**Monténégro.** — Convention de commerce et de navigation du 25 novembre/8 décembre 1908, ratifiée le 20 mars 1910.
361	4e et 5e fasc. 1911.		— Convention commerciale du 25 novembre-29 décembre 1908.
394	1er, 2e et 3e fasc. 1913.		**Norvège.** — Traité de commerce et de navigation, conclu le 20 mai 1912.
121	6e fasc. 1896.		**Portugal.** — Convention commerciale du 5 juillet 1894.
55	2e fasc. 1890.		**Roumanie.** — Traité de commerce et de navigation du 5/17 juin 1881.
168	8. fasc. 1900.		— Traité de commerce du 3/15 mars 1899, ratifié et mis en vigueur le 22 décembre 1899.
336	1er et 2e fasc. 1910.		**Suède.** — Convention commerciale du 15 décembre 1908.
409	4e, 5e, 6e, 7e, 8e et 9e fasc. 1914.		**Turquie.** — Échange de notes réglementant l'importation des échantillons introduits par les voyageurs de commerce.
178	9e fasc. 1901.	PÉROU	**Bolivie.** — Accord commercial conclu le 1er mars 1901.
233	1er, 2e et 3e fasc. 1906.		— Traité de commerce et de douanes du 27 novembre 1905.
302	8e, 9e et 10e fasc. 1908.		— Convention douanière du 30 janvier 1908.
62	5e fasc. 1890.		**États-Unis.** — Traité d'amitié, de commerce et de navigation du 31 octobre 1887, ratifié le 1er octobre 1888.
324	11e et 12e fasc. 1909.		**Italie.** — Traité général d'arbitrage du 18 avril 1905.
191	1er, 2e et 3e fasc. 1904.	PERSE	**Angleterre.** — Convention commerciale du 9 février 1903.
187	8e fasc. 1903.		**Mexique.** — Traité d'amitié et de commerce du 14 mai 1902.
186	8e fasc. 1903.		**Russie.** — Déclaration échangée le 27 octobre-9 novembre 1901 relativement à leurs relations commerciales.
183	8e fasc. 1903.		**Turquie.** — Convention douanière du 23 août-5 septembre 1902.
339	6e fasc. 1910.	PORTUGAL	**Allemagne.** — Traité de commerce et de navigation du 30 novembre 1898.
385	6e et 7e fasc. 1912.		**Autriche-Hongrie.** — Échange de notes du 8 juillet 1911 établissant un *modus vivendi* entre les deux pays, et du 8 août 1912 fixant la mise en vigueur de ce *modus vivendi*.
153	7e fasc. 1898.		**Belgique.** — Convention commerciale provisoire du 11 décembre 1897.
418	10e, 11e et 12e fasc. 1914.		— Accord relatif aux échantillons des voyageurs de commerce.
347	7e, 8e et 9e fasc. 1910.		**Bulgarie.** — Arrangement commercial du 4 juin 1910, ratifié le 16 juin 1910.
36	9e fasc. 1888.		**Chine.** — Traité d'amitié et de commerce du 1er décembre 1887 et conventions additionnelles relatives à l'opium

PORTUGAL (*suite*).

36	9e fasc. 1888.	**Danemark.** — Traité de commerce du 20 décembre 1887.
143	1er fasc. 1898.	— Déclaration provisoire relative au commerce, en date du 14 décembre 1896, ratifiée le 4 décembre 1897.
18	Mars 1880.	**Grèce.** — Traité de commerce et de navigation du 12 janvier 1877.
85	11e fasc. 1893.	**Espagne.** — Traité de commerce du 27 mars 1893, ratifié le 5 septembre 1893.
397	1er, 2e et 3e fasc. 1913.	— Dénonciation du traité de commerce du 27 mars 1893.
170	8e fasc. 1900.	**États-Unis.** — Convention commerciale de réciprocité du 22 mai 1899, ratifiée le 12 juin 1900.
259	1er, 2e et 3e fasc. 1907.	— Acte additionnel du 19 novembre 1902 à la convention commerciale du 22 mai 1899.
333	11e et 12e fasc. 1909.	— Dénonciation, le 7 août 1909, des accords des 22 mai 1899 et 19 novembre 1902.
351	7e, 8e et 9e fasc. 1910.	— Arrangement commercial du 5 août 1910.
367	4e et 5e fasc. 1911.	— Échange de notes (septembre 1910) par lesquelles les deux nations s'accordent réciproquement le régime de la nation la plus favorisée.
369	4e et 5e fasc. 1911.	**Italie.** — *Modus vivendi* commercial du 9 mai 1911.
383	6e et 7e fasc. 1912.	— Accord commercial provisoire du 9 mai 1911.
152	7e fasc. 1898.	**Japon.** — Traité de commerce et de navigation conclu le 26 janvier 1897, ratifié le 30 août 1897.
353	7e, 8e et 9e fasc. 1910.	— Dénonciation du traité de commerce et de navigation conclu le 26 janvier 1897 entre le Portugal et le Japon.
116	4e fasc. 1896.	**Norvège.** — Traité de commerce du 31 décembre 1895.
129	2e fasc. 1897.	— Traité de commerce et de navigation conclu le 31 décembre 1895, ratifié le 3 septembre 1896.
190	8e fasc. 1903.	— Convention du 11 avril 1903, additionnelle au traité de commerce du 31 décembre 1895.
419	10e, 11e et 12e fasc. 1914.	— Accord relatif aux échantillons des voyageurs de commerce.
121	6e fasc. 1896.	**Pays-Bas.** — Convention commerciale du 5 juillet 1894.
123	8e fasc. 1896.	**Russie.** — Traité de commerce et de navigation du 9 juillet 1895.
266	1er, 2e et 3e fasc. 1907.	— Notes échangées le 12 novembre 1906, en vue de modifier la convention commerciale russo-portugaise du 27 juin/9 juillet 1895.
373	10e fasc. 1911.	**Serbie.** — Convention de commerce du 3 septembre 1910.
260	1er, 2e et 3e fasc. 1907.	**Suède.** — Convention de commerce et de navigation du 16 avril 1904.
261	1er, 2e et 3e fasc. 1907.	**Suisse.** — Convention de commerce du 20 décembre 1905.

N°	Fascicule	Pays	Convention
119	5ᵉ fasc. 1896.	RÉPUBLIQUE ARGENTINE.	**Italie.** — Traité de commerce du 1ᵉʳ juin 1894; protocole du 31 janvier 1895.
179	12ᵉ fasc. 1901.		**Japon.** — Traité d'amitié, de commerce et de navigation du 3 février 1898.
120	5ᵉ fasc. 1896.		**Suède-Norvège.** — Traité d'amitié, de commerce et de navigation du 17 juillet 1885.
145	4ᵉ fasc. 1898.		**Suisse.** — Convention commerciale du 12 août 1896.
81	1ᵉʳ fasc. 1893.	RÉPUBLIQUE DOMINICAINE.	**États-Unis.** — Traité de réciprocité conclu le 4 juin 1891.
277	8ᵉ, 9ᵉ et 10ᵉ fasc. 1907.		— Convention douanière du 8 février 1907.
201	8ᵉ, 9ᵉ et 10ᵉ fasc. 1904.		**Italie.** — Déclaration du 15 juillet 1903.
70	11ᵉ et 12ᵉ fasc. 1891 et 1ᵉʳ fasc. 1892.		**Mexique.** — Traité d'amitié, de commerce et de navigation du 29 mars 1890, promulgué le 19 juillet 1891.
67	1ᵉʳ fasc. 1891.	**République Sud-Africaine** et **Belgique.** — Traité du 3 février 1876 et arrangement additionnel du 21 avril 1888.	
194	1ᵉʳ, 2ᵉ et 3ᵉ fasc. 1904.	RHODÉSIA DU SUD.	**Cap de Bonne-Espérance.** — **Natal.** — **Colonie du Fleuve-Orange.** — **Transvaal.** — Convention d'union douanière conclue en 1903.
246	8ᵉ, 9ᵉ et 10ᵉ fasc. 1906.		— Convention d'union douanière conclue en mars 1906.
27	Décembre 1881.	ROUMANIE.	**Allemagne.** — Traité de commerce du 14 novembre 1877.
52	2ᵉ fasc. 1890.		— Convention de commerce et de navigation du 14 novembre 1887, et convention additionnelle du 17 février/1ᵉʳ mars 1887.
93	5ᵉ fasc. 1894.		— Traité de commerce du 21 octobre 1893.
211	8ᵉ, 9ᵉ et 10ᵉ fasc. 1905.		— Convention additionnelle du 8 octobre/25 septembre 1904 au traité de commerce, de douane et de navigation du 21 octobre 1893.
53	2ᵉ fasc. 1890.		**Angleterre.** — Traité de commerce et de navigation du 24 mars/5 avril 1880, et traité additionnel du 14/26 novembre 1886.
295	8ᵉ, 9ᵉ et 10ᵉ fasc. 1908.		— Convention de commerce et de navigation du 18/31 octobre 1905.
98	8ᵉ fasc. 1894.		**Autriche-Hongrie.** — Convention de commerce du 9/21 décembre 1893.
338	1ᵉʳ et 2ᵉ fasc. 1910.		— Traité additionnel du 23 avril 1909 à la convention de commerce du 21 décembre 1893.
22	Avril 1881.		**Belgique.** — Traité de commerce du 14 août 1880.
28	Décembre 1881.		— Traité de commerce et de navigation du 14 août 1880.
97	7ᵉ fasc. 1894.		— Convention de commerce du 10/22 janvier 1894.
264	1ᵉʳ, 2ᵉ et 3ᵉ fasc. 1907.		— Convention de commerce du 23 mai/5 juin 1906.
292	1ᵉʳ, 2ᵉ et 3ᵉ fasc. 1908.		**Bulgarie.** — Traité de commerce et de navigation du 20 novembre 1907.

344	7e, 8 et 9e fasc. 1910.	Roumanie (*suite*).	**Danemark.** — Convention de commerce et de navigation du 29 mars/11 avril 1910 dont les ratifications ont été échangées à Vienne le 21 juin 1910.
318	1er et 2e fasc. 1909.		**Espagne.** — Convention de commerce du 1er décembre 1908.
56	2e fasc. 1890.		**Grèce.** — Convention de commerce et de navigation du 6/18 avril 1878.
174	3e fasc. 1901.		— Convention de commerce du 19 décembre 1900 (vieux style), ratifiée le 22 janvier 1901 (vieux style).
416	10e, 11e et 12e fasc. 1914.		— Convention commerciale du 4 mars 1914, entrée en vigueur le 4 juin de la même année.
54	2e fasc. 1890.		**Italie.** — Convention de commerce et de navigation du 23 mars 1878.
267	1er, 2e et 3e fasc. 1907.		— Traité de commerce, de douane et de navigation du 22 novembre/5 décembre 1906.
379	3e fasc. 1912.		**Norvège.** — Convention de commerce et de navigation du 18/31 mars 1910.
55	2e fasc. 1890.		**Pays-Bas.** — Traité de commerce et de navigation du 5/17 juin 1881.
168	8e fasc. 1900.		— Traité de commerce du 3/15 mars 1899, ratifié et mis en vigueur le 22 décembre 1899.
57	2e fasc. 1890.		**Russie.** — Traité de commerce du 4/16 novembre 1886.
237	8e, 9e et 10e fasc. 1906.		— Convention de commerce et de navigation du 24 février 1906.
276	8e, 9e et 10e fasc. 1907.		**Serbie.** — Convention de commerce du 23 décembre 1906.
343	7e, 8e et 9e fasc. 1910.		**Suède.** — Convention de commerce et de navigation du 18 février/3 mars 1910.
58	2e fasc. 1890.		**Suisse.** — Traité de commerce du 26 mai/7 juin 1886.
82	7e et 8e fasc. 1893.		— Convention de commerce du 3 mars 1893.
219	8e, 9e et 10e fasc. 1905.		— Convention additionnelle du 16/29 décembre 1904.
41	8e fasc. 1889.		**Turquie.** — Traité de commerce et de navigation du 10/22 novembre 1887.
138	9e fasc. 1897.		— Convention de commerce du 6/18 avril 1897.
181	3e fasc. 1902.		— Convention de commerce du 30 juillet/12 août 1901, ratifiée le 5/18 décembre de la même année.
287	8e, 9e et 10e fasc. 1907.		— Arrêtés prorogeant la convention de commerce roumano-turque du 30 juillet/12 août 1901.
288	1er, 2e et 3e fasc. 1908.		— Prorogation de la convention de commerce roumano-turque du 30 juillet/12 août 1901.
296	8e, 9e et 10e fasc. 1908.		— Décret du 9 juillet 1908 prorogeant la convention de commerce roumano-turque du 30 juillet/12 août 1901.

95	6e fasc. 1894.	Russie	**Allemagne.** — Traité de commerce du 29 janvier/10 février 1894.
209	1er, 2e et 3e fasc. 1905.		— Convention additionnelle du 15/28 juillet 1904 au traité de commerce et de navigation du 29 janvier/10 février 1894.
101	11e et 12e fasc. 1894.		**Autriche-Hongrie.** — Convention de commerce du 6/18 mai 1894.
231	1er, 2e et 3e fasc. 1906.		— Traité de commerce et de navigation du 15 février 1906.
141	11e fasc. 1897.		**Bulgarie.** — Convention de commerce du 12/24 juillet 1897.
234	1er, 2e et 3e fasc. 1906.		— Traité de commerce et de navigation du 23 février 1905.
60	3e fasc. 1890.		**Corée.** — Traité de commerce du 25 juin/7 juillet 1884, ratifié le 2 avril 1885; règlements pour le commerce des sujets russes en Corée.
108	7e fasc. 1895.		**Danemark.** — Traité de commerce et de navigation du 18 février/2 mars 1895.
329	11e et 12e fasc. 1909.		**Égypte.** — Convention de commerce et de navigation du 28 février/13 mars 1909.
43	8e fasc. 1889.		**Espagne.** — Traité de commerce et de navigation signé le 20 juin/2 juillet 1887, ratifié le 1er/13 juin 1888.
			— Annexe : stipulations spéciales relatives au commerce entre la Finlande et l'Espagne.
401	4e, 5e, 6e, 7e, 8e et 9e fasc. 1914.		— Échange de notes du 1er/14 février 1912, touchant le traitement de faveur à accorder aux navires de chacun des deux pays dans les ports de l'autre.
323	11e et 12e fasc. 1909.		**États-Unis.** — Accord du 25/12 juin 1904 en vue de régler la situation des sociétés par actions et autres associations commerciales.
31	5e et 6e fasc. 1884.		**Italie.** — Traités de commerce et de navigation et déclaration du 29 mars 1884, relatives aux certificats de jaugeage des navires.
289	1er, 2e et 3e fasc. 1908.		— Traité de commerce et de navigation du 15/28 juin 1907.
154	8e fasc. 1898.		**Japon.** — Traité de commerce et de navigation du 27 mai 1895, ratifié le 6 juin 1895.
286	8e, 9e et 10e fasc. 1907.		— I. Traité de commerce et de navigation du 15/28 juillet 1907. — II. Convention de pêche du 15/28 juillet 1907.
392	1er, 2e et 3e fasc. 1913.		— Conventions du 23 juin 1911, pour la protection réciproque de la propriété industrielle et commerciale et de la propriété industrielle en Chine, ratifiées le 4 novembre 1912.
359	10e fasc. 1910.		**Mexique.** — Convention spéciale de commerce du 2 octobre/19 septembre 1909 ratifiée le 27 avril 1910.
342	7e, 8e et 9e fasc. 1910.		**Monténégro.** — Convention de commerce et de navigation du 15 décembre 1909, ratifiée le 7 février 1910.
362	4e et 5e fasc. 1911.		— Convention commerciale du 15 décembre 1909.

N°	Fascicule	Pays	Objet
186	8e fasc. 1903.	Russie (*suite*).	**Perse.** — Déclaration échangée le 27 octobre/9 novembre 1901 relativement à leurs relations commerciales.
123	8e fasc. 1896.		**Portugal.** — Traité de commerce et de navigation du 9 juillet 1895.
266	1er, 2e et 3e fasc. 1907.		— Notes échangées le 12 novembre 1906 en vue de modifier la convention commerciale russo-portugaise du 27 juin/9 juillet 1895.
57	2e fasc. 1890.		**Roumanie.** — Traité de commerce du 4/16 novembre 1886.
237	8e, 9e et 10e fasc. 1906.		— Convention de commerce et de navigation du 24 février 1906.
96	6e fasc. 1894.		**Serbie.** — Traité de commerce et de navigation du 15/27 octobre 1893.
248	8e, 9e et 10e fasc. 1906.		**Suède.** — Arrangement commercial du 27 juillet/9 août 1906.
130	4e fasc. 1897.		**Tunisie.** — Convention, arrangement et déclaration du 14 octobre 1896.
128	1er fasc. 1897.		**Zanzibar.** — Arrangement commercial du 12/24 août 1896.
313	1er et 2e fasc. 1909.	Salvador...	**Allemagne.** — Traité de commerce du 14 avril 1908.
262	1er, 2e et 3e fasc. 1907.		**Belgique.** — Convention commerciale provisoire du 21 mars 1906.
80	11e fasc. 1892.		**Équateur** — Traité d'amitié, de commerce et de navigation du 29 mars 1890.
81	1er fasc. 1893.		**États-Unis.** — Traité de réciprocité conclu le 30 décembre 1891.
94	5e fasc. 1894.		**Mexique.** — Traité de commerce et de navigation du 24 avril 1893.
30	4e fasc. 1883.	Serbie.....	**Allemagne.** — Traité de commerce conclu le 6 janvier 1883.
92	5e fasc. 1894.		— Traité de commerce du 9/21 août 1892.
223	1er, 2e et 3e fasc. 1906.		— Convention additionnelle du 29 octobre/16 novembre 1904 au traité de commerce et de douane du 9/21 août 1892.
42	8e fasc. 1889.		**Angleterre.** — Traité d'amitié et de commerce du 26 janvier/7 février 1880.
65	1er fasc. 1891.		— Entente provisoire du 2/14 février 1890.
90	2e fasc. 1894.		— Traité de commerce du 28 juin/10 juillet 1893, ratifié le 4/16 octobre 1893.
279	8e, 9e et 10e fasc. 1907.		— Traité de commerce et de navigation du 17 février 1907.
26	Décembre 1881.		**Autriche-Hongrie.** — Traité de commerce du 24 avril/6 mai 1881.
83	10e fasc. 1893.		— Traité de commerce du 9 août 1892, ratifié le 30 juin 1893. — Convention concernant les épizooties.
303	8e, 9e et 10e fasc. 1908.		— Traité de commerce du 1er/14 mars 1908.
366	4e et 5e fasc. 1911.		— Traité de commerce du 27 juillet 1910.
84	12e fasc. 1893.		**Belgique.** — Arrangement commercial provisoire du 28 juin/10 juillet 1893.

N°	Fascicule	Pays	Convention
284	8e, 9e et 10e fasc. 1907.	Serbie (*suite*).	— Traité de commerce du 24/11 avril 1907.
136	7e fasc. 1897.		**Bulgarie.** — Traité de commerce du 16 février 1897.
356	7e, 8e et 9e fasc. 1910.		**Danemark.** — Déclaration de commerce du 30 novembre 1909.
317	1er et 2e fasc. 1909.		**Espagne.** — Convention commerciale du 5 novembre 1908.
113	1er fasc. 1896.		**Grèce.** — Arrangement provisoire du 17 juin 1894.
22	Avril 1881.		**Italie.** — Déclaration échangée le 10 mai/28 avril 1880.
270	1er, 2e et 3e fass. 1907.		— Traité de commerce du 1er/14 janvier 1907.
271	1er, 2e et 3e fasc. 1907.		— Convention contre les épizooties du 14 janvier 1907.
117	4e fasc. 1896.		**Monténégro.** — Convention commerciale du 30 novembre/12 décembre 1895.
273	8e, 9e et 10e fasc. 1907.		— Traité de commerce du 1er janvier 1905.
373	10e fasc. 1911.		**Portugal.** — Convention de commerce du 3 septembre 1910.
276	8e, 9e et 10e fasc. 1907.		**Roumanie.** — Convention de commerce du 23 décembre 1906.
96	6e fasc. 1894.		**Russie.** — Traité de commerce et de navigation du 15/27 octobre 1893.
280	8e, 9e et 10e fasc. 1907.		**Suède.** — Convention commerciale du 29 mars/11 avril 1907.
278	8e, 9e et 10e fasc. 1907.		**Suisse.** — Traité de commerce du 15/28 février 1907.
40	8e fasc. 1889.		**Turquie.** — Convention de commerce conclue le 13/25 juin 1888, et ratifiée le 16/28 août 1888, en vigueur le 1er/13 septembre 1888.
161	11e fasc. 1899.		— Convention de commerce du 19 avril/1er mai 1899, ratifiée et entrée en vigueur le 1er/13 août 1899.
247	8e, 9e et 10e fasc. 1906.		— Traité de commerce du 15/28 mai 1906.
242	8e, 9e et 10e fasc. 1906.	Suède......	**Allemagne.** — Traité de commerce et de navigation du 8 mai 1906.
382	6e et 7e fasc. 1912.		— Traité de commerce et de navigation du 2 mai 1911.
399	4e, 5e, 6e, 7e, 8e et 9e fasc. 1914.		**Autriche-Hongrie.** — Déclaration du 22 juin 1911 interprétant et complétant l'article 6 du traité de commerce et de navigation du 3 novembre 1873, article modifié par la déclaration du 25 avril 1892, entre l'Autriche-Hongrie et la Suède et la Norvège.
147	6e fasc. 1898.		**Belgique.** — Traité de commerce et de navigation du 11 juin 1895, ratifié le 21 juin 1895.
263	1er, 2e et 3e fasc. 1907.		**Bulgarie.** — Notes échangées le 27 avril/10 mai 1916 pour régler les relations commerciales et maritimes entre les deux pays.
391	1er, 2e et 3e fasc. 1913.		**Chine.** — Traité d'amitié, de commerce et de

			navigation du 2 juillet 1908, ratifié le 14 juin 1909.
88	12e fasc. 1893.	Suède (*suite*).	**Espagne.** — Traité de commerce du 27 juin 1892.
155	8e fasc. 1898.		**Japon.** — Traité de commerce et de navigation conclu le 2 mai 1896, ratifié le 1er mai 1897.
377	10e fasc. 1911.		— Traité de commerce et de navigation du 19 mai 1911.
260	1ere, 2e et 3e fasc. 1907.		**Portugal.** — Convention de commerce et de navigation du 16 avril 1904.
228	1er, 2e et 3e fasc. 1906.		**Norvège.** — Convention du 26 octobre 1905 sur le trafic en transit.
336	1er et 2e fasc. 1910.		**Pays-Bas.** — Convention commerciale du 15 décembre 1908.
343	7e, 8e et 9e fasc. 1910.		**Roumanie.** — Convention de commerce et de navigation du 18 février/3 mars 1910.
248	8e, 9e et 10e fasc. 1906.		**Russie.** — Arrangement commercial du 27 juillet/9 août 1906.
280	8e, 9e et 10e fasc. 1907.		**Serbie.** — Convention commerciale du 29 mars/11 avril 1907.
31	5e et 6e fasc. 1884.	Suède et Norvège.	**Espagne.** — Traité de commerce et de navigation du 15 mars 1883.
31	5e et 6e fasc. 1884.		**Italie.** — Traité de commerce et de navigation; déclaration du 28 mars 1883.
120	5e fasc. 1896.		**République Argentine.** — Traité d'amitié, de commerce et de navigation du 17 juillet 1885.
25	Octobre 1881.	Suisse.....	**Allemagne.** — Traité de commerce du 23 mai 1881.
37	2e fasc. 1889.		— Convention du 11 novembre 1888, additionnelle au traité de commerce du 23 mai 1881, ratifiée le 28 décembre 1888.
74	4e fasc. 1892.		— Traité de commerce du 10 décembre 1891, ratifié le 30 janvier 1892.
213	8e, 9e et 10e fasc. 1905.		— Traité additionnel du 12 novembre 1904 au traité de commerce et de douane du 10 décembre 1891 (voir aux fascicules 11 et 12 de 1908 un supplément concernant un avis au sujet du traité de commerce du 19 novembre 1904).
371	10e fasc. 1911.		— Traité d'établissement du 13 novembre 1909. — Traité du 31 octobre 1910 réglant certains droits des ressortissants de chacune des parties contractantes sur le territoire de l'autre.
299	8e, 9e et 10e fasc. 1908.		**Angleterre.** — Arrangement du 20 février 1907 concernant la reconnaissance réciproque des signes distinctifs apposés sur les échantillons transportés par les voyageurs de commerce des deux pays.
37	2e fasc. 1889.		**Autriche-Hongrie.** — Traité du 23 novembre 1888, ratifié le 28 décembre 1888.
75	4e fasc. 1892.		— Traité de commerce du 10 décembre 1891, ratifié le 30 janvier 1892.
230	1er, 2e et 3e fasc. 1906.		— Accord commercial provisoire du 18 décembre 1905.

243	8ᵉ, 9ᵉ et 10ᵉ fasc. 1906.	SUISSE (*suite*).	— Traité de commerce du 9 mars 1906. — Convention sur les opérations douanières dans le service des chemins de fer, du 9 mars 1906. — Convention concernant la police des épizooties du 9 mars 1906.
59	2ᵉ fasc. 1890.		**Belgique.** — Traité de commerce du 3 juillet 1889, ratifié le 14 décembre 1889.
326	11ᵉ et 12ᵉ fasc. 1909.		**Colombie,** — Traité d'amitié, d'établissement et de commerce du 14 mars 1908.
61	3ᵉ fasc. 1890.		**Congo (État indépendant du).** — Traité d'amitié, d'établissement et de commerce du 16 novembre 1889, ratifié le 4 janvier 1890.
31	5ᵉ et 6ᵉ fasc. 1884.		**Espagne.** — Traité de commerce du 14 mars 1883.
86	12ᵉ fasc. 1893.		— Convention de commerce du 13 juillet 1892.
221	8ᵉ, 9ᵉ et 10ᵉ fasc. 1905.		— Arrangement commercial provisoire du 29 août 1905.
254	1ᵉʳ, 2ᵉ et 3ᵉ fasc. 1907.		— Traité de commerce du 1ᵉʳ septembre 1906.
177	9ᵉ fasc. 1901.		**États-Unis.** — Dénonciation des clauses commerciales du traité du 25 novembre 1850.
236	1ᵉʳ, 2ᵉ et 3ᵉ fasc. 1906.		— Proclamation du Président des États-Unis en date du 1ᵉʳ janvier 1906 et arrêté fédéral du 30 juin 1905.
63	5ᵉ fasc. 1890.		**Grèce.** — Convention provisoire de commerce du 10 juin 1887.
31	5ᵉ et 6ᵉ fasc. 1884.		**Italie** — Traité de commerce du 22 mars 1883.
38	6ᵉ fasc. 1889.		— Traité de commerce du 23 janvier 1889.
78	7ᵉ fasc. 1892.		— Traité de commerce du 19 avril 1892, ratifié le 18 juin 1892.
208	1ᵉʳ, 2ᵉ et 3ᵉ fasc. 1905.		— Traité de commerce du 13 juillet 1904.
290	1ᵉʳ, 2ᵉ et 3ᵉ fasc. 1908.		— Échange de notes du 16/29 novembre 1907 pour régler, au point de vue sanitaire, l'importation réciproque des produits médicimaux.
315	1ᵉʳ et 2ᵉ fasc. 1909.		— Déclaration du 24 juillet 1908 au sujet des industries ambulantes et du colportage.
149	6ᵉ fasc. 1898.		**Japon.** — Traité d'amitié, d'établissement et de commerce du 10 novembre 1896, ratifié en 1897.
388	6ᵉ et 7ᵉ fasc 1912.		— Traité d'établissement et de commerce du 4 octobre 1911.
374	10ᵉ fasc. 1911.		**Monténégro.** — Traité de commerce du 31 décembre 1910.
100	9ᵉ fasc. 1894.		**Norvège.** — Traité de commerce et d'établissement du 22 mars 1894.
261	1ᵉʳ, 2ᵉ et 3ᵉ fasc. 1907.		**Portugal.** — Convention de commerce du 20 décembre 1905.
145	4ᵉ fasc. 1898.		**République Argentine.** — Convention commerciale du 12 août 1896.
58	2ᵉ fasc. 1890.		**Roumanie.** — Traité de commerce du 26 mai/7 juin 1886.
82	7ᵉ et 8ᵉ fasc. 1893.		— Convention de commerce du 3 mars 1893.
219	8ᵉ, 9ᵉ et 10ᵉ fasc. 1905.		— Convention additionnelle du 16/29 décembre 1904.

N°	Fascicule	Pays	Convention
278	8e, 9e et 10e fasc. 1907.	SUISSE (*suite*).	**Serbie.** — Traité de commerce du 15/28 février 1907.
130	4e fasc. 1897.		**Tunisie.** — Convention, arrangement et déclaration des 12 avril 1893 et 14 octobre 1896.
194	1er, 2e et 3e fasc. 1904.	TRANSVAAL.	**Cap de Bonne-Espérance. — Natal. — Colonie du Fleuve Orange. — Rhodésia du Sud.** — Convention d'union douanière conclue en 1903.
246	8e, 9e et 10e fasc. 1906.		— Convention d'union douanière conclue en mars 1906.
142	1er fasc. 1898.	**Tunisie.**	— Révision des traités tunisiens.
122	8e fasc. 1896.	TURQUIE....	**Allemagne.** — Traité d'amitié de commerce et de navigation du 26 août 1890.
283	8e, 9e et 10e fasc. 1907.		— Convention additionnelle du 25 avril 1907 au traité de commerce et de navigation du 26 août 1890.
387	6e et 7e fasc. 1912.		— Échange de notes des 10/15 août 1911 concernant les échantillons introduits par les voyageurs de commerce.
389	6e et 7e fasc. 1912.		— Échange de notes du 15 novembre 1911 concernant la prolongation du traité de commerce et de navigation du 26 août 1890 et de la convention additionnelle du 25 avril 1907.
413	10e, 11e et 12e fasc. 1914.		**Angleterre.** — Arrangement du 6 novembre 1912, relatif à l'admission des échantillons.
257	1er, 2e et 3e fasc. 1907.		**Bulgarie.** — Convention de commerce du 29 novembre 1900.
258	1er, 2e et 3e fasc. 1907.		— Arrangement commercial et douanier du 30 décembre 1906/12 janvier 1907.
368	4e et 5e fasc. 1911.		— Convention provisoire de commerce et de navigation du 6/19 février 1911.
185	8e fasc. 1903.		**Grèce.** — Convention commerciale du 12 avril 1903.
414	10e, 11e et 12e fasc. 1914.		**Italie.** — Traité de paix du 18 octobre 1912.
285	8e, 9e et 10e fasc. 1907.		**Norvège.** — Arrangement commercial du 13 juin 1907.
409	4e, 5e, 6e, 7e, 8e et 9e fasc. 1914.		**Pays-Bas.** — Échange de notes réglementant l'importation des échantillons introduits par les voyageurs de commerce.
183	8e fasc. 1903.		**Perse.** — Convention douanière du 23 août/5 septembre 1902.
41	8e fasc. 1889.		**Roumanie.** — Traité de commerce et de navigation du 10/22 novembre 1887.
138	9e fasc, 1897.		— Convention de commerce du 6/18 avril 1897.
181	3e fasc. 1902.		— Convention de commerce du 30 juillet/12 août 1901, ratifiée le 5/18 décembre de la même année.
287	8e, 9e et 10e fasc. 1907.		— Arrêtés prorogeant la convention de commerce roumano-turque du 30 juillet/12 août 1901.
288	1er, 2e et 3e fasc. 1908.		— Prorogation de la conventien de commerce roumano-turque du 30 juillet/12 août 1901.

N°	Fascicule	Pays	Convention
296	8e, 9e et 10e fasc. 1908.	TURQUIE (*suite*).	— Décret du 9 juillet 1908 prorogeant la convention de commerce roumano-turque du 30 juillet/12 août 1901.
40	8e fasc. 1889.		**Serbie.** — Convention de commerce conclue le 13/25 juin 1888 et ratifiée le 16/28 août 1888, en vigueur le 1er/13 septembre 1888.
161	11e fasc. 1899.		— Convention de commerce du 19 avril/1er mai 1899, ratifiée et entrée en vigueur le 1er/13 août 1899.
247	8e, 9e et 10e fasc. 1906.		— Traité de commerce du 15/28 mai 1906:
106	4e fasc. 1895.	URUGUAY....	**Allemagne.** — Traité de commerce et de navigation du 20 juin 1892, ratifié le 1er juin 1894.
164	3e fasc. 1900.		— Convention du 5 juin 1899, ratifiée le 23 janvier 1900 et entrée en vigueur le 23 février.
171	9e fasc. 1900.		**Angleterre.** — Convention du 28 avril 1900, prorogeant le traité de commerce et de navigation du 22 mai 1886.
328	11e et 12e fasc. 1909.	**Vénézuéla** et **Allemagne.** — Traité d'amitié, de commerce et de navigation du 26 janvier 1909.	
47	8e fasc. 1889.	ZANZIBAR...	**Autriche-Hongrie.** — Traité de commerce et de navigation conclu le 11 août 1887, ratifié le 29 décembre 1888.
33	4e fasc. 1887.		**Belgique.** — Convention de commerce et de navigation conclue le 30 mai 1885.
33	4e fasc. 1887.		**Italie.** — Traité de commerce du 30 décembre 1886.
128	1er fasc. 1897.		**Russie.** — Arrangement commercial du 12/24 août 1896.

(Pour les droits de port, voir MARINE MARCHANDE.)

IVe PARTIE[1].

TRAITÉS, CONVENTIONS ET ACCORDS COMMERCIAUX CONCLUS ENTRE LA FRANCE ET LES PAYS ÉTRANGERS OU ACTES CONCÉDANT À CERTAINS PAYS ÉTRANGERS UN TRAITEMENT DE FAVEUR,

EN VIGUEUR AU 1ER AOÛT 1914.

Allemagne.......	Traité de Francfort du 10 mai 1871........ (Traitement de la nation la plus favorisée, art. 11.)	4e fasc. 1894.
	Conventions additionnelles des 12 octobre et 11 décembre 1871..................... (1° Marques et dessins de fabrique; — 2° Biens-fonds limitrophes.)	4e fasc. 1894.
	Convention du 2 juillet 1902............... (Traitement des voyageurs de commerce.)	1er, 2e et 3e fasc. 1904.
	Conventions du 4 novembre 1911 entre la France et l'Allemagne : 1° Convention relative à leurs possessions dans l'Afrique équatoriale; 2° Convention réglant le statut politique du Maroc.	3e fasc. 1912.

[1] Cette liste ne comprend que les traités, conventions et accords commerciaux qui ont été publiés dans les *Annales du Commerce extérieur;* n'y figurent pas, notamment : l'arrangement du 13 janvier 1914 avec l'Allemagne, concernant le règlement du mouvement des alcools à la frontière; le traité de Courtray du 28 mars 1820 avec la Belgique (franchises et facilités douanières pour propriétés limitrophes); l'entente du 28 septembre 1897 avec la Belgique (importation des échantillons et modèles); l'accord du 1er novembre 1901 avec la Belgique (patente des voyageurs de commerce); la déclaration du 17 novembre 1888 pour le règlement du mouvement des alcools à la frontière franco-belge; l'arrangement du 12 octobre 1906 avec la Bulgarie, suite du traité du 13 janvier 1906 avec cette puissance; le décret du 22 février 1902 pour les denrées coloniales chinoises; le décret du 28 février 1899 pour les soieries chinoises; l'acte de Berlin du 26 février 1885 réglant les relations commerciales avec le Congo belge; la convention belge-congolaise du 28 décembre 1907 visant le même objet; l'arrangement franco-belge du 23 décembre 1908 relatif au même objet; la déclaration franco-britannique du 8 avril 1904 relative à l'Égypte et visant l'égalité de traitement en matière de tarif de chemins de fer, de droits de douanes ou autres taxes; l'acte additionnel aux traités de délimitation franco-espagnols du 26 mai 1866 relatif aux franchises et facilités douanières pour les propriétés limitrophes et le trafic frontière; l'accord du 4 mai 1899 avec l'Espagne, la convention du 13 juin 1903 et l'arrangement du 10 mai 1890 relativement au même objet; les décrets du 22 février 1902 concédant des tarifs réduits pour certaines marchandises en provenance des Établissements britanniques des Détroits (*Straits Settlements*) et des États fédérés malais, à charge d'avantages équivalents; les décrets des 29 mars et 4 avril 1910 relatifs à des concessions de tarifs réduits en faveur de certaines marchan-

Argentine (République).	Traité du 10 juillet 1853 pour la libre navigation des rivières Parana et Uruguay.	4ᵉ fasc. 1894.
	Convention additionnelle du 19 août 1892... (Traitement de la nation la plus favorisée.)	4ᵉ fasc. 1894.
Autriche-Hongrie.	Convention et article additionnel du 18 février 1884 (Traitement de la nation la plus favorisée.)	4ᵉ fasc. 1894.
	Traité de navigation du 9 avril 1884........ (Assimilation des pavillons.)	4ᵉ fasc. 1894.
Baléares (Îles). [*Voir* **Espagne.**]		
Barbade.........	Convention du 9 janvier 1907 entre la France et la Grande-Bretagne. (Réciprocité de taxes de douane les plus réduites applicables à certains produits.)	1ᵉʳ, 2ᵉ, et 3ᵉ fasc. 1908.
Belgique........	Concessions par actes unilatéraux. En France : décret du 30 janvier 1892. En Belgique : arrêté royal du 30 janvier 1892. (Échange de notes de la même date.) (Traitement de la nation la plus favorisée.)	4ᵉ fasc. 1894.
	Loi du 29 décembre 1901................. (Franchises et facilités douanières pour propriétés limitrophes.)	8ᵉ, 9ᵉ et 10ᵉ fasc. 1907.

dises des États-Unis et de Porto-Rico; le décret du 22 février 1902 concédant des tarifs réduits en faveur de certaines marchandises en provenance de l'Éthiopie, à charge d'avantages équivalents; le traité d'amitié et de commerce du 10 janvier 1908 avec l'Éthiopie relatif à des modérations de droits et au traitement de la nation la plus favorisée; le décret du 22 février 1902 concédant le tarif minimum en faveur de certaines marchandises en provenance de la colonie anglaise de Hong-Kong; le décret du 23 septembre 1910 relatif à la concession du tarif minimum aux huiles minérales indo-néerlandaises; l'accord douanier du 18 août 1910 entre la France et les Pays-Bas relatif au même objet; la déclaration du 14 février 1885 pour les produits italo-français passibles d'acquits-à-caution; le décret du 21 octobre 1896 relativement à l'assimilation des pavillons français et italiens; les décrets des 7 et 28 février 1899 pour l'application du tarif général aux soieries italiennes; la déclaration du 1ᵉʳ octobre 1896 pour les droits de navigation franco-italiens; l'échange de notes des 12 et 13 octobre 1907 entre la France et l'Italie concernant le régime des médicaments et des produits pharmaceutiques; l'accord du 7 février 1909 avec l'Italie relatif aux mesures fiscales et de contrôle à Lanslebourg et à Bard; le décret du 22 février 1902 visant la concession du tarif minimum à certaines denrées coloniales libériennes; les accords des 20 avril et 7 mai 1902 entre le Maroc et la France concernant les dispositions propres à développer les relations commerciales entre les deux pays; l'acte général du 7 avril 1906 concernant la liberté économique au Maroc pour les puissances signataires; le décret du 22 février 1902 concédant le tarif minimum aux denrées coloniales en provenance de Mascate; l'échange de notes du 4 février 1914 entre la France et la Grande-Bretagne relativement à la réglementation du commerce des armes dans l'imanat de Mascate; le *modus vivendi* (échange de lettres du 21 décembre 1908) avec le Monténégro pour la réciprocité du tarif minimum; le *modus vivendi* des 27 et 28 janvier 1892 avec les Pays-Bas visant le traitement de la nation la plus favorisée; le décret du 20 février 1911 relatif à l'application du tarif minimum aux marchandises portugaises et des îles adjacentes; l'arrangement additionnel du 28/15 janvier 1906 avec la Russie visant l'extension du traitement de la nation la plus favorisée; le décret du 22 février 1902 concédant des taxes réduites en faveur de certaines marchandises originaires du Siam; le traité du 20 novembre 1815 (art. 1, § 3) avec la Suisse pour la fixation des lignes de douane à la limite des zones franches; le traité du 16 mars 1866 entre la Sardaigne et la Suisse visant le même objet; l'acte additionnel du 25 juin 1895 à la convention du 23 février 1882 avec la Suisse au sujet des garanties contre la fraude; l'arrangement du 10 août 1877 avec la Suisse visant le contrôle du mouvement des alcools et le traité de commerce du 29 avril 1861 avec la Turquie relatif au traitement réciproque de la nation la plus favorisée.

Bosnie..........	Dépendance de l'Autriche-Hongrie; les accords *intervenus avec ce pays s'étendent à la Bosnie.*	
Brésil...........	*Modus vivendi :* Déclarations échangées les 26 et 30 juin 1900 (décret du 17 juillet 1900). (Réciprocité de tarifs réduits pour certaines denrées.)	6e fasc. 1901.
	Échange de lettres du 11 janvier 1904...... (Même objet que ci-dessus.)	8e, 9e et 10e fasc. 1905.
Bulgarie........	Traité de commerce et de navigation du 13 janvier 1906. (Traitement de la nation la plus favorisée.)	1er 2e et 3e fasc. 1907.
Canada..........	Convention de commerce du 19 septembre 1907. (Réciprocité de tarifs réduits pour certaines marchandises.)	1er et 2e fasc. 1910.
	Convention complémentaire du 23 janvier 1909. (Même objet que ci-dessus.)	1er et 2e fasc. 1910.
Canaries (Îles). [*Voir* **Espagne.**]		
Ceylan (Île).....	Convention commerciale entre la France et la Grande-Bretagne du 19 février 1903. (Réciprocité de tarifs réduits pour certaines marchandises.)	8e, 9e et 10e fasc. 1905.
Chine...........	Traité d'amitié, de commerce et de navigation du 27 juin 1858. (Concession à la France, en Chine, de facilités commerciales.)	4e fasc. 1894.
	Accord sur les tarifs de douane et règlements commerciaux du 24 novembre 1858. (Même objet que ci-dessus.)	4e fasc. 1894.
	Convention de paix du 25 octobre 1860..... (Même objet que ci-dessus.)	4e fasc. 1894.
	Traité de paix, d'amitié et de commerce du 9 juin 1885. (Règlement commercial entre le Tonkin et la Chine.)	4e fasc. 1894.
	Convention commerciale du 25 avril 1886.... (Même objet que ci-dessus.)	4e fasc. 1894.
	Convention additionnelle du 26 juin 1887.... (Même objet que ci-dessus.)	4e fasc. 1894.
	Convention complémentaire du 20 juin 1895.. (Même objet que ci-dessus.)	11e fasc. 1898.
Chypre (Île de)..	Dépendance de la Turquie. Les accords intervenus avec ce pays s'étendent à l'île de Chypre.	

Colombie........	Convention de commerce et de navigation du 30 mai 1892. (Traitement de la nation la plus favorisée.)	4ᵉ fasc. 1894.
Colonies néerlandaises.	Convention de commerce entre la France et les Pays-Bas du 13 août 1902. (Réciprocité de tarifs réduits pour certaines marchandises.)	1ᵉʳ 2ᵉ et 3ᵉ fasc 1905.
Corée...........	Possession japonaise. (Voir JAPON.)	
Costa-Rica (Rép. de).	Convention commerciale du 7 juin 1901..... (Réciprocité de tarifs réduits pour certaines marchandises.)	3ᵉ fasc. 1902.
Danemark.......	Traité de commerce et de navigation du 23 août 1742. (Traitement de la nation la plus favorisée.)	4ᵉ fasc. 1894.
	Convention provisoire additionnelle du 9 février 1842. (Même objet que ci-dessus.)	4ᵉ fasc. 1894.
	Accord du 9 février 1910................. (Même objet que ci-dessus.)	10ᵉ fasc. 1911.
Dominicaine (République).	Traité d'amitié, de commerce et de navigation du 9 septembre 1882. (Traitement de la nation la plus favorisée.)	4ᵉ fasc. 1894.
	Acte additionnel du 5 juin 1886........... (Même objet que ci-dessus.)	4ᵉ fasc. 1894.
Égypte..........	Convention de commerce du 26 novembre 1902. (Traitement de la nation la plus favorisée.)	8ᵉ, 9ᵉ et 10ᵉ fasc. 1906.
Équateur........	Convention de commerce et de navigation du 30 mai 1898. (Traitement de la nation la plus favorisée.)	1ᵉʳ, 2ᵉ et 3ᵉ fasc. 1904.
Espagne........	*Modus vivendi* du 27 mai 1892 : Renouvelé pour 1894 par déclarations échangées le 30 décembre 1893.	4ᵉ fasc. 1894.
	Prorogé par celles du 27 décembre 1894....	8ᵉ fasc. 1895.
	Dénoncé par la France le 2 juillet 1906. — Prorogé à nouveau par *déclaration* du 29 novembre 1906. (Traitement de la nation la plus favorisée.)	8ᵉ, 9ᵉ et 10ᵉ fasc. 1906.
	Arrangement du 27 octobre 1894.......... (Garanties réciproques contre la contrebande.)	8ᵉ fasc. 1895.

États-Unis de l'Amérique du Nord.	Convention de navigation et de commerce du 24 juin 1822. (Droits de navigation, de port, de phares, de pilotage, de courtage.)	4ᵉ fasc. 1894.
	Accord du 19 mars 1910................. (Concession de tarifs réduits en faveur de certaines marchandises des États-Unis et de Porto-Rico.)	1ᵉʳ et 2ᵉ fasc. 1910.
Feroë (Îles).....	Dépendances européennes du Danemark auxquelles s'étendent les accords intervenus avec ce pays.	
Grande-Bretagne.	Convention de navigation et articles additionnels du 26 janvier 1826. (Traitement de la nation la plus favorisée.)	4ᵉ fasc. 1894.
	Convention de commerce et de navigation du 28 février 1882. (Même objet que ci-dessus.)	4ᵉ fasc. 1894.
	Décret du 30 janvier 1892................ (Conceasion du tarif minimum aux produits de la Grande-Bretagne.)	4ᵉ fasc. 1894.
	Arrangement du 23 octobre 1907.......... (Importation des échantillons et modèles.)	1ᵉʳ, 2ᵉ et 3ᵉ fasc. 1908.
Grèce...........	Décret du 30 janvier 1892................ (Traitement de la nation la plus favorisée.)	4ᵉ fasc. 1894.
Haïti............	Convention commerciale du 30 janvier 1907.. (Réciprocité de tarifs réduits pour certaines marchandises.)	8ᵉ, 9ᵉ et 10ᵉ fasc. 1907.
Herzégovine.....	Même régime que l'Autriche-Hongrie dont l'Herzégovine est une dépendance.	
Honduras (Rép.).	Convention commerciale du 11 février 1902.. (Réciprocité de tarifs réduits pour certaines marchandises.)	8ᵉ, 9ᵉ et 10ᵉ fasc. 1905.
Indes anglaises et États indigènes assimilés.	Convention commerciale du 19 février 1903 entre la France et la Grande-Bretagne. (Réciprocité de tarifs réduits pour certaines marchandises.)	8ᵉ, 9ᵉ et 10ᵉ fasc. 1905.
Islande..........	Dépendance du Danemark, les accords intervenus avec ce pays s'étendent à l'Islande. (Voir Danemark.)	
Italie...........	Accord commercial du 21 novembre 1898.... (Concession réciproque de tarifs réduits pour certaines marchandises.)	6ᵉ fasc. 1900.

	Convention de délimitation du 7 mars 1861.. (Franchises douanières pour les propriétés limitrophes.)	4e fasc. 1894.
	Déclaration du 27 février 1894............ (Même objet que ci-dessus.)	4e fasc. 1894.
Japon..........	Convention de commerce et de navigation et protocole annexe du 19 août 1911. (Traitement réciproque de la nation la plus favorisée.)	1er, 2e et 3e fasc. 1913.
Jamaïque (La)...	Convention commerciale du 8 août 1902 entre la France et la Grande-Bretagne. (Réciprocité de tarifs réduits pour certaines marchandises.)	1er, 2e et 3e fasc. 1904.
Libéria (République de).	Traité de commerce et de navigation du 17 avril 1852. (Traitement de la nation la plus favorisée.)	4e fasc. 1894.
	Acte additionnel du 20 avril 1852.......... (Même objet que ci-dessus.)	4e fasc. 1894.
Luxembourg (Grand-duché de).	Les accords intervenus entre la France et l'Allemagne s'appliquent au grand-duché et en outre le traité de Courtray du 23 mars 1820.	
Maroc..........	Traité de paix, d'amitié et de commerce du 28 mai 1767. (Concessions réciproques en faveur des sujets des deux puissances.)	4e fasc. 1894.
	Articles additionnels du 28 mai 1825....... (Même objet que ci-dessus.)	4e fasc. 1894.
	Convention du 10 septembre 1844......... (Traitement de la nation la plus favorisée accordé à la France.)	4e fasc. 1894.
	Accord commercial du 23 octobre 1892...... (Droits réduits et «marques» des marchandises.)	4e fasc. 1894.
Mascate.........	Traité d'amitié et de commerce du 17 novembre 1844. (Traitement réciproque de la nation la plus favorisée.)	4e fasc. 1894.
Mexique.......	Traité de commerce, d'amitié et de navigation du 27 novembre 1886. (Traitement réciproque de la nation la plus favorisée.)	4e fasc. 1894.
Monaco.........	Convention douanière et de voisinage du 10 avril 1912. (Tarifs français applicables dans la Principauté.)	10e, 11e et 12e fasc. 1914.

Nicaragua (République de).	Convention commerciale du 27 janvier 1902 . . (Réciprocité de tarifs réduits en faveur de certaines marchandises.)	1er, 2e et 3e fasc. 1904.
Norvège.........	Traité de commerce et de navigation du 30 décembre 1881. (Traitement réciproque de la nation la plus favorisée; assimilation des pavillons.)	4e fasc. 1894.
	Convention commerciale du 13 janvier 1892, prorogeant partiellement les traités du 30 décembre 1881. (Abrogation des articles 2, 3, 4, 8, 9, 18, 19, 20, §§ 3 et 4, art. 12 du traité de commerce et 13 et 14 du traité de navigation.)	4e fasc. 1894.
	Déclaration du 20 février 1909 .... (Consolidation de droits pour certains produits français.)	1er et 2e fasc. 1909.
	Déclaration du 15 avril 1911 modifiant la précédente. (Tarif spécial à l'entrée en Norvège pour les vins et spiritueux français.)	4e et 5e fasc. 1911.
Panama (République de).	Les relations commerciales entre la France et cet État restent régies par la Convention du 30 mai 1892 avec la Colombie. (Traitement réciproque de la nation la plus favorisée.)	4e fasc. 1894.
Paraguay........	Convention de commerce et de navigation du 21 juillet 1892. (Traitement réciproque de la nation la plus favorisée.)	4e fasc. 1894.
Pays-Bas........	Décret du 30 janvier 1892................ (Traitement réciproque de la nation la plus favorisée.)	4e fasc. 1894.
Perse...........	Traité d'amitié et de commerce du 12 juillet 1855. (Traitement réciproque de la nation la plus favorisée.)	4e fasc. 1894.
Porto-Rico (Île de)	(Voir États-Unis.)	
Portugal (y compris les îles adjacentes de Madère, Porto-Santo et les Açores).	*Modus vivendi* du 17 février 1911.......... (Traitement réciproque de la nation la plus favorisée.)	4e, 5e, 6e, 7e, 8e et 9e fasc. 1914.
Possessions Espagnoles sur la Côte du Maroc.	(Voir Espagne.)	

Protectorats britanniques de l'Est Africain, du Centre Africain et de l'Ouganda.	Convention de commerce du 23 février 1903. (Réciprocité de tarifs réduits pour différentes marchandises.)	8e, 9e et 10e fasc. 1905.
Roumanie	Convention de commerce et de navigation du 6 mars 1907. (Traitement réciproque de la nation la plus favorisée.)	1er, 2e et 3e fasc. 1908.
Russie (y compris la Russie d'Asie).	Traité de commerce et de navigation du 1er avril 1874. (Traitement de la nation la plus favorisée; assimilation des pavillons.)	4e fasc. 1894.
	Convention de commerce du 16/29 septembre 1905. (Même objet que ci-dessus; extension.)	1er, 2e et 3e fasc. 1906.
Salvador (République de).	Convention de commerce du 9 janvier 1901... (Réciprocité de taxes réduites applicables à quelques marchandises.)	2e fasc. 1902.
Serbie..........	Convention de commerce et de navigation des 23 décembre 1906 et 5 janvier 1907. (Traitement réciproque de la nation la plus favorisée.)	8e, 9e et 10e fasc. 1907.
Seychelles (Îles)..	Convention commerciale entre la France et la Grande-Bretagne du 16 avril 1902. (Réciprocité de taxes réduites en faveur de certaines marchandises.)	8e, 9e et 10e fasc. 1905.
Siam...........	Traité d'amitié, de commerce et de navigation du 15 août 1856. (Consolidation de droits; facilités pour le commerce français.)	4e fasc. 1894.
	Arrangement du 23 mai 1883.............. (Consolidation de droits pour les boissons; règlement de la vente.)	4e fasc. 1894.
	Traité du 3 octobre 1893................. (Régime douanier des provinces de Battambang, Siem-Reap, etc.)	8e fasc. 1894.
Suède...........	Traités de commerce et de navigation du 30 décembre 1881. (Traitement réciproque de la nation la plus favorisée; assimilation des pavillons.)	4e fasc. 1894.
	Convention commerciale du 13 janvier 1892 prorogeant partiellement les traités du 30 décembre 1881. (Même objet que ci-dessus.)	4e fasc. 1894.

	Arrangement complémentaire du 2 décembre 1908. (Même objet que ci-dessus et tarif spécial à l'entrée en Norvège pour les vins.)	1er et 2e fasc. 1909.
Suisse..........	Convention de commerce du 20 octobre 1906. (Concession réciproque de tarifs les plus favorables.)	8e, 9e et 10e fasc. 1906.
	Convention du 14 juin 1881 (relations douanières entre le canton de Genève et la zone franche de la Haute-Savoie). (Admission en franchise de divers produits de la zone.)	4e fasc. 1894.
	Convention du 23 février 1882 (rapports de voisinage et de surveillance des forêts limitrophes). (Concession réciproque de franchises.)	4e fasc. 1894.
Turquie (y compris la Turquie d'Asie).	Capitulations du 28 mai 1740............ (Facilités et privilèges consentis à la France.)	4e fasc. 1894.
	Traité de paix du 25 juin 1802........... (Consolidation des privilèges ci-dessus.)	4e fasc. 1894.
	Convention du 25 novembre 1838.......... (Même objet que ci-dessus.)	4e fasc. 1894.
	Protocole du 25 avril 1907............... (Traitement réciproque de la nation la plus favorisée. — Maximum du taux des droits à percevoir à l'entrée en Turquie sur les marchandises françaises fixé à 11 p. 100 *ad valorem.*)	8e, 9e et 10e fasc. 1907.
Uruguay........	Convention de commerce et de navigation du 4 juillet 1892.	4e fasc. 1894.
	Protocole du 24 juin 1898 (convention dénoncée et provisoirement prorogée). (Concession réciproque du traitement de la nation la plus favorisée.)	6e fasc. 1900.
Val d'Andorre....	Déclarations des 22 et 23 novembre 1867..... (Franchise douanière réciproque.)	8e fasc. 1895.
Vénézuéla (États-Unis de).	Convention de commerce et de navigation du 19 février 1902. (Traitement réciproque de la nation la plus favorisée.)	1er, 2e et 3e fasc. 1904.
Zanzibar (**Sultanat et Protectorat britannique**).	Arrangement commercial entre la France et la Grande-Bretagne du 27 juin 1901. (Application réciproque de tarifs réduits pour certaines marchandises.)	3e fasc. 1902.

Ve PARTIE [1].

Législation commerciale des colonies françaises et pays de protectorat.

ALGÉRIE.

1	5e fasc. 1885.	Tarif des douanes du 29 décembre 1884. — Octroi municipal de mer. — Décret du 26 décembre 1884.

ÉTABLISSEMENTS DU GOLFE DE GUINÉE.

4	3e fasc. 1885.	Établissements du golfe de Guinée. == Droits de sortie sur l'huile de palme. — Décret du 9 janvier 1885.

GABON (LE).

2	3e fasc. 1885.	Le Gabon. == Tarif des douanes. — Décret du 27 août 1884.

GUADELOUPE (LA).

3	3e fasc. 1885.	La Guadeloupe. == Tarif des douanes. — Décret du 16 novembre 1884.

INDO-CHINE.

1	11e fasc. 1887.	Régime douanier (décret du 8 septembre, circulaire du 27 septembre 1887 et circulaires de l'Administration des douanes).
2	6e fasc. 1889.	Régime douanier. — Décret du 9 mai 1889.

[1] Cette liste ne vise que les documents qui ont fait l'objet d'une publication dans les Annales du Commerce extérieur.

MADAGASCAR.

1	Novembre 1866.	Douanes et navigation : règlements commerciaux.
2	11ᵉ fasc. 1887.	Régime douanier ; importation et exportation.

MAROC.

(Voir États barbaresques [1ʳᵉ partie] pour les documents antérieurs à 1906.)

2	1ᵉʳ, 2ᵉ et 3ᵉ fasc. 1907.	Acte général de la Conférence internationale signé à Algésiras le 7 avril 1906.
3	11ᵉ et 12ᵉ fasc. 1909.	Décision chérifienne relative à l'admission temporaire.

MARTINIQUE (LA).

5	6ᵉ fasc. 1885.	Martinique. = Tarif des douanes du 25 avril 1885.

RÉUNION (LA).

1	3ᵉ fasc. 1885.	La Réunion. = Tarif des douanes. — Décret du 19 janvier 1885.

SOCIÉTÉ (ÎLES DE LA) [OCÉANIE].

1	Août 1844.	Douanes : règlement de port.
2	Janv. et févr. 1848.	Établissements français : règlement de port et de douane et règlement du service sanitaire.

TUNISIE.

1	9ᵉ fasc. 1883.	Douanes : Tarif d'importation et d'exportation mis à jour au 31 août 1883.
2	2ᵉ fasc. 1885.	Réorganisation du service des douanes : tarif des douanes du 3 octobre 1884.
3	10ᵉ fasc. 1886.	Tarif des douanes mis à jour en août 1886.

4	7e et 8e fasc. 1893.	Tarif des douanes mis à jour au 30 juin 1893.
5	11e fasc. 1896.	Tarif général des douanes. — Décret du 28 septembre 1896.
6	5e fasc. 1898.	Tarif général des douanes du 2 mai 1898.
7	4e, 5e, 6e, 7e. 8e et 9e fasc. 1914.	Tarif des douanes du 30 mai 1914.

(Voir États barbaresques [1re partie] pour les documents antérieurs à 1883.)

WALLIS (ÎLES) [OCÉANIE].

1	Août 1843.	Îles Wallis. — Navigation ; droits de pilotage et de port.

BIBLIOTHÈQUE NATIONALE R.F. IMPRIMÉS

TABLES ALPHABÉTIQUES

DES CINQ PARTIES DU VOLUME.

Ire PARTIE.

Législation commerciale, douanière et fiscale des pays étrangers.

IIe PARTIE.

Marine marchande.

(DROITS DE PORT.)

IIe PARTIE.

Conventions internationales (1872-1915).

(FRANCE NON COMPRISE.)

IVe PARTIE.

Traités, conventions et accords commerciaux conclus entre la France et les Pays étrangers.

(EN VIGUEUR AU 1er AOÛT 1914.)

Ve PARTIE.

Législation commerciale des Colonies françaises et Pays de Protectorat.

BIBLIOTHÈQUE NATIONALE R.F. IMPRIMÉS

870

IMPRIMERIE ET LIBRAIRIE ADMINISTRATIVES DE PAUL DUPONT.
Editeur du *Bulletin annoté des Lois*, à 2 fr. 50 par an.
Rue de Grenelle-Saint-Honoré, 45, à Paris.

ANNALES

DU

COMMERCE EXTÉRIEUR

PUBLIÉES

Par le Ministère de l'Agriculture, du Commerce et des Travaux publics.

14e ANNÉE.

Les *Annales du commerce extérieur*, qui font suite aux 1re et 2e séries des *Avis divers* émanés de l'ancien ministère de l'agriculture et du commerce, se composent de deux parties distinctes : l'une comprend les actes législatifs et administratifs; l'autre contient, sous le titre de *Faits commerciaux*, des renseignements sur le mouvement maritime, commercial et industriel, tant de la France que des pays étrangers.

Ce recueil, créé à l'instar de ceux qui existent dans les ministères de l'intérieur et de l'instruction publique, de la guerre et des finances, répond à un besoin depuis longtemps reconnu, mais auquel il n'était donné qu'à l'administration de satisfaire d'une manière complète et utile. Dès 1825 elle a commencé à faire traduire et publier les tarifs étrangers avec les règlements de douanes correspondants. En 1829, elle établissait un recueil trimestriel, in-4o, intitulé *Extraits d'avis divers*, qui fut continué après 1840 par le *Bulletin du ministère de l'Agriculture et du Commerce*. Mais ces divers recueils, restés enfouis dans les archives des ministères et des préfectures, n'étaient d'aucune utilité pour les négociants, fabricants et autres, qui ne pouvaient même deviner ni leur existence, ni l'intérêt qu'ils avaient à les lire.

Pour que le commerce français en pût tirer profit, il fallait que ces documents eussent une publicité prompte et étendue : tel est le but que doit atteindre la publication mensuelle des *Annales du commerce extérieur*.

Les divers actes et renseignements, publiés par feuilles ou cahiers séparés pour chaque pays, portent un numéro d'ordre distinct pour la *Législation* et pour les *Faits commerciaux*, de telle sorte qu'on puisse réunir les documents concernant un même pays. Chacune de ces divisions est destinée à former une série de volumes ayant leurs tables de matières.

Au fur et à mesure que les documents de l'une des deux catégories publiés sur un même pays seront assez nombreux pour former un volume, il sera publié des tables, des couvertures et un titre.

Grâce aux sacrifices que s'est imposé l'administration, l'abonnement aux *Annales* a pu être fixé à 15 francs par an, bien que les matières nombreuses qu'il est destiné à contenir puissent en porter l'étendue à trois ou quatre volumes.

DIVISION

DES

ANNALES DU COMMERCE EXTÉRIEUR.

1re Partie. — LÉGISLATION COMMERCIALE.

Lois, décrets et arrêtés du Gouvernement. — Traités de commerce, manifestes et conventions internationales. — Circulaires et instructions ministérielles. — Circulaires de l'administration des douanes et des contributions indirectes. — Tarifs et mercuriales des marchandises sur tous les marchés du monde. — Taxes et immunités, garanties respectives. — Règles communes en matière d'importation et d'exportation. — Police des côtes et frontières. — Législation coloniale.

2e Partie. — FAITS COMMERCIAUX.

Renseignements périodiques et mensuels sur le mouvement maritime, agricole, commercial et industriel des pays ci-après indiqués : Association allemande, Algérie, Angleterre, Autriche, Belgique, Brésil, Chili, Colonies anglaises d'Afrique, Canaries (îles), Chine et Indo-Chine. — Deux-Siciles. — Principautés danubiennes. — République dominicaine. — Espagne. — Égypte. — États-Unis. — États barbaresques. — France. — Nouvelle-Grenade-Gibraltar. — Grèce. — Hanovre. — Haïti. — Indes orientales et anglaises. — Indes occidentales et espagnoles. — Indes néerlandaises. — Océanie et Australie. — Pérou. — Pays-Bas. — Portugal. — États romains. — Russie. — Suisse. — Turquie. — Toscane. — Villes anséatiques, et tous autres pays ouverts aux comptoirs européens.

CONDITIONS DE LA SOUSCRIPTION.

Les *Annales du Commerce extérieur* paraissent chaque mois une fois, par livraisons grand in-8, ayant une pagination séparée et un numérotage spécial pour chaque pays. Le nombre de feuilles est déterminé, par l'importance des documents.

PRIX :

Année antérieure, séparément, de 1843 à 1856	15
Abonnement à l'année courante, Paris	15
— France	20
— Étranger	25

On souscrit à la Librairie administrative de Paul Dupont, 45, rue de Grenelle-Saint-Honoré, à Paris.

Toute demande doit être accompagnée d'un mandat-poste ou *à vue* sur Paris.

A LA MÊME LIBRAIRIE :

TARIF CHRONOLOGIQUE DES DOUANES DE FRANCE

2 forts volumes grand in-8° jésus, divisés en quatre parties distinctes :
1re partie, **Matières animales.** — 2e partie, **Matières végétales.**
3e partie, **Matières minérales.** — 4e partie, **Fabrication.**

Prix : 20 francs.

Toute personne abonnée à l'année 1857 des *Annales du Commerce extérieur* pourra se procurer le *Tarif chronologique* au prix de **quinze francs**

IMPRIMERIE ADMINISTRATIVE DE PAUL DUPONT,

Editeur du Bulletin annoté des Lois, à 2 fr. 50 par an.

ANNALES DU COMMERCE EXTÉRIEUR

Publiées par le Ministère de l'Agriculture, du Commerce et des Travaux publics.

BULLETIN DE SOUSCRIPTION.

Je, soussigné, ... demeurant à ....
déclare m'abonner aux *Annales du Commerce extérieur,* pendant l'année 1857, moyennant la somme de (1) ....
que je joins ici en un mandat (2).

A .... *ce* .... 185 .

SIGNATURE,

Je demande en outre l'envoi du **Tarif chronologique des Douanes de France** moyennant la somme de .... francs ci-jointe en un mandat (2).

SIGNATURE,

(1) Prix : pour Paris............ 15 fr.
— pour les Départements... 20 »
— pour l'Étranger........ 25 »

(2) Poste ou à vue sur Paris.

Monsieur

Paul Dupont, *éditeur*,

45, *rue de Grenelle-Saint-Honoré*,

PARIS.

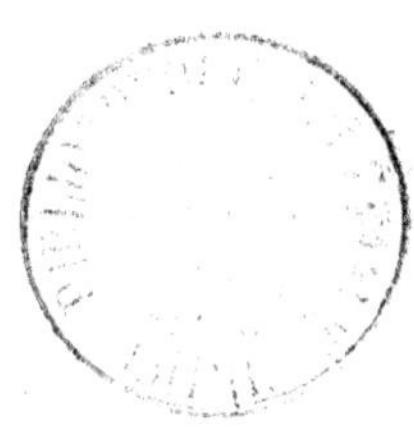

PARIS. — IMPRIMERIE DE PAUL DUPONT, RUE DE GRENELLE-SAINT-HONORÉ, 45.

www.ingramcontent.com/pod-product-compliance
Lightning Source LLC
LaVergne TN
LVHW050740200726
843507LV00001B/47

* 9 7 8 2 3 2 9 8 1 1 9 5 6 *